ドイツ文化史入門

16世紀から現代まで

若尾祐司・井上茂子〔編〕

昭和堂

ドイツ文化史入門——16世紀から現代まで

目次

地図１　18 世紀の中欧

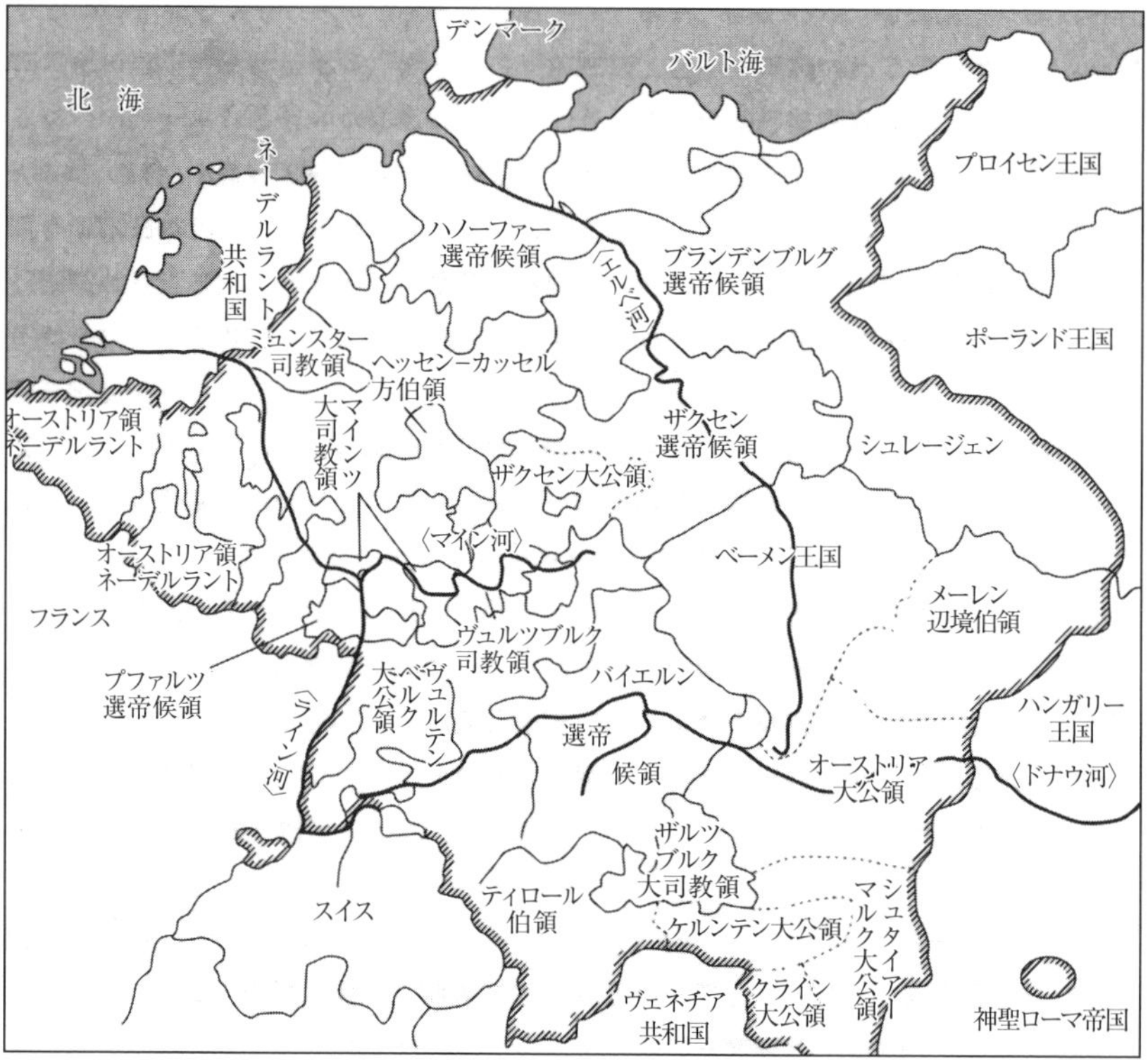

地図１出典：若尾祐司・井上茂子編著『近代ドイツの歴史――18 世紀から現代まで――』ミネルヴァ書房、2005 年、７頁。

地図２ ドイツとオーストリアの各州および中心都市（1970 年）

地図２出典：Karl Dietrich Bracher, *Die Krise Europas 1917-1945: Propyläen Geschichte Europas,* Bd.6, Frankfurt M. u. a. 1976, S.413. 1991 年にソ連とユーゴスラヴィアは解体し、現在、これらの国名は存在していない。また、旧東ドイツのカール・マルクス・シュタットも、現在はケムニッツという旧名に戻っている。

序章　ドイツ文化の成り立ち

ゲルマニアの土地と人々

現在からさかのぼること二〇〇〇年ほど前のことである。ライン川を越えてゲルマニアの奥深くトイトブルクの森に迫ったローマの三軍団は、待ち伏せていたアルミニウス（ヘルマン）指揮下のゲルマン戦士の奇襲を受けて壊滅した（後九年）。これ以降、ゲルマニア制圧の望みは断たれ、逆にローマ帝国は防衛体制の強化を迫られた。ボン、コブレンツ、マインツ、ザールブルクからレーゲンスブルク近郊に至る、帝国の長大な国境防壁（リーメス）が一世紀の後半から二、三世紀にかけ建設され、駐屯兵が配備された。しかし、それも維持困難となって直に放棄され、ゲルマニアの森の大海に飲み込まれていった。

このリーメスの記憶が再び呼び起こされたのは、ドイツに片寄った神聖ローマ帝国を廃棄し（一八〇六年）、自らシュルルマーニュ（カール）大帝の再来を自負したナポレオン、その人の時代に始まる。ナポレオン支配の下で十九世紀の初め、ライン川中流域の歴史愛好家たちにより、森のなかに埋まっていたリーメス遺跡の探索が開始された。フランクフルト・アム・マインの国民議会（一八四八年）を経て、ドイツ歴史・古学協会全体協会の設立により歴史愛好家の全ドイツ規模での連携が深まるなか、一八五〇年代後半からザールブルクの発掘作業が本格化し、皇帝ヴィルヘルム二世の命により第一次世界大戦前にその再建が行われた。ザールブルク城砦は二〇〇五年に世界遺産の指定を受けるに至っている。

リーメスが築かれた時代の、古ゲルマンの土地と人々の様子は、タキトゥス『ゲルマニア』（後九八年）によって生き生きと伝えられている。ローマ人にとってゲルマニアの地は、ライン川からヴィスワ川（ポーランド）の間にあり、ドナウ川から北の中部ヨーロッパ全域に及んでいた。その地は、「荒涼とした、気候のきびしい、住むにも見るにも陰鬱」な土地であり、森と沼沢に覆われ不気味さが漂っている。その民は、土地の神々を讃えて生贄をささげる。目は青く髪は金髪で図体は大きく、渇きと暑さには弱いが、寒さと飢えには平気である。家畜がもっとも重要な富であり、軍団の主力は軽装の楔形歩兵百人隊である。彼らは武装をして集会に集まり、戦闘や裁判など重要事項の決定を行う。自分の家は空き地で取り囲み、男は毛皮を、女は亜麻布を身につける。夫妻の関係は誠実で、男は一人の妻に満足し、姦通はまれである。姦通した女は、夫によって髪を切られ、裸で村中を追い立てられる。子どもたちは裸で不潔だが、母親の母乳で強健に育てられる。飲み物には大麦か小麦を発酵させ、川岸の者はブドウ酒も買い入れ、喉の渇きには自制力を持たない。他方、食べ物は質素で、野生の果実や野生肉、凝固牛乳であり、貧しい食事に耐える。農地は耕作者全員により次々と占有され、耕作地は毎年替えられ、穀物のみを収穫する、と。

このように、その土地の神々を信仰し、血統原理に基づき編成された集団として、タキトゥスは五十余の部族を数えている。これら諸部族は、なお自然のなかに深く埋没した森の民であり、農業も土地割替に基づく単純な大麦・小麦栽培と小規模な家畜飼育にとどまっていた。ただし、戦士共同体の共同決定原理とそれを支える一夫一妻制の家族制度が、ローマ人に対するゲルマン人の力強さの秘密として、タキトゥスの目にはきわめて新鮮に映じていたのである。

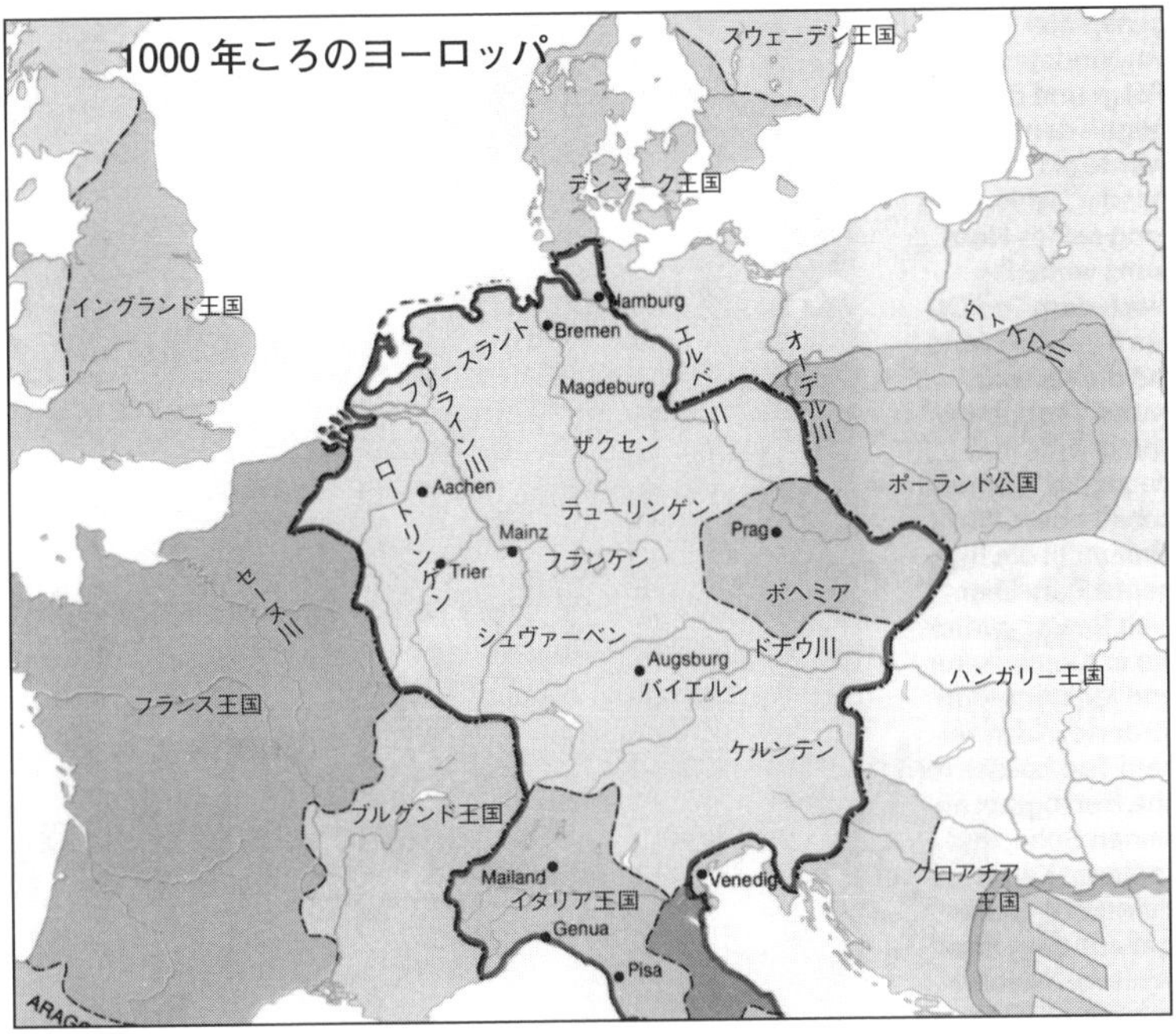

図序－1　1000年ころのドイツ（太線が神聖ローマ帝国、その中の薄地がドイツ王国）

出典：*Der große Bildatlass zur deutschen Geschichte,* Gütersloh/München 1991, S.29 より作成。

アルプス以北ヨーロッパ文化の中世的基盤

タキトゥスの記述から千年のときを経て、ゲルマニアの土地と人々には、どのような変化が生じていたのであろうか。そこには図序－1が示すように、その後の時代よりもむしろ現在の国境線に近い、フランス王国とドイツ王国、そしてドイツ王国とイタリア王国を含む神聖ローマ帝国（ただし、この呼称は十三世紀の後半から使用）の領土編成が作られていた。前提となったのは、ローマで戴冠（八〇〇年）したカール大帝の、大カロリング帝国の設立である。このキリスト教帝国の東の境界線はエルベ川に達し、その地に定住していたゲルマン諸部族の神々は追放され、キリスト教帝国の支配が確立された。

アルプス以北のキリスト教化は、ゲルマン民族の大移動期を経て、ガリア（フランス、ベルギー）に進出したフランク族の王クローヴィスの改宗（四九六年）に始まる。この時代から十一世紀末の教皇による十字軍呼びかけに至るまで、キリスト教化の時代はほとんど戦国時代の観を呈している。この戦乱の只中で、キリスト教化による地中海文化の継承と同時に、その新たな発展・飛躍のモデルが、とりわけカール大帝の大カロリング帝国において形成された。

たとえば、キリスト教には白パンとブドウ酒の聖餐式が欠かせない。したがって、キリスト教の受容は、同時にパン食とブドウ作（庭作物）という地中海文化の移植を意味した。庭作物（果樹・野菜）はブドウに限られない。玉葱、エシャロット、ニンニク、西洋葱、セロリ、カブ、レタス、キャベツ、大根などの野菜類が、イタリアからカロリング期のフランク王国にもたらされた。

それ以上に、重要な意味を持ったのは、南の白パンに対して北の黒パンが新たに付け加えられたことである。黒パンの原料はライ麦で、イタリアでは燕麦とともに雑草にとどまっていた。ライ麦と燕麦は寒冷地のやせた土地でも成育し、成熟もはやく、アルプス以北の荒地を開墾する最適の作物となった。そして、この新しい作付け品種とともに、中世の「農業革命」が進行した。ライ麦を冬作物（冬畑）とし、燕麦を夏作物（夏畑）とし、この両者の組み合わせを軸に冬畑・夏畑・休閑地と三年単位で畑を順次回して利用する「三圃制」の導入である。もちろん、小麦（冬畑）や大麦（夏畑）を利用することもあった。いずれにせよ、それ以前の畑・草地交代制に対し、年間を通しての穀物の作付面積が拡大したのみならず、農作業の年間配分も改善された。さらに、穀物栽培の集約化にもかかわらず、家畜飼育との一層強い結びつきが可能になった。収穫後の耕地と休閑地は家畜の草地となり、これによって大家畜（牛馬）を飼育し、役畜として使用できたからである。役畜の利用は畑のすき返しや均し、収穫の搬入や飼料の搬送、あるいは市場への輸送など多方面にわたった。くわえて、め牛の飼育による酪農も、農業の不可欠の部分となった。

以上のような、新しい穀物・土地利用システム・大家畜飼育という三者の結びつきから、農業技術の革新が生じた。鍵となったのは、アルプス以北の湿った固い土壌に対応する、役畜利用の重量有輪犂であった。これと並び、水車もカムを取り付けて、回転運動から垂直運動への改善が行われ、なによりも製粉用に利用された。とくにライ麦は焼きやすく、ほとんどすべてがパン用であり、ライ麦の作付けと水車の普及は平行関係にあった。

こうした技術革新はフランク王国の中心部、ライン川とセーヌ川の間にある国王直轄地や大修道院で始まり、これと結びついて八、九世紀には、古代の奴隷制や部族制に代わる新しい労働・支配制度が成立した。古典荘園制（ヴィリカチオン）である。古典荘園（ファミリア）は主君一家と不自由民からなり、その土地も主君の直営地と不自由民（農民）の保有地に分割されていた。主君の直営地は新しい農業技術のセンターとなり、水車は製粉のみならず縮絨・製材・麦芽（醸造）用にも使用され、農具や武器など鉄の需要に応える鍛冶屋の設備も欠かせなかった。直営地の人員は主君一家と管理人・使用人からなり、その農業労働力は周辺農民の週賦役に頼った。

一方、農民は単婚家族の生存に必要な標準的食糧規模としての土地（フーフェ）を配分され、その耕作によって家族の生計を確保した。しかも、不作による生存危機が特定の農家に集中しないよう、犂耕に適した長方形の大きな畑（耕区）を細長い地条に細分し、その地条を各農民がそれぞれの耕区に分散して保有する形（混在耕地制）を取った。こうして古典荘園制は、農工業センターとしての直営地と農民保有地のフーフェ制度という二分割制に特徴づけられた。この二分割制から後の時代に、前者の多くは都市へと成長し、後者は村落共同体へと発展して地代荘園制へと移行していった。

さらに古典荘園は、キリスト教化を進める戦闘の兵站基地となった。フランク王国の軍事的成功の秘密は，重装備の甲冑騎兵にあり、その重装備を古典荘園が担っていた。鉄兜・鎖帷子・鉄製脛当から盾・槍・長剣・短剣に至るまで、重装備の総費用は、当時の牛の価額で一八〜二〇頭分に及んだ、という。くわえて、軍馬がもっとも重要な装備である。三圃制農法による、馬の飼料としての燕麦の普及は、犂耕用というよりも軍馬の需要に発していた。そして、騎士・軍馬とも長期の訓練が必要であり、移動性の高い攻撃的な騎士のリクルート源として、家臣への土地（荘園）の貸与が行われたのであった。

出征を繰り返して大帝国を築き上げたカール大帝は、甲冑騎兵としての軍事奉仕と結びついた恩貸地・封土（レーエン）の給付を、家臣団の全体に押し広げた。かくて、レーエン制は国家制度となり、フランク王国全体に広がった。主君は「保護と庇護」を与え、家臣は「助言と援助」で報いる双務的な関係であり、このフランク軍隊の封建化により、レーエン制に基礎を置く帝国の体制が一挙に仕上げられた。

帝国家臣団の中心にあったのは教会家臣団である。司教や大修道院長も世俗の領主と同じように、軍事奉仕義務を担っていた。フランク王国時代からドイツ王国時代を通して、帝国の騎士軍団は、その六、七割が教会家臣団から編成されていたのである。

以上のように、八、九世紀のフランク王国により、地中海文化のキリスト教と帝国はアルプス以北に移植された。同時に、農業革命とレーエン制という要素を加え、新しい文化的な枠組みが形成された。このカロリング帝国の政治・経済モデルは、キリスト教化の使命とともに十世紀の後半には、ドイツ王国に継承される。ドイツ国王オットー一世の戴冠による帝国の復興（九六二年）から十二、三世紀にかけて、ライン川からエルベ川まで当時のゲルマン系住民の定住地（旧ドイツ）に普及していった。

この過程で、現在にまで残る文化的な景観のコアが出揃ってくる。キリスト教化の先端をなす司教領の大聖堂や大修道院であり、ローマ人定住地の市壁を構えた都市に続き、古典荘園の直営地から発展した都市群である。また、教会を中心に置く集村と細長い地条に稔るライ麦（ただし収穫率は低く数粒、現在でも三〇粒程度）であり、ライン川やドナウ川の中流域沿いに広がるブドウ畑である。さらに、攻撃的な甲冑騎士の不備を補う防御施設としての貴族の城であり、祈り（聖職者）・戦い（貴族）・働く（農民・市民）三身分と身分制議会（シュテンデ）である。

ドイツ文化の基礎

さらに五百年を下って一五〇〇年ころ、中世のカトリック普遍主義から近代の国民的な文化形成の時代へと、大きな転換点が画される。それは人文主義と宗教改革の時代であり、この時代を生きた聖職者マルティン・ルターと画家アルブレヒト・デューラーにより、新時代の幕開けが告げられた。

中世を通じてカトリック教会の版図は、ローマ帝国やフランク帝国の版図を越え、ペテルブルク－トリエステ線まで広がっていった（図序－2）。その頂点には、聖界諸侯のみならずシトー会や托鉢修道会など世界教団を傘下に置くローマ教皇が立っていた。教皇教会は「カノッサの屈辱」（一〇七七年）として知られる、破門の威嚇によって皇帝を屈服させ、その地位を利用して直接に聖地回復の聖戦（十字軍）を呼びかけ、ヨーロッパ全体を軍事的な膨張主義へと動員し続けた。この軍事的ヘゲモニーのなかで、宗教共同体として他に類を見ない、集権制と階層制を特色とする強大な教権体制を築き上げた。第四ラテラノ公会議（一二一四年）には四〇〇人の司教と八〇〇人の大修道院長、その他世俗諸侯なども含め一五〇〇人余が全ヨーロッパから集結した。また、この世紀末にローマ教皇庁は一〇〇〇人の行政スタッフを抱え、絶大な行財政機構を構築していた。

この教皇教会と世界教団により、聖俗分離の教会規律化が貫徹されていった。その中心は聖職者の独身制であり、これによって聖職者と俗人の間にまったく異なる生活スタイルが構造化された。キリスト教の禁欲主義によって両者は価値的に序列化され、俗人の生活も教会規律の下に置かれた。とりわけ結婚の規制であり、広い範囲で親族婚が禁止され、婚姻の成立には男女の合意が欠かせないが、それは秘蹟であり、神の手で結ばれたものを人の手で解消することはできない。この合意婚と非解消制の原則により、一夫一妻制が厳格な形で制度化された（教会婚の底辺への浸透は一五四五年トリエント公会議と対抗宗教改革以降のことである）。したがって、人類学的に一般的な、社会層別の一夫多妻制と一夫一妻制という対照ではなく、聖職者の独身制と俗人の一夫一妻制という対照が、父系血縁原理を切断した家族制度の固有の特徴となった。

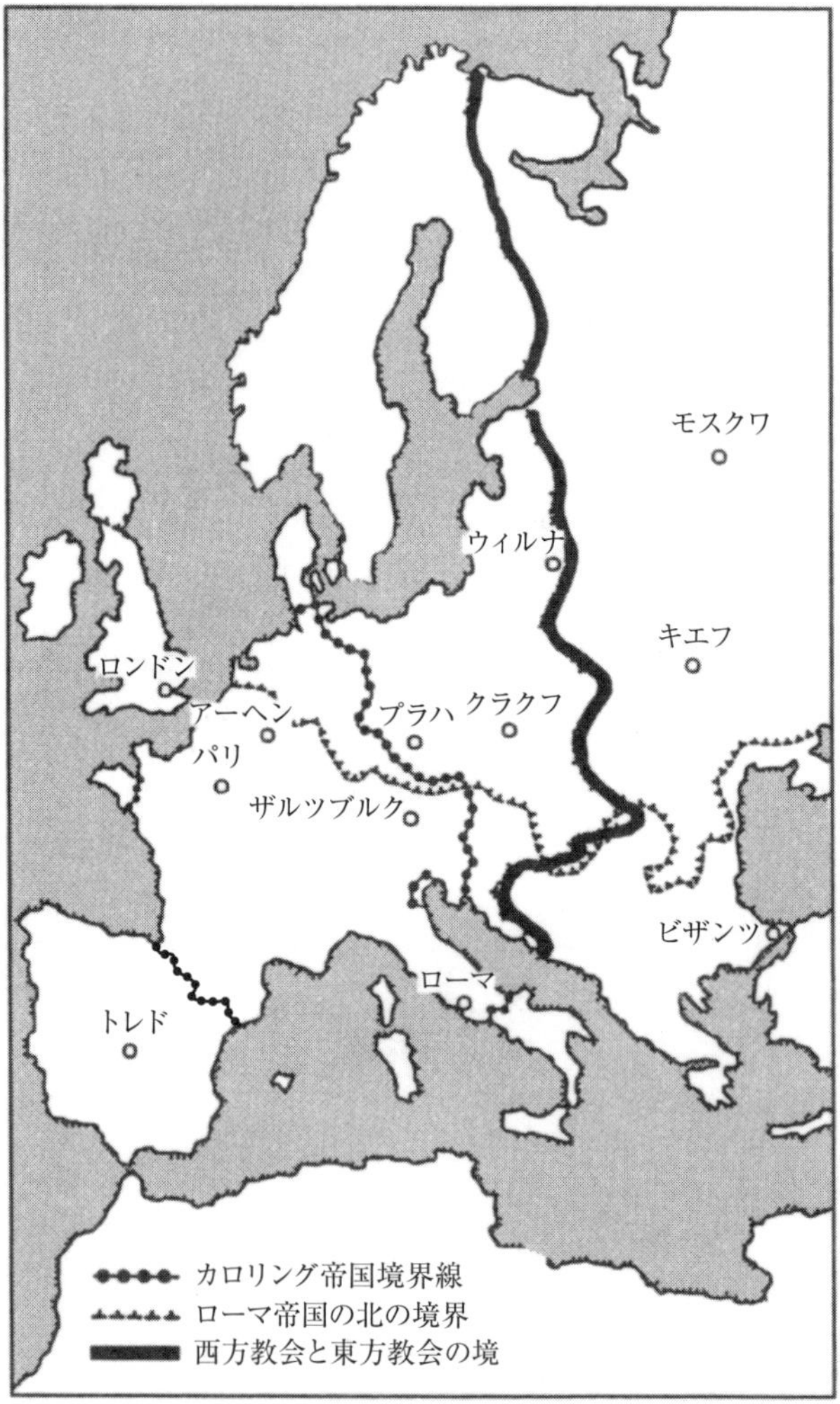

図序－２　ヨーロッパの歴史的構造化ライン

出典：若尾祐司「中欧圏の都市化と家族形成――ウィーンとその周辺部を中心に――」『近代ヨーロッパの探求２　家族』ミネルヴァ書房、1998 年、224 頁より再録。原図はM・ミッテラウアーによる。

聖職者と俗人、聖界と俗界との対照は、言語文化にも貫かれた。古典語とりわけラテン語が聖書の言葉であり、書き言葉はもっぱらラテン語で聖職者の掌中にあった。俗界の話し言葉から書き言葉へ、ドイツ語が広がり始めたのはカール大帝以後のことであった。カール大帝は民衆教化のため、ラテン語ではなく民衆語で聖書を語ることを命じ、そこからキリスト教関連のドイツ語の語彙形成が始まった。また、十四世紀頃からラテン語に代わり、ドイツ語も法令・判決など公文書で使用され始めた。そして、ルターのドイツ語訳『新約聖書』（一五二二年）により、民衆の言葉に即したそのわかりやすさと印刷術に支えられ、ドイツ語テキストがようやく広く行き渡り、統一ドイツ文語への基礎が与えられる。

俗界の話し言葉（ドイツ語）によって、聖界の書き言葉（ラテン語）を置き換えたことは、単なる言葉の問題ではなかった。聖俗分離というカトリック普遍主義を否定し、聖職者の独身制を破棄し、世俗の職業（労働）に召命（救い）を求める、生活世界の全構造的な転換を意味した。つまり、ドイツ語話者の日常生活に救いへの意味づけを与え、ドイツ語による文化表現と日常の労働文化に宗教的な価値づけが与えられたのである。

そして、ドイツ語話者の普通の姿と生活空間は、デューラーの手によって、時空を超える文化的な存在へとみごとに高められた。絵画一二〇点、木版画三五〇点、銅版画一〇〇点、素描一二〇〇点以上という視覚的な作品群の中心に、民衆の生活世界をもっとも鋭利な形で記録し記憶する作業があった。たとえば「職人の母」（一五一四年）である。一八回の出産に耐えて実存した普通の女性の姿であり、すでに長患いの中で死期を迎えつつも、なお生きる意志を秘めた六十三歳の母の像である（図序－3）。ここには、いかなるキリスト像をも超越し、人間存在のすべてを凝縮する迫真的な形象が刻み込まれている。

中世から近代へ、ヨーロッパ規模でのカトリック膨張主義から世界規模でのヨーロッパ膨張主義への転換期、ルターとデューラーによってドイツ語圏における、国民的な文化形成への基礎が置かれた。この広義の意味での国民

図序－３　デューラー作「職人の母」
出典：Norbert Wolf, *Dürer*, Köln 2006, S.9.

文化（ドイツ文化）、すなわちドイツ語圏における近代の多様な文化現象を、整理しつつ本書は描いていく。とりわけ生活文化に軸を置きつつ、第1～3章は近代の農村・信仰・都市の文化を広く概観し、第4～6章は十九世紀末から現代まで、時代順にたどる構成を採っている。本書により、ドイツ文化史に関する理解が深められることを、同時に異文化比較により、私たちの現在の暮らしと文化を考える糧が得られることを願っている。

（若尾祐司）

参考文献

ヴィンツィンガー、前川誠郎・永井繁樹訳『デューラー』グラフ社、第二版、一九九三年。

タキトゥス、國原吉之助訳『ゲルマニア』ちくま学芸文庫、一九九六年。

G・フライターク、井口省吾訳『ドイツ社会文化史』名古屋大学出版会、一九九六年。

ジャック・ル・リデー、田口晃・板橋拓己訳『中欧論』文庫クセジュ、二〇〇四年。

中井義明ほか『教養のための西洋史入門』ミネルヴァ書房、二〇〇七年。

Michael Mitterauer, *Warum Europa? Mittelalterliche Grundlagen eines Sonderwegs*, München 2003.

第1章　基層の農村文化

1920 年代アルプス山地農家の 1 コマ

家畜飼養を中心に置くタイプの農家であり、本書 41 頁を参照。

出典：ウィーン大学経済社会史学科記録室所蔵。

十九世紀の初め、ドイツ語圏における人口の七割は農村に住み、農業に従事して暮らしを立てていた。だが、第二帝政期にドイツの農業就業人口は過半数を割り、一九〇〇年ころには製造業に追い抜かれ、二十世紀の後半には一割以下の水準に後退した。とはいえ、現在も高い食糧自給力が農民によって確保されている。

農民の生活は、二十世紀の前半でも、きびしい自然に自分の体力で挑む土地との格闘の毎日であった。一九八四年に刊行された『秋のミルク』（邦訳二〇〇四年）は、一九一九年バイエルンの農家に生まれ育ったアンナ・ヴィムシュナイダーの自叙伝である。ベストセラーとなり、映画化もされた。自叙伝を書き終えた彼女の結びの言葉は、「もう一度生まれてくるとしたら、もう農婦にはなりたくない」であった。

しかし、そうした感慨とは別に、名もなく土とともに生きた女性の逞しさは、神々しいまでに感動的である。過酷ではあるが、自然とともに生きる農民の暮らしを知ることは、現代の生活を再考する糧となるだろう。

1　農家の家財道具と地帯分布

家財道具の一覧

中世に普及した三圃制の農業は、十九世紀に入るまで、その作業スタイルにも農具・道具にも、それほど大きな変化はなかった。ほぼ一千年を通じて、毎年、ほぼ同じ形の農具を同じ時期に同じリズムで使う作業が繰り返されてきた。

それら農具・道具は、畑を耕し、種をまき、刈り取り、脱穀する、農耕用の基本手段にとどまらず、食料加工から家の修繕道具に至るまで、広い範囲に及ぶ家財道具の一覧（インヴェンタール）をなしていた。その素材には鉄が不可欠であったが、主要部分は木製であり、自家製作や自家修繕も行われた。また、エネルギー源は主に木材で

図 1-1　畑仕事（犂、ハロー、クワ）
出典：Rösener, *Bauern,* S. 139.

あり、「木の文化」が生活の基本にあった。

まず、土地を耕す道具であり、畑作用の役畜による犂、ハロー、ローラーの三点セットが重量農耕具である（図1-1）。犂は土地を深く掘り返して固い土をかき砕き、雑草や施肥を混ぜ合わせ、種まきのための下地を準備する。ハローは土の塊をほぐして畑を均す道具である。木製と鉄の刃を備えたものとがあり、前者は菜園用で後者は耕区の畑作用であった。ローラーはハローとは逆に、土地を抑え固める道具である。播いた種籾を押さえる作業や、あるいは草地の手入れなどに使用される。これら重量農耕具の作業は、男性の仕事であった。

これに対して、クワは人力による古くからの耕作道具であり、女性の道具でもある。果樹・野菜の庭作（ガルテンバウ）と穀物の畑作（アッカーバウ）の区分は、このクワ（人力）と犂（畜力）の耕作に対応し、領主への賦役においても手賦役（ハンドディーンスト）と畜耕賦役（シュパンディーンスト）が明確に区分された。農村における社会層の区分も、この点に最大の基準があった。すなわち、重量農耕具（したがって役畜）を持つ層が固有の

図 1-2　冬場の打穀作業（男性）と紡ぎ作業（女性）

出典：Weber-Kellermann, *Landleben,* S. 198.

農民層であり、これを持たない貧農や小屋住みは、農民よりも下の下層であった。ちなみに、十八世紀後半から普及し、下層の重要な食料となったジャガイモは、クワ作用の庭作物として導入されたが、その普及とともに畑作物としても栽培された。

　種まきには、大きな農具は不要であり、さまざまな形の種用カゴで足りた。ただし、低い収穫率のため大量の種子が必要であり、その籾種を保管する倉庫（納屋）が種まき作業の前提となった。この作業それ自体は、それほど重労働ではないが、もっぱら男性労働とされていた。生殖の表象と重なり、象徴的な意味を種まきは有していたからである。

　収穫にも大きな農具は不要である。女性用の小鎌と男性用の大鎌が刈り取りの道具であり、また穀物（穂のついた藁）をかき集める熊手やフォークである。ただし、搬入には荷車が必要であり、ここでも役畜利用の有無により、村落の社会層が区切られた。搬入した穀物は納屋に貯蔵し、穂を打ち落として打穀する作業には、打穀棒という単純な道具が使われた（図1－2）。打穀の後に、篩や箕、あるいは籾用の風車を使って、籾殻を風で飛ばして穀粒をえり分ける。これら穀粒のえり分け道具は、半世紀前に日本の農村で見られたものとほぼ同一である。

生産・消費の基礎単位としての家

農家の生産は自家消費と結びついている。収穫した穀物は水車を持つ粉屋（ミュラー）で製粉される。製粉によって穀物の量は大幅に減少する。したがって、水車を持つ粉屋は猜疑の的であり、農村社会におけるもっとも豊かな階層であったが、農民から差別視された。ともあれ、農家はパン用こね桶で粉を練り、自宅や村のパン焼き釜で二、三週間ごとに焼き上げる。他にもビール醸造樽など食品加工の道具一式から、牧畜と結びついてとくに酪農の道具が多彩であり、それらは女性領域の台所道具と重なり合っていた。バターつくりのための攪乳桶、牛乳桶、チーズ用攪拌桶や錫製やかん、さらにパン皿や木製スプーンから鍋・釜に至る道具である。これら日々の食のみならず、衣と住も自家充足を基本としていた。紡ぎから織りに至る亜麻加工（事例研究2を参照）や羊毛作業の道具一式から家の修繕と木材加工、さらには輸送の道具など、家族の生存を支える自足のための家財道具の細目は、ほとんど際限のない広がりを有した。こうした家財道具は、それぞれの地方色を伴っていたとしても、生存の基本手段として地域を越えて共有され、生産と消費の基礎単位としての農家の営みを支えた。

もちろん、これら家財道具の装備やそれを保管する家・屋敷の規模は、社会層によって大きく異なる。すでに述べたように、最大の区分線は畜耕農民と非畜耕農民の間にあった。フーフェ制は家族の生計確保を基準とするから、その土地の地味や自然条件により、本来の畜耕農民・完全農民（一フーフェ）の規模には地域差がある。ほぼ人口密度の差異と対応し、おおよその目安として西南ドイツで八、北ドイツのハノーファーで一二、プロイセン王国の東部オストプロイセンで一六ヘクタールである。こうした家族扶養単位としての一フーフェの規格の差異を念頭に置いても、かつてのドイツ語圏の農村社会には、中央部分の広い大・中農地帯を軸としつつ、その南西側の小農地帯と東側（プロイセン王国東部）の大農場地帯という三つの区切りが鮮明に浮かび上がってくる。

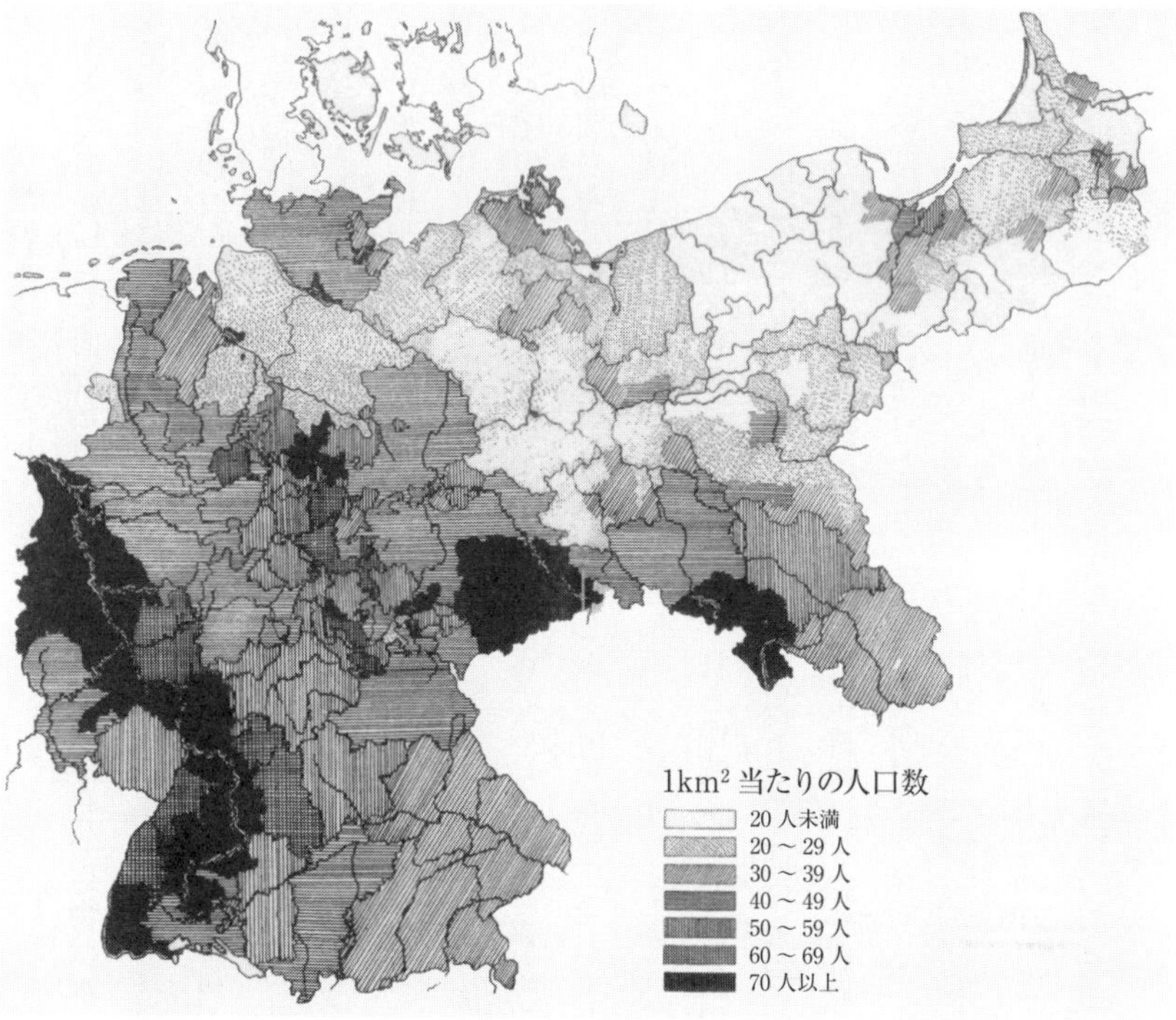

図 1-3　1800 年ころのドイツの人口密度

出典：Christian Pfister, *Bevölkerungsgeschichte und historische Demographie 1500-1800*, München 1994, S.16f.

自然条件・人口密度・経営規模

農村の暮らしと農業生産は、自然条件によって大きく制約される。とりわけ、かつてドイツ語圏の境界線は、十二世紀から十四世紀の「東方植民」によって現在よりも東側に大きく張り出していた。そのため、南北間というよりも東西間で気候の大きな差があった。西のライン川沿いのケルンと比べ、ロシア国境に近い旧ケーニヒスベルク（現カリーニングラード）では、年間の平均気温に二、三度の差があり、春の訪れは遅く冬は早く始まった。この二つの都市を直線で結んだ中間に、ベルリンが位置している。この自然条件の差異は、人口密度に鮮明に映し出されている。

図1-3は、一八〇〇年ころの人

口密度を県単位で表示している。明確に、エルベ川の東西で境界線が引かれる。西エルベでは、北部のリューネブルク荒野（ハイデ）を除き、一平方キロメートル当たりの人口密度はおしなべて三〇人以上であり、南のバイエルンを除くなら四〇人以上である。とりわけ、バーゼルからマインツを越えて北海に注ぐライン川流域は七〇人以上の高い密度の厚いベルト地帯をなしている。ライン川流域に続くのは、ボヘミアと国境を接するザクセンおよびシュレージエンであり、この地域は繊維産業をはじめとする発達した農村家内工業を抱えていた。これに対して、東エルベではベルリンなど個別の都市を除きほぼ二九人以下に限られ、多くは二〇人を下回る人口の希薄な地帯をなしていた。

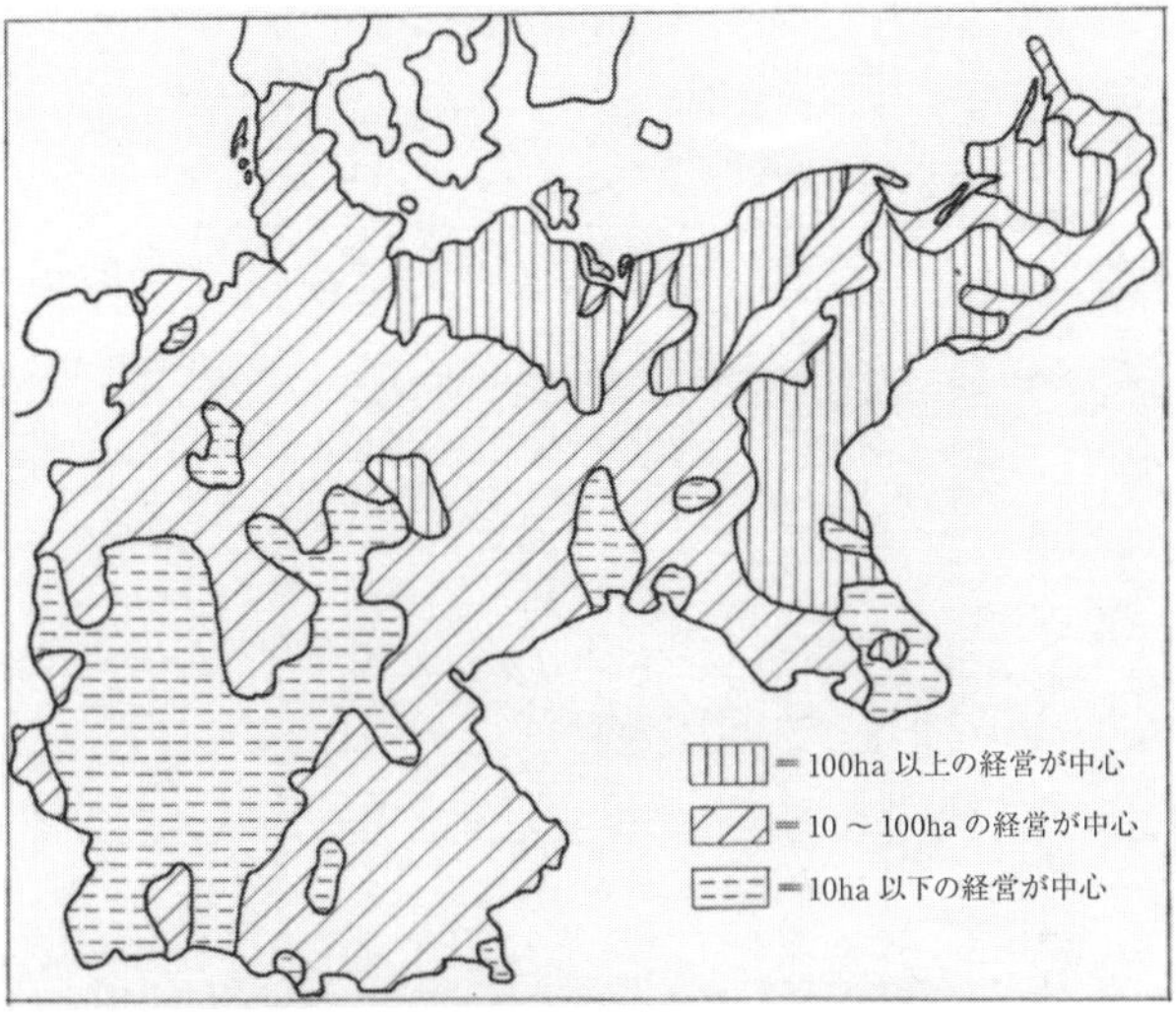

図 1-4　農業経営の規模別分布

出典：Henning, *Landwirtschaft,* Bd. 1, S. 207.

南のバイエルンはアルプス山岳地帯に連なり、オーストリアの東アルプス地方と類似の人口密度であった。ウィーン周辺など、その他のオーストリアからボヘミアは、四〇人以上の西側と同じ水準にあった。したがって、一部の例外を除き、人口密度は西から東への定住の歴史を忠実に反映している。第一は、ライン川流域地帯であり、第二はエルベ川およびドナウ川流域までの西エルベ中央部であり、第三は東エルベである。

この人口密度の地帯区分に、それぞれの地域で支配的な農業経営の規模が重なり合う。図１－４は一九〇〇年のデータに基づく分布図である。しかし、十六世紀にさかのぼって、この分布図は妥当性をもつと推測されている。農業構造に基づく地帯区分は、第一にライン川流域の中でもとくに上・中流域であり、一〇ヘクタール未満の小農・貧農が支配的な西南ドイツである。この地帯は、分割相続を共通の特徴としている。第二は、一〇～一〇〇ヘクタール規模の中・大農が農村の中心勢力をなす西エルベ中央部であり、単独相続が共通の特徴である。第三は、一〇〇ヘクタール以上の大農場が支配する東エルベである。

2 開墾と農村の社会構造

旧ドイツの開墾

西エルベの第一と第二の地帯は、規模の差異はあれ、農民を中心とする農村社会である。この地帯は中世ドイツ王国の版図であり、「旧ドイツ」（アルトドイチュラント）と呼ばれている。第二次大戦後の旧西ドイツの版図とほぼ重なるが、西側の境界はオランダやロートリンゲンも含んでいた（図序-1）。この旧ドイツの人口は、八〇〇年ころの一二〇〇～一五〇〇万人から、十四世紀半ばペスト禍前の約六〇〇〇万人へと、とりわけ中世盛期（十一～十四世紀半ば）の人口成長が推定されている。

農業技術の大きな変化がない時代、人口成長は食糧生産に当てられる農業利用面積の拡大と平行していた。つまり、数倍の人口増加は、森林開墾による数倍規模での耕地の拡大を意味する。中世盛期には、領邦君主制の形成と城の建設、都市の設立と市壁の建設といった新しい動向と連動しながら、森林開墾が大規模に進められた。この過程で、古典荘園制は解消し、賦役（労働地代）に代わって賦課（現物・貨幣地代）に基づく領主・農民関係（土地領主制・地主制）とともに、農民の村落共同体が構成された。

森林の開墾は、しかし森林資源の減少を意味する。とくに第一の地帯では、それまで人手の入っていなかった中部山地の大部分に開墾の手が加えられた。たとえば「黒い森」（シュヴァルツヴァルト）の開墾は、十一世紀に入ってベネディクト派修道会によって本格的に始まり、これに城を築いた貴族たちも加わって十四世紀初めには頂点に達した。この開墾にともなう森林資源の減少のなかで、森林の所有形態も明確になっていった。

すなわち、一方には、国王、領邦君主、領主の山林区（フォルシュト）であり、本来は居住区の外にある大規模な森林地帯であった。国王や君主は狩猟権など一定の利用権を留保しつつも、山林区を聖・俗の領主に封土として貸与した。こうした支配層の山林区に対し、他方には、村落やマルク共同体の共有林（アルメンデ）があった。

共有林は、フーフェ制を取る村落の土地の第三の圏をなす。第一は、農家の屋敷と菜園からなる中心部であり、それらは個別農家が保有（下級所有権）した。第二は、この中心部を取り巻く耕区（フルール）であり、各耕区は地条（ゲヴァン）に分割され、各農家は各耕区の地条を保有した。そして、三圃制に基づく厳格な共同体規制の下、作付け中の耕区の地条は個別に利用し、作付けしていない耕区や休閑地は草地として共同で利用した。この耕地・草地の外側に共有林があり、放牧地として、また建築や燃料資材、あるいは野生の果実や蜂蜜の収集場所として共同で利用された。

村落の共有林（アルメンデ）

村落の共有林は通常、すべての農家の共同財産であった。しかし、その利用は本来のフーフェ農民に限られ、貧農や外来者など下層の利用権は制限された。ここに、村落内部における紛争の火種があった。また、共有林は領主の規制下（上級所有権）にあり、領主の最終決定権と村落の利用権、とりわけ山林区と共有林との境界線は、領主と村落農民との間のもっとも大きな紛争種であった。

個別の村落の共有林のほかに、複数の村落が共同で持つマルク森林も、十四、五世紀から史料に登場してくる。領主側の開墾事業に対抗して、村落農民の側で十一世紀からマルク共同体が結成され、それが十四世紀にはドイツ語による文書の形を取るに至った。村落間の利害を調整して森林利用の共同規則を定め、参加村落の全農家がこの規則に誓約をし、規則違反に対する森林裁判の開催と裁判員の選出を定めるものであった。

森林の利用権は、ドイツ農民戦争（一五二四／二五年）においても、農民側のもっとも重要な要求の一つであった。著名なオーバーシュヴァーベン農民の「十二か条の要求」は、その第四条と第五条で、野獣の被害を防ぐため農民の狩猟を解禁し、また共有林を農民に返し、建築・燃料・柵用の木材を与えることを主張している。

ペスト禍後の人口回復が進むなか、この地方には多数の帝国都市があり、その需要で木材が高騰し、森林の乱伐が生じていた。これに対し、支配層は長期的な視点で森林保全に利益を見出し、また狩猟用の野獣の減少を恐れ、農民の利用権を制限して森林の保護政策を強化した。そうした制限は、村落内部の階層分化を超えて、すべての農家を直撃した。同時に、ルターの宗教改革とあいまって、農民の抗議行動は福音によって正当化され、村落共同体を単位とする蜂起が爆発的な広がりを見せたのであった。

しかし、ルターは最終的に農民の暴力行為と不服従を激しく非難し、弾圧の側に回った。かくて、諸侯の軍隊によって、組織力を欠く農民部隊は制圧されていった。最大の決戦はフランケンハウゼンの戦い（一五二五年五月十五日）であり、この戦いの翌日、ヘッセン方伯フィリップはトリーア選帝侯に、つぎのような報告書を送っている。すなわち、大砲を農民部隊に向けて放つと農民たちは四散して逃げ出し、「それをわれわれは追いかけ、片端から殺し、すぐに町まで迫って町を占領し、町の中で見つけた男はすべて殺し、町には火を放ち、かくしてこの日、神のご加護で勝利を得た。よき事業を成し遂げたという期待を持って、われわれは神に感謝しなければならない。この事業は、信仰厚い者には信仰心の強化となり、邪悪に染まった農民には威嚇となったに違いないからである」と。

蜂起した村々には火が放たれ、女性は犯され、一〇万人の男子（子どもを除く男子の一〇～一五％）が二、三週間のうちに殺害された、という。

表1-1　相続制度と農村社会構造（1689年）

農村社会層	カレンベルク（単独相続）			ゲッティンゲン（分割相続）		
	世帯数		平均的土地所有規模	世帯数		平均的土地所有規模
ブリンクジッツァー	262	26%	0.5ha	182	20%	1.0ha
ケーター	347	34	1.7	553	61	2.3
大ケッター	109	11	3.5	92	10	6.2
半農民	75	7	7.7	76	8	14.0
完全農民	227	22	12.0	11	1	25.5
合計	1020	100	4.3	914	100	3.7
その他	49			164		
不明	14			78		

出典：若尾祐司、後掲論文、22頁より再録。

農村の社会層分化

ペスト禍、農民戦争、さらに三十年戦争の舞台となった西南ドイツの農村社会は、十四世紀半ばから十八世紀に入るまで、疫病・戦争による荒廃と荒廃農地の再建による人口回復というリズムの繰り返しであった。農業技術に大きな変化はなく、一フーフェ（八ヘクタール）の農家が養える人数は、平均して六・四人ほどにとどまっていた。したがって、長期的なタイムスパンでの人口成長は、フーフェの分割によって行われた。一フーフェ農民の下に、半農民、四分の一農民、八分の一農民、十六分の一農民という、二分割化による零細世帯の形成である。

表1-1は、十七世紀末ハノーファーの二つの地域、カレンベルクとゲッティンゲンについて、農村の社会構造を示している。前者は単独相続、後者は分割相続の地方である。二つの地方の共通性と差異が、この図には等しく示されている。すなわち、完全農民から十六分の一農民まで、規格化された五段階の階梯は完全に共通している。ただし、規格の規模には差があり、完全農民が前者では一フーフェ、後者では二フーフェである。また、四分の一農民（大ケーター）まで固有の農民層に含めても、農民はカ

図 1-5　1914 年のライチンゲン

出典：Medick, *Weber,* 扉図。集村の形をとどめ、各家屋は単一世帯というよりも複数世帯に分割所有される傾向にあった。

レンベルクで四割、ゲッティンゲンで二割にとどまる。すでに大・中・小農民まで、農民層は村落社会の少数派であった。役畜を持たず、家内工業や賃金労働など、別の稼ぎに依存する社会層が多数派を構成していた。とりわけ分割相続の地帯において、この下層の肥大化はきわめて顕著であった。

西南ドイツ（分割相続地帯）の世帯形成

そうした、農村下層の拡大は、十七世紀の後半以降、環大西洋交易と結びついた農村家内工業の伸張と関連していた。分割相続地帯における農村下層の世帯形成の一例を、三十年戦争による荒廃から、農村織物業によって回復を遂げていったライチンゲン（シュヴァーベン高地、図1－5）のヨハン・B・シュヴエンク＝エーデルの例で見ておこう。彼は織物工・家具工の息子として生まれ、一七九二年七月に三十歳で、二十六歳の仕立屋の娘アンナと結婚する。二人のスタート資産は三三五フローリンであった。これは、もっとも少ない部類の額であったが、二人には世帯の設立に有利な条件が与えられた。それは、彼と彼女、双方の側での父親の死亡であり、利用できる資産が遺されたことであった。

アンナは未亡人となった母親と「四分の一ハウス」に二人住まいであり、この家の購入を一四〇フローリンという安い価額で協定した。その支払い方式は、現金二〇フローリン、年金四フローリンを十年間で合計四〇フローリン、そして残りの八〇フローリンは家具リストに登記された額で娘アンナの相続分である。このほか、母親に居間と暖房のある居室を隠居分として与えることも、含まれた。一方、ヨハンも未亡人となった母親と、彼女が所有する土地（八分の一フーフェ）を三五〇フローリンで購入することを協定した。その支払い方式は、母親に現金二〇フローリン、年金三フローリンを十年間で合計三〇フローリン、残り三〇〇フローリンはヨハンを含む三人の兄弟姉妹の相続分である。それぞれ一〇〇フローリンであり、妹および弟の相続分をヨハンは、彼らの結婚の時か二十五歳までに支払う。これ以外に母親の隠居分として、彼女が住んでいる住居と、土地からの取り分として毎年、一シェッフェルのスペルトコムギおよび四ジムリの燕麦、果樹・菜園での二〇〇個の果実があった。この現物の見返りに、息子ヨハンには織機一台が与えられた。

このように、村落下層の世帯形成にあっても、両親が持つ資産の相続が決定的であった。とりわけ、住む家の確保が結婚の前提であった。分割相続の地帯では土地のみならず家も分割され、二分の一、四分の一、八分の一といった形で一棟を区割りした部分家屋（居住区画）の所有が一般化していた。だが、すでに土地も家屋も分割は最小規模にまで達し、したがってヨハンの例に見られるように、長男に土地を一括譲渡し、その代わりに兄弟姉妹へのお金での補償を義務付ける、現実的な方式が取られていたのである。

さらなる社会層分化は、家を持たない無産の借家人層、すなわち農村プロレタリアの出現である。この新しい階層は、西エルベでは共有林分割にともなって十九世紀に広がるが、東エルベではすでに十八世紀に、無産層（アインリーガー）として大規模に登場していた。

東エルベの農場領主制

人口密度の低い東エルベの農村社会は、大規模な領主農場の支配下にあった。領主農場の起源は古く、十二、三世紀の「東方植民」の時代に始まる。ゲルマン民族の大移動後、この地にはスラブ人が進出し、フランク時代にはその定住地となっていた。すでに十世紀にはノルトマルクなど辺境領が設置され、十二世紀の半ば以降に植民が始まった。その契機は、ドイツ人貴族と婚姻関係によって結ばれたポーランド人貴族が、勢力拡大のためドイツ人植民者を招き入れたことにあった。同時に、旧ドイツにおける開墾が中世盛期に頂点に達し、人口圧が高まっていたことも要因となった。東方植民の頂点は十三世紀で、その数は農民植民二〇万人、都市植民一五〜二〇万人（一〇〇〇都市）と推定されている。

植民を扇動したのは聖俗の領主層であり、人口密度がきわめて低いシュレージエンやポンメルンでは先住者との摩擦なしに、しかしその他ではたいていキリスト教化と武力制圧がドイツ人植民の前提となった。したがって、植民後の農村社会には、①フォン・ビスマルク家など流入貴族の一門、②その下で植民を組織した請負人（ロカトール）、③流入したドイツ系自由農民、④先住のスラブ系隷属農民、という四つのグループが存在していた。請負人の多くは、十四世紀半ば以降、貴族に上昇し領主となっていった。

東エルベ農場領主制の起源は、これら領主層の直営地に発する。ただし、その規模は本来、家計の自家充足を基準とし、農民経営の二、三倍程度にすぎなかった。その後、十五世紀から十八世紀にかけて西ヨーロッパの穀物需要に対応して、輸出用の穀物生産のために直営地が不断に拡大され、一〇〇ヘクタール以上の大規模農場へと拡大されていったのである。

たとえばマルク・ブランデンブルクについて、その歴史的経緯の一端が明らかにされている。ここでは、一八〇〇年に領主農場（王領地の管区農場を含む、以下同じ）の合計は四八二〇フーフェ（七万ヘクタール以上）であった。その構成比は、一三五〇年までの植民時代二六％、中世後期における荒廃した農民地所の吸収二八％、十六世紀の「農民追放」一九％、十七、八世紀の農民追放六％、十八世紀の開墾二％であり、残り一九％は不明である。平均してみれば、植民時代の領主農場は、ペスト禍で荒廃した村落農地が「主に返る」（ハイムファル）ことによって倍増し、その後も倍増を遂げて規模を四倍ほど拡大したのである。

この領主農場を軸とする農場領主制の特徴は、①領主農場と周辺村落を合わせ、土地の支配と裁判権・警察権を一体化した所領支配の一元的体制であり（騎士領）、②領民に対する移動の自由の規制と労働地代、すなわち奉公強制と賦役の導入にあった。したがって、農民に対する領主の人身的な支配の強化であり、「封建反動」と見なされてきた。たしかに十五、六世紀以降、農民に対して奉公や賦役を強制する法令は数多く出されている。

たとえば、騎士修道会国家として出発したプロイセン公国の奉公強制が典型である。ここでは、繰り返し奉公に関する法的規制が行われた。まず、二フーフェ未満の農民（東エルベでは二フーフェ以上が完全農民）の借り上げ資格を制限し（一四〇七年令）、親の同意なしの借り上げを無効とし（一四二七年令）、その違反に対する罰金を規定しつつ、親が子どもの奉公に同意を与える場合には自分の領主を優先しなければならないと、領主の借り上げ優先権を規定した（一四四四年令）。また、一年の年季を明示して（一四七八年令）、年季途中での出奔には追跡・逮捕・耳きりの刑という厳罰を課し、雇主は奉公人に対して体罰の権限を持つが「暴力を振るわず義をもって養う」（一五一五年令）とした。さらに、奉公に出る意思を持つ者の領主への申告を義務付け（一五二九年令）、最終的に領内の子どもすべてに領主に奉公する義務を課した（一五七七年令）。以後、百年以上にわたり、この強制奉公の法令が維持された。

奉公人の賃金についても、すでに一四二〇年身分議会で決定が出されている。犂と大鎌を扱う大人の下男三マルク、これを補助する犂支え二マルクと犂追い一マルク半、大人の下女一マルク、子どもの下女は半マルクである。

この時代は奉公人不足で、十五世紀後半には奉公人賃金は倍増したといわれる。いずれにせよ、年令・熟練・性別に基づく賃金規定であり、上限指定による賃金の規制を目的としていた。

このプロイセン公国の君主を兼務して、ホーエンツォレルン家は王家に昇格し（一七〇一年）、プロイセン王国のスタートを切った。その本拠地ブランデンブルクでも、三年の強制奉公（一六二〇年令）など同様の規制が行われた。

しかし、こうした法令にどの程度の実効性があったのか、実態はそれほど明確ではない。同じ農場領主制下のボヘミアを例に、従来の封建反動＝農奴制イメージに対し、根本的な疑問が提示されている。すなわち、ボヘミアでは法的には一六〇〇年ころに強制奉公と賦役が導入され、下級裁判権は村落共同体から領主の手に移っていた。しかし、農民の日常生活から見れば、領主の介入は問題ではなかった。結婚・資産譲渡・隠居と村落行政など、農民の自由な活動余地が確保されていた。たとえば、法的には十六世紀半ばからボヘミア農奴制の破棄（一七八一年）に至るまで、他領出身者との結婚には領主の同意が必要であった。しかし、結婚禁止の措置が取られた例は見られず、世襲保有権を持つ農民たちの結婚と資産譲渡は、村落自治の枠内で処理されていた、と。

また、農家相続の方式は現代と大きく違わず、相続財産は一括して売却に付され、親族か否かに関係なく購入手続きが取られ、その結果は村落の判事補台帳に登記された。北ボヘミアのフリートラント領のケースでは、十六世紀半ばから十八世紀半ばまでの相続件数九四三件のうち、購入者が子どもであったケースは三割にすぎなかった。たしかに、こうしたケースは上層農民に多く、また時代とともに増加する傾向にあった。しかし、それでも少数派にとどまっていた。いずれにせよ、農家資産の売却益は兄弟姉妹間で平等に分割された。つまり、一人の子どもが継ぐ場合には、その兄弟姉妹への補償義務を背負っての継承であった。領主にとっての問題は、こうした領内の資産譲渡に関する情報を掌握していることであり、このプロセスに介入することは原則としてなかった、と。

ともあれ、三十年戦争後の人口回復を経て十八世紀に入り、啓蒙君主の人口政策によって農村人口は大幅な増加局面に入り、労働強制は実質的な意味を失った。表1－2に、ブランデンブルク農村の社会構造の変化が端的に示されている。一六一八年から一七五五年まで、半農民を含む畜耕の農民世帯（平均は三〇ヘクタールを超え、集村ではなく散居制）は五％減少した。また、コセーテンやゲルトナーなど四分の一農民以下の階層（非畜耕農民）は一一％増加した。この層は地域により多様であったが、中心は貧農で畜耕農民との間には大きな隔たりがあった。両者をあわせ、ともかく土地と家屋を保有する世帯の合計は、二％弱のわずかな増加にすぎなかった。

これに対して、土地と家屋を持たない無産の民アインリーガーは、十七世紀にはたいてい農村世帯の一割以下にとどまっていた。この階層が十八世紀には一挙に拡大し、世紀後半には最大グループ（四割）となった。独身の奉公人とは異なり、彼らは領主・教会・農民の屋敷内に間借りし、日銭稼ぎで暮らしを立てる世帯持ちであり、あるいは母子世帯であった。

こうした無産社会層の堆積は、どのようにして可能になったのか。その詳細は、なお定かではない。しかし、啓蒙君主の人口政策があずかっていたことは疑いない。すなわち、プロイセン兵制の確立のなかで徴兵された農民の子弟は、平時には休暇を得て収穫労働者として村に帰り、また除隊後には農家に寄宿して余生を送るほかなかった。こうした階層への借地の貸与や、あるいは多様な労働機会の提供により、世帯形成への道が開かれたのであった。

表1-2　マルク・ブランデンブルクの農村社会構造（1618-1755年）

年	農民（バウアー）	零細農（コセーテン）	非土地保有者（アインリーガー）	世帯合計
1618	18,850	13,644	2,659	35,153
1725	16,762	11,092	7,930	35,794
1746	16,646	11,678	18,456	46,780
1755	17,894	15,184	24,927	58,005

出典：若尾祐司、後掲書、94頁より再録。非土地保有者には手工業者も含まれる。

領主の裁判権と村落社会

農場領主制の特徴は、領主がたんに農場主や地主であるのみならず、「お上」(オーブリヒカイト)として公権力(裁判権・警察権)を有していた点にある。もちろん、大所領の貴族が裁判に立ち会うことはなく、管理人や司法の専門家に委ねられていたが、小規模農場ではしばしば領主が裁判を主宰した。

住民五百人を下回るブランデンブルクの小所領トイチェンタール(フォン・トロータ家領)の例では、一七七七〜一八〇〇年に合計五〇件の裁判があった。訴訟の内訳は、①負債一六件、②物損や財産侵害一六件、③村民に対する領主の訴訟七件、④侮辱四件、⑤妊娠三件、⑥村裁判所の判決に対する抗告一件と盗難穀物の販売一件など、であった。訴訟事案の大半は、負債や土地の境界争いといった、近隣農民間の経済的な問題であり、訴人も大半は畜耕農民であった。例外は妊娠の訴えであるが、それも子どもの(生みの)父親に対し、養育費の支払いを要求する訴えであった。

同じブランデンブルクの別の所領プラッテンブルク=ヴィルナックについても、一七九五〜一八〇四年の判決一一〇件について、内訳が明らかにされている。それによれば、侮辱二〇件、放牧地・飼料・耕区の争い一九件、妊娠一七件、領主・農民間の賦課・給付争い一三件、負債一二件などであり、類似の傾向にあった。すでに、村落の社会構成において本来の農民は少数派であり、この農民間および領主との間の経済的な利害紛争の調整に、領主裁判権の主要な機能があった。村落内部における下層の利害や奉公人のコントロールは、農民が構成する村裁判所や、また個別農家の家父長権の範囲内で処理される事柄であった。

領主裁判権に由来する特権は、十九世紀に入って裁判権が国家に移った後も、大農場主の警察権として一部が温存された(領地区)。こうした公私未分離の完全な破棄は、一九二〇年代のことであった。

3　農業の近代化を求めて

農業改革と東エルベの大農場

十八世紀の後半イギリスで、アーサー・ヤングはノーフォーク地方の蕪を導入した四輪栽式農法による三圃制の改良と、個別農家に代わる農業大経営に、工業化の時代における農業の将来性を見出した。これに学んで、北西ドイツ出身のアルベルト・D・テーアは、実験的な農場をつくり、新設ベルリン大学の教授をも兼務し、近代的な農業経済学を打ち立てた。そこでは、自給自足を志向する家族経営ではなく、市場経済社会のなかで利潤を志向する資本主義的大経営こそ新時代の担い手であった。

たしかに、十八世紀から十九世紀への転換期、ドイツの農村社会は農業生産の停滞と農村人口、とりわけ下層の拡大により、農民層の危機と貧困の問題が切迫していた。総面積に対する耕地面積の比率はプロイセン王国で二〇％、人口密集地のラインラントで四一％であり、しかも伝統的な三圃制の下、その三分の一は休閑地であった。テーアらの主張する新農法の導入には、共同体規制や身分的隷属関係が立ちふさがっていた。そうした古い関係の打破は、フランス革命による封建的賦課の無償廃棄という時代状況のなか、ナポレオン支配下で各国の頂点に立った改革派官僚によって、「上からの革命」として進められた。

農場領主の支配下にあった東エルベでも、総利用面積の八割は農民保有地であった。農民の保有権は世襲保有権と非世襲保有権（ラスベジッツ）に分かれ、それぞれドイツ系農民とスラブ系農民という、エスニシティの違いと重なる傾向が強かった。前者は三分の一、後者は二分の一という土地切り取り地方式、ないしは貨幣の支払いによって、農民は封建的負担を償却（調整）して土地の所有権を得た。これにより、農民の土地の大きな部分（七万二〇〇〇ヘクタール）が領主の手に移った。しかし、この喪失分は「調整」に続く共有林分割により埋め合わされた。一八三〇年代の農業好況期に分割された土地の開墾が進み、プロイセン王国における改革前の畜耕農民二四万世帯、非畜耕農民三〇万世帯という数は、その土地面積を五～一五％ほど減少させつつも、改革後もほぼ維持されていた。

もちろん、最大の利得者は農場領主層であった。ただし、プロイセン貴族二万に対して騎士領は四七〇〇にすぎず、しかも一八〇〇年にはすでに七四五の所領が市民身分の手に渡っていた。王領地の管区総借地人二〇〇〇とあわせて、すでにこの時点で一対二の比率で、市民身分は貴族とともに東エルベの大農場主を構成していた。農業改革とともに、この市民出自の大農場主の比率はいっそう上昇していく。いずれにせよ、調整によって農場規模は拡大され、その労働力として農村に堆積していた無産アインリーガー（改革前に二三万世帯）を取り込み、イギリス向け穀物生産の大規模な経営が組織された。こうして東エルベの大農場は、ロシア産およびアメリカ産穀物との国際競争を迫られる一八六〇年代まで、かつてない繁栄の時代を築いた。

大農場の労働者雇用は、独自の形を取った。いわゆるユンカー・インストロイテ関係である。すなわち、農場労働者（インストロイテ）は農場の宿舎に借家し、一年単位の家族雇用で農場労働を行う。この家族雇用には夫妻のみならず子ども一人も含まれ、子どものいない家族は別に一人（シャルヴェルカー）を雇い用立てる。報酬は農場のなかで割り当てられた土地の収穫であり、打穀した穀物の割前である。この雇用システムにより、無産の若い男女にとり、結婚して生計を営む道が大きく開かれた。住居とともに夫妻の双方に労働機会が与えられ、同時に菜園と森林の利用権が貸与され、農場主と利害を共有する小農民的な地位が、一年という時限単位ではあるが保証されたからである（図1－6）。

ジャガイモの導入も無産層の生存余地を広げ、東エルベでは一八一六～七一年の間に、住民数は七〇〇万人から一三三〇万人へとほぼ倍増した。その中心は、農場労働者の世帯増加にあった。他方、その他のドイツでも

図1-6　収穫作業を見回るアルテンブルクの大農場所有者と冗談を交し合う女性労働者（1838年のエッチング）

出典：Weber-Kellermann, *Landleben,* S. 296.

一七二〇万人から二六〇〇万人へ、人口増加の第二の波が進行し、同時代人は「人口過剰による大衆貧困」に危機意識を募らせた。

西南ドイツの労働者農民

プロイセンを含め主要には貨幣で、十九世紀前半に（ただしオーストリアは十九世紀後半）上級所有権の償却が着手された。西エルベの貴族の生計は、農民の賦課や十分の一税に支えられていたから、抵抗は強く、高額の償却金が課された。地代の償却はバーデンで二五倍の額とされ（一七八五年）、ライン川左岸地方の無償廃棄を除けば、この基準が多くの地方で適用された。しかし、農民側にその支払能力はなく、負担の償却を軽減するさまざまな措置が取られた。ともかく、一ヘクタール当たりの償却負担は、平均して四三年の年賦で毎年二、三ターラー（たいてい一ターラー＝一・五フローリンの換算）の額と見積もられている。

この年賦払いは、規模の小さな西南ドイツの農民には大きな負担となった。そのため、農民戦争以来三百年余の時を経て、再び同じ地帯で一八四八／四九年に農民蜂起が激発し、その矛先は貴族（シュタンデスヘル）に向けられた。しかし、プロイセン軍を主力とする君主勢力によって蜂起は再び制圧された。三月革命の挫折は移民の波を強め、一八四五〜五五年のピーク時にはヴュルテンベルクから一六万人、バーデンとプファルツから一七万人のアメリカ移民が出た。一八一六〜七一年の期間に、西南ドイツにおける流出入の人口差は出超過一〇〇万人であった。一八一六年の総人口は六〇〇万人であり、一八七一年には九〇〇万人であった。この時代、少なくとも一〇人の内の一人は、移民を選んだのであった。こうして、先にアメリカに定住した親族・縁者とのつながりにより、この地方の農村部では、移民がライフコースの一つの選択肢であり続けた。とはいえ、一八五〇年代以降における本格的な工業化の始動により、農業の外で現金収入を得るチャンスが広がった。この新しい条件により、近代の性別役割イデオロギーと歩調をあわせつつ、夫は稼ぎに出て妻が家庭と農地を守る、労働者（夫）・農民（妻）の性別役割に基づく兼業農家が一般化していった。

民俗学者ヴィルヘルム・H・リールの農民論

この工業化の時代、テーアとは異なりライン川中流域で育った民俗学者リールは、自由主義の市場経済にともなう社会の流動化に対し、「固守の勢力」として伝統的な農民が果たす、社会的な役割の重要性を前面に打ち出した。市場競争と貨幣獲得を志向する生活に対し、自然と結びついた労働と自足を志向する生活が有する、独自の道徳的および国民的な文化価値の主張である。

ドイツ自由主義の代表作『国家学辞典』（一八五七年）のなかで、リールは「農民身分」を以下の諸点でまとめている。①農民は家族および奉公人とともに自ら耕す者であり、監督するのみの農業主とは別である。②農民の所有は土地財産であり、資本とは異なり無限の拡大はできず、自然に拘束される。③たしかに貨幣は農民にも浸透するが、その必要度は低く、通常の農民は商人的投機を行わず、自然経済にもっとも近い。④農耕労働における分業は量的なものであり、質的なものではない。有能な農民は作業の全体を理解し実行し、家庭の教育から農業へと導かれる。⑤農民の社会的地位における転機は宗教改革期であり、その最初の暴力的突破は失敗したが、フランス革命とそれに続く時代に自由な市民的地位を実現した。したがって、現在の農民身分とは、自分の土地を直接に耕す自由な土地所有者である。⑤ヨーロッパのなかでもドイツでは、この農民勢力が維持されている。その農民文化・民衆文化こそ国民文化の核心であり、社会対立の激化を防止する支柱をなす、と。

西北ドイツの自営農民

リールの自営農民を体現していたのは、西北ドイツの大・中農民である。この地方の農民層は、伝統的な自足経済の上に、都市近郊の地の利を利用して市場向け農産物の生産を押し広げ、工業化・都市化のなかで堅実に生存基盤を確保していった。その具体相は、ハノーファーのシーリング農場（オスナブリュック郡）に、うかがうことができる。半農民の三女として生まれた（一八三四年）マリーが、一ランク下のこの農場に三十六歳の晩婚で嫁ぎ、家計の克明な記録を残したからである。

この地方は末子相続の地帯であり、マリーの四歳年下の夫コロンには、二人の兄と一人の姉があった。長兄は隣のルットマー農場を購入して独立し、次兄は独身のまま、農場名を冠してルットマーとなった兄の下で暮らしていた。姉も近村の借地農ラーガーに嫁いでおり、マリーとコロンは二人で、三四ヘクタールのシーリング農場を経営していくことになる（図1-7）。二人には子どもがなく、そのためマリーの姉の息子エクセリーデを相続人として農場に迎えた（一八九五年）。しかし、彼は若死にし、そのため夫の母方のイトコの子どもから、二番目となる相続人ラーギングを公証契約によって迎えた（一九〇〇年）。マリーの死亡時に、マリーが持ち込んだ持参金

図 1-7　シーリング夫妻（1880 年ころ）

出典：Marie-Luise Hopf-Droste, *Das bäuerliche Tagebuch. Fest und Alltag auf einem Artländer Bauernhof 1873-1919,* Löningen 1981, S.46. マリー 45 歳、夫 42 歳で、二人とも当時の流行服を着て写っている。

一万二〇〇〇マルク（当時の労働者家族の年間の所得水準は九〇〇マルク程度。なお、一ターラー＝三マルクである）を、彼女の六人の親族に配分することが契約条件であった。ラーギングは結婚（一九〇三年）して農場を相続し、シーリングを名乗る。引退した夫のコロンはシーリング農場を離れ（一九〇七年）、ルットマー農場に移って亡くなった（一九一三年）。マリーはそのままシーリング農場に残り、そこで亡くなる（一九一九年）。

結婚した二人の農場経営は、奉公人雇用に依拠していた。一八七〇年代の多い年で六人、少ない年で二人、平均すれば大・小の下男と大・小の下女、合わせて四人の雇用であった。しかし、農業機械の導入とともに奉公人の数は減らされ、一八九〇年代以降はたいてい下男・下女とも各一人であった。農村から都市への人口流出により、奉公人不足は時代の声となっていた。この労働力の欠落部分は、借家人（ホイアーリング）の労働や農繁期の日雇い雇用、そして最終的には夫妻の労働強化によって穴埋めされねばならなかった。

世帯メンバーの衣食住は、なお半ば自給自足であった。農村で着る衣服は自家製造であり、シーリング農場でも一八九〇年まで亜麻が栽培され、リネンの自家生産が行われた。しかし、一八九〇年から亜麻の作付けは放棄され、繊維の自給は行われなくなった。シーリング夫妻には子どもがなく、身分にふさわしい花嫁道具として、大量のリネン製品（敷布・卓布・肌着など）を用意する必要はなくなっていた。また奉公人も少なくなり、その希望も「モダーンな綿」に移っていたからであった。

ついで食について、日常の黒パン用にライ麦が、特別の白パン用に小麦が栽培され、穀物は夫のコロンが粉屋に運んで製粉にした。一、二ヵ月おきにマリーがパン屋にパンを焼かせる。白パンはマリーが自分で焼いた。十一月から三月の期間には家畜の屠殺が行われた。たいていは豚で、自家需要のためには年に三頭で足りた。屠殺人には三マルクほど支払われ、借家人の妻は契約に基づき賃金なしで手間を出し、世帯メンバー総出で屠殺と肉の加工作業が行われた。野菜や果物も自家需要のために栽培され保存・貯蔵された。ジャガイモもっぱら自家需要のために栽培され、食用と豚の餌に供された。ビールの醸造は一八九二年まで行われた。七月末のライ麦収穫が始まる前に一番樽が製造され、通常は四番樽まで合計で約五〇リットルの醸造がなされた。

最後に住について、シーリング農場では台所（一八七五年）と地下部屋（一九〇二年）の修繕がなされた。家事の近代化、および隠居への用意であった。また、より大規模なものとして、農業施設の改築があった。一八七五年末には納屋の改築が着手され、翌年六月に棟上げを迎える。棟上げ当日には、親族・近隣を加えて一九人の人手が集まり、仕事後の祝宴では約一五リットルの火酒と一樽のビールが消費された。一九〇一年には借家人用家屋の改築も行われた。

農民の交際関係

農民生活の中心に、労働と結びついた交際があった。交際の核心は、労働と物品の交換を軸とする親族・近隣関係であった。シーリング農場の納屋の棟上げ後には、瓦ふきのため六人の人手が再び親族・近隣から集まった。その内訳は、隣のボッセ農場から三人、夫方親族のルットマー農場から二人とラーガー農場から一人である。

近在にあり、身分的にもほぼ同一の、この狭い親族・近隣の範囲に、日常的な交際の核があった。とりわけ重要な事項は、生肉の贈答関係である。家庭屠殺によって得られる生肉は、即消費物として特別の価値を持ち、もっとも重要な日常の贈答品であった。しかも、贈与は「お返し」と一体であり、「貸し借りなし」の原理によって相殺される互酬システムである。マリーは贈与する生肉の重量を精確に記録し、家庭屠殺の都度、付け届けを行った。こうして、生肉の交換・供給システムが上記三戸の世帯間に形成され、後には第一相続人の生家エクセリーデ（妻方親族）も加えられた。

さらに、この狭い親族・近隣関係の外側に相互的な訪問の圏があり、それは妻方と夫方に等しく開かれていた。訪問システムの第一は、家族の祝い事である。子どもを欠くシーリング夫妻の場合、祝いの行事は比較的少なかった。夫妻が主宰した大きな祝い事は、相続人の結婚式と自分たちの銀婚式に限られた。前者には一五〇人の客があり、一週間前から近隣・縁者の女たちの手で準備がなされた。後者の場合には、二〇本のワインが注文された。一方、親族・近隣の結婚式に出席する機会は多く、たいてい一本七、八マルクの銀のスプーンを、七〇年代には一つ、九〇年代以降は二つ、マリーは贈り物とした。子どもが生まれて四週間後になされる洗礼の場合も、姪や甥には代父母の贈り物として銀のスプーンがつかわれた。それよりも遠縁の子どもの場合には、接客用の大量のバターを携えて、夫妻は代父母の役割を果たした。親族や近隣の子どもの誕生は、たいてい奉公人の使者によって告げられる。その一週間後には、いつも五〇〇グラムのコーヒーと砂糖を持って産婦を訪問した。誕生日の祝いは、精確な年齢計算と結びついた都市の個人主義的習俗であり、シーリング夫妻の場合、一九〇〇年以降に初めて定着した。

ところで訪問は、非日常的行為というよりも、むしろ労働と並ぶ日常生活の構成要素であった。まずは日曜日が相互の訪問日をなし、訪問と接客に大きな時間が割かれた。日曜日すべての半数以上に、訪問の記録をマリーは残している。平均すれば通年で三、四日に一回、午後や夕刻の訪問があり、とくに農閑期の冬場には頻度が増した。訪問の目的は第一に病気見舞いである。たいていケーキやクッキー、あるいはワインなどの小物を携え、遠縁を含む親族や近隣の病気見舞いが行われた。とりわけ老人への病気見舞いは、病と死が隣合わせの関係にあり、社会的責務となっていたのである。

一般に、結婚式や洗礼には近親が招待され、逆に葬儀には、日頃の疎遠にかかわらずもっとも遠い親族も、死者との血縁の絆ゆえに参列する傾向にあった。マリーの日記にも、オジとオバ、そしてイトコが多数、葬儀のときにのみ親族として登場した。

市場経済社会のなかの農民

親族・近隣の交際関係には、つねに現物の贈答がともなっていたように、市場との関係でも現物が、なお支配的な役割を果たしていた。支払手段としての主要な現物は、シーリング農場ではバターと卵であった。これらは主婦の領分で、マリーが食品や家庭用品と交換した。卵一八個と一・五キログラムの米、卵二四個と五キログラムの塩といった取引が頻繁になされた。たいてい日曜日の教会訪問時に、三キロメートル離れた教会付近の店で、祝膳用の米とチーズ、それに砂糖、塩、香辛料、コーヒーなどと交換された。さらに、近隣の都市に出かけ、石鹸やソーダと交換された。洗濯は年に八～一〇回、うち春と秋の二回はベッド用品を含む大洗濯で一週間を要した。たいてい、その前日に、卵三六個で三キログラムの石鹸（一八九五年）といった洗剤の買い付けがなされた。

現物取引とはいえ、マリーは厳密な貨幣計算を行っていた。したがって、実質的には貨幣価額が換算基準をなし、貨幣が絶対的な価値を有していた。とりわけ、バターと卵は現金獲得の手段でもあり、市場での売却もなされた。

図1-8　炉からレンジへ

出典：Dieter Sauermann/Gerda Schmitz, *Damals bei uns Westfalen. Alltag auf dem Lande,* Rheda-Wiedenbrück 1986, S.22; Hopf-Droste, op. cit., S.85. シーリング夫妻は1877年にレンジを導入するが、20世紀に入っても多くの農家は古いスタイルの炉を使っていた。

現金による購入品目としては、まず衣類があった。マリーの日記では、最初の既製服として夫のズボンが行商人から購入された。小さな衣料品は、自家製造とともに行商人から調達され、また都市風俗としてのマントは、都市の洋服屋に出かけて三〇〜四〇マルクで購入された。ブラウスやスカートは布地を購入して仕立てに出され、平服で一〇マルク、上服で三〇マルクを要した。装飾品はブローチに限られ、黒い衣服に黒の帽子、そして黒のブローチという「色なしモード」が十九世紀末まで農村女性を支配した。食品としてはケーキが、自家製造のみならず、しばしば購入された。世紀末以後には、生肉とビールの購入機会も増加した。

こうした日常的な購入品目のほかに、農業と家計の近代化のための大きな投資が続いた。農業施設の改築とともに打穀機、藁刻み機、刈取機など農業機械、そしてソーセージ機やレンジなど家庭用器具の購入である（図1-8）。このような機械化の開始とともに、農業と家計の合理化の結果として、一八九〇年代には亜麻栽培やビール醸造が放棄され、一連の家内工業的な伝統との断絶がなされた。西北ドイツの自営農民は十九世紀末、家計の市場化と経営の機械化という新しい時代の波を迎えていた。この波に乗りながらも、家族労働を基本とする農民の生存様式を保持していたのである。

シーリング農場の近代化努力は、中・大農民層の基本傾向を代表している。そうした農業と家計の近代化投資は、二十世紀の高度工業化・市場社会化とともに、どこでも一層拡大していった。畜耕はトラクターに替わり、荷馬車はトラックへと移り、電灯とともに家庭電化製品の時代が始まった。ここに、かつての農家の家財道具は一変する。奉公人も農村社会から消え失せていった。とはいえ、家族労働に依拠する自営農民の存立基盤は、けっして解体されなかった。むしろ、エコロジーの危機が強く意識される一九八〇年代以降、地域社会の食料自給とエコロジー保護の支柱として、農民が果たす積極的な役割が再評価されている。

参考文献

ゲルデス、飯沼二郎訳『ドイツ農民小史』未来社、一九五七年。
藤田幸一郎『近代ドイツ農村社会経済史』未来社、一九八四年。
坂井洲二『年貢を納めていた人々』法政大学出版局、一九八六年。
若尾祐司『ドイツ奉公人の社会史』ミネルヴァ書房、一九八六年。
若尾祐司「近代ヨーロッパの家族と親族――ドイツを中心に――」『シリーズ世界史への問い４　社会的結合』岩波書店、一九八九年。
森明子『土地を読み替える家族』新曜社、一九九九年。
アンナ・ヴィムシュナイダー、田村都志夫・椎名知子訳『秋のミルク』五月書房、二〇〇四年。
F-W. Henning, *Landwirtschaft und ländliche Gesellschaft in Deutschland*, Bd.1 und Bd.2, Köln 1978.
Torsten Gebhard/Helmut Sperber, *Alte bäuerliche Geräte aus Süddeutschland*, 2.Aufl., München/Bern/Wien 1978.
Christof Dipper, *Bauernbefreiung in Deutschland*, Stuttgart 1980.
Werner Rösener, *Bauern im Mittelalter*, 3.Aufl., München 1987.
Ingeborg Weber-Kellermann, *Landleben im 19. Jahrhundert*, München 1988.
Hans Medick, *Weber und Überleben in Laichingen*, Göttingen 1996.

Monika Wienfort, *Patrimonialgerichte in Preußen. Ländliche Gesellschaft und bürgerliches Recht 1770-1848/49*, Göttingen 1998.

Werner Rösener, Der Wald als Wirtschaftsfaktor und Konfliktfeld in der Gesellschaft des Hoch- und Spätmittelalters, in: *ZAA*, Jg.55, Heft 1, 2007, S.14-31.

（若尾祐司）

事例研究1　ブドウ農家とワイン業者

農村のエコ類型

農村の生業は自然条件と結びついている。それぞれの土地の自然資源に応じて、その利用の仕方が方向付けられ、それに基づく特定の生業ないし農業生活の様式が、ローカルな優位性を持つことになる。この特定の生業ないし様式を「エコ類型」という。ドイツ語圏の代表的なエコ類型として、アルプス高地の家畜飼養（本章の扉図）、中央部平地の穀物栽培と家畜飼養の結合、西南ドイツやシュレージエン山地の貧しい地帯における農村繊維工業（プロト工業）、そしてモノカルチャーとしてのブドウ栽培である。

ブドウ栽培は、レス土壌・適度の傾斜地・日照日数の多い乾燥した天候といった自然条件を必要とし、自然と気候にもっとも左右されるエコ類型である。たしかに、中世には現在よりも広い範囲で、北ドイツと東北ドイツ、現在のイギリスやベルギー、オランダでもブドウ栽培は試みられていた。しかし、中世後期以降、気候の寒冷化や商品用ワイン生産の発展とともに、アルプス以北のブドウ栽培はロワール河口からシャンパーニュ地方、モーゼル川流域とライン川の中・上流域、ドナウ川流域の下オーストリア北部からモラヴィア南部、そしてハンガリー北部を北の境界線とする地域に限定された。

これらのエコ類型に応じて、家族労働を軸とする労働組織の編成の仕方も大きく異なる。家畜飼養は恒常的な労働力を必要とする。毎日餌をやって乳を搾るというだけでなく、畜舎の整頓から家畜の病気の世話まで、日曜日も祭日もない日々の仕事の連続である。季節的な労働ピークは干草刈り程度に限られ、飼育する家畜の

図 1- 事例 1-1　春の準備を終えたウィーン郊外のブドウ園

出典：筆者撮影（1996 年）。棒立て栽培である。現在は地上 1m ほどで株が作られているが、かつては 30cm ほどのところに作られていた。

種類と数に対応する恒常的な労働組織が必要である。したがって、家族労働力で足りない分は、通年雇いの男女奉公人で充足される。

　これに対して、ブドウ栽培では季節によって仕事の量が大きく変化し、下男・下女の通年雇いはまったくの不経済となる。春の準備期と秋の収穫期という、季節的な労働力の需要に対応する、日雇い人の確保が必要である。穀物栽培と家畜飼養を結合した農家は、以上の両者の中間であり、奉公人に加えて、ときに日雇い人が取られる。仕事の少ない冬季に対し、収穫期の手間を確保するためである。また、プロト工業家族は、もっぱら子どもを含む家族の労働に依存し、景気変動に応じて生計確保のため日雇い労働に出る。いずれにせよ、家畜飼養および穀物栽培を中心とする地方が「奉公人社会」であるとすれば、ブドウ栽培地方はプロト工業農村とともに、「日雇い人社会」という固有の特徴を有したのである。のみならず、後者では前者よりも、労働役割における男女差が少なく、性別分業の敷居は低かった。そうした平均化された労働役割により、農村社会に典型的な労働に基づく家父長主義も弱められる傾向にあった。以下、主にドナウ川流域の下オーストリアにそくして、ブドウ栽培を見ていこう（図1－事例1－1）。

ブドウ栽培とワイン農家（クワ作人）

ブドウ栽培はワイン生産と直結し、キリスト教化に伴ってアルプス以北のヨーロッパに広がっていった。地中海圏の農民は、ほとんどだれもが自家需要向けに穀物・ブドウ・果実の複合栽培を行っていた。これに対して、アルプス以北のブドウ栽培は特定の地域に集中し、主要に商品作物として栽培され、販売用のワイン生産へと特化した。そのため、生産地帯も輸送用に便利な河川流域に限定された。十七世紀後半の同時代人の評価では、しっかりした輸送船ならば六人の船員で、陸路では二〇〇人の要員と馬四〇〇頭分を必要とする貨物を搬送できた、という。

ブドウ栽培地方は東アジアの稲作地帯とも似て、人口密集地帯を形作っている。中世盛期以来、土地なしの労働者にとり、聖職者・貴族・市民の所有する一片の土地を借り受け、ブドウの苗木を植えつけて五年後には最初の収穫を得、そのうち半分は地主に、残り半分を自分のものとし（折半小作）、この現物地代を払い続けて土地の世襲的利用権を獲得することが、ワイン農家（Weinbauer）への道であった。こうした農民のブドウ園は、三圃制の集団的な利用とは異なり、完全に個人的に利用された。

ブドウ栽培に必要な道具も、単純である。もっとも重要な作業は、春の剪定作業である。ブドウ樹を剪定して支え棒に括りつける作業であり、秋の実りに関わる熟練労働である。ブドウ栽培における技術革新は、ローマ時代から十六世紀までほとんどなかった。唯一の例外が、ほぼ三十年で老化し始め、五十年で寿命を迎えるブドウ樹を、挿し木や接ぎ木で若返らせる技術であった。二～四年の若木を挿し木して頭部を土中から出し育てる方法や、一年目の若枝を根元の茎に接ぎ木する方法である。こうした方法を取ることにより、アルプス以北のブドウ園では、一ヘクタール当たりのブドウ樹が二万本から二・五万本に達した。南イタリアでは三五〇〇本程度であり、地中海圏の粗放的な方式に対して、アルプス以北では集約的なブドウ栽培であった。したがって、ブドウ樹間の間隔も狭く（一メートルほど）、犂耕はできずクワ作で年に三、四回の土起こしが行

図 1- 事例 1-2　ウィーン郊外ブドウ園の収穫作業

出典：筆者撮影（1996 年）。

われた。このクワ作は、トラクターに置き換えられる二十世紀まで続いた。一方、収穫作業は現在も、はさみによる手作業である（図１－事例１－２）。以上のように、剪定用ナイフ、クワ、はさみがブドウ栽培の基本的な道具であった。

ブドウ園の中心作業は、ブドウ樹の間を掘り起こして水分や日照の吸収を良くする、クワ作の集約的労働にある。そのため、ブドウ園の働き手はクワ作人（ハウアー）とも呼ばれた。一人の働き手が世話できる規模は、摘み取りを度外視しても一ヘクタールであり、したがって家族経営では二ヘクタールが限度である。下オーストリア・ワイン地区の一八二〇・三〇年代の村落調査によれば、一ヨッホ（〇・五七ヘクタール）当たりの労働日は、ブドウ園一二二日、穀物用の畑地一四労働日（ただし三犂耕日を含む）であった。この時期、下オーストリア全体の畑地七六・四万ヘクタールの純益は七一三万フローリンで、ブドウ園四・三万ヘクタールの純益は二一二万フローリンであった。平均すれば、一ヘクタール当たりの純益は畑地九フローリンで、ブドウ園四九フローリンである。畜耕を度外視し、単純に人間の労働日で換算すれば、穀物栽培に対してブドウ栽培は九倍近い労働力を集約的に投入して、五・五倍の収益を得る。水田稲作農業と同様に、土地の高い生産性と、労働の低い生産性が特質である。一ヘクタール当たりの収穫量も大きな変化はなく、十五世紀以降、一五〇〇〜二五〇〇リットルの水準にあった。二十世紀の後半に至って初めて、この水準は倍増する。むしろ、ブドウの収穫は気候に左右され、稔りの秋への期待と自然の酷薄さへの不安が、毎年、交差した。天候の不順により、多数のブドウ農家が一年で零落することも、しばしば生じた。

ワインの醸造と貯蔵

アルコール分の高い地中海ワインは、特別の貯蔵庫を必要とせず、陶器のビンで温かいところに保管された。これに対して、北のワインは、暑さと寒さから守って約一〇度に保つ、特別の貯蔵場所を必要とした。地下室（ケラー）や岩穴である。現在のワイン地区では、ワイン農家がケラーと圧搾室を所有しているが、かつては修道院・貴族・都市市民の所有下にあった。つまり、ブドウ栽培者とワイン製造者は別々であった。

とりわけ、ブドウ園の所有者が都市の居住者である場合、ワイン製造・取引・消費は、その都市に集中した。十六世紀半ばウィーンの市壁内には、登録された家所有者七八二人に対して一〇八の圧搾室が存在し、圧搾家屋を有する家が一四％を占めた。モラヴィア国境地帯のワイン都市レッツには一七八〇年、一三一のケラーに四七八万リットルのワインが貯蔵されていた。もっと大規模な貯蔵は修道院や貴族の居所であり、修道院クロスターノイブルクは一一二万リットル（一七〇三年）、貴族の所領マルツェンには十九世紀の初め八九万リットルが貯蔵されていた、という。

これと比べれば、ワイン村落の設備はささやかなものであった。ブドウ園を持つ農家でも、ケラーや圧搾室を持つ者は少なく、たいてい共同の設備であった。下オーストリア、モラヴィア、スロヴァキアでは、村の外の斜面に原始的な横穴が掘られ、貯蔵室として利用された。現在も、その一部はケラー通りとして残されている（図1－事例1－3）。

こうして、ワイン農家はたいてい原料生産者にとどまり、ワイン商人と対立した。ワイン商人は、生産地か

図1-事例1-3　ワイン都市レッツ郊外のケラー通り

出典：筆者撮影（1996年）。

ら消費地への運送業者だけではなかった。ワイン・モスト・ブドウを買い取り、これをさらに加工したり、貯蔵したりして、その上で外から来る商人に売却する取引業者も含まれた。こうした中間取引業者は、豊作の年に安く買い取り、不作の品不足のときに高く売る、投機的な利益を得た。

しかし、そのためにはワイン貯蔵の知識が必要であった。中世および近世初期には、その年に収穫され醸造された若いワインが飲まれていた。前年のワインは、翌年のブドウ収穫が終われば価値を失い、投げ売りされるか貧民に贈与された。こうしたワインの大部分はドイツ語圏では白ワインであった。若いワインが好まれたのは、醸造技術が未発達で、アルコール発酵の知識が不足し、すぐに腐敗してすっぱくなったためである。腐敗を防ぐ無数の努力が積み重ねられ、十七世紀後半から醸造・発酵技術の洗練が進み、ワイン産地の序列とワインの差異化が登場した。とくにシャンパーニュやメドックのワインは、複数年貯蔵の技術により、ヨーロッパの宮廷やイギリスのコーヒーハウスにおける、社会的上層の洗練された飲み物として声価を高めた。

同じ時期、遅い収穫で甘いワインに仕立てられたトカイ・ワインは、ハプスブルク貴族の好みのワインとなった。これを除けば、ドイツ語圏では特別に名を成すワインは登場しなかった。しかし、ここでも醸造・発酵技術の洗練により、よい年のワインを長期保存するワインの差異化が生じた。貯蔵に適したワインを選び、樽に貯蔵して一部を抜き取り、新しいワインを付け加えていくと、ワインは老化の過程で酸味を取り除く。酸味はワイン石の形で樽に付着し、まろやかな味わいのワインができあがる。十七世紀末には十年までの貯蔵が普及し、新しいワインと古いワインの価額差は一対三、四倍が普通となった。こうして、先に見たような大量のワイン貯蔵が、修道院・貴族やワイン都市・村落、さらにワイン取引業者によって行われるようになったのである。もはやワインは季節ものではなく、一年を通して供給され、享受されるものとなった。

ワインとアルコール消費

一般に十六世紀まで、アルコール飲料の中心はワインであった。しかし、十七世紀に入って三十年戦争でブドウ園が荒廃し、他方で十五世紀から始まった火酒の生産が広がり、ブドウ栽培地方の北限を越えてアルコール消費（焼酎、ウオッカ、ウィスキー、ブランデー）が普及した。一七五〇年には最初のジャガイモ焼酎の蒸留所がプファルツに設立された。一八三〇・四〇年代から一八八〇年代まで、工業化の第一段階は蒸留酒の黄金時代となった。

一方、近代的なビール醸造はバイエルンを起点とし、すでに一五一六年に現在まで続く純度規定が行われ、一五八九年にホーフブロイハウスが設立された。一八三一年にイギリスで蒸気力による醸造技術が開発され、これによりビールの工業的生産の道が開かれた。ミュンヘンでも一八四〇年に工業的生産が開始され、一八六〇年代初めまでに蒸気力による生産が定着し、季節に縛られないビール供給が可能になった。ただし、大規模経営へと集中することはなく、バイエルンの醸造所は一八〇七年の四七四五から一八六一年の五三八五へと増加した。それぞれの銘柄を背負う伝統的な小規模経営が、工業化の時代を通して継承されていった。

以上のようなアルコール飲料の工業的生産に対し、ワイン生産は工業化されることなく、手工業的性格を変えなかった。ヨーロッパのブドウ栽培は、一八七〇年代から世紀末にかけ、アメリカ産害虫の侵入によって大

表 1- 事例 1-1　ドイツの人口一人当たり年間アルコール分消費量（単位 ℓ）

	ワイン	ビール	火酒	合計
1850 年	0.75	1.65	5.0	7.40
1880 年	0.57	3.16	7.1	10.83
1910 年	0.48	3.97	2.83	7.28

出典：Tappe、後掲書、*Alkoholkultur,* S. 230f.

打撃を受けた。その被害の回復から二十世紀の半ばまで、小農民経営を中心に置く手工業的なブドウ栽培・ワイン生産の体質が、ドイツ語圏ではむしろ強化されたのである。

表1－事例1－1は、第二帝政期の版図におけるドイツのアルコール消費量（一八五〇～一九一〇年）を示す。工業化の時代、ワイン消費はしだいに減少していく傾向にあった。この表には示されていないが、その年の収穫高に左右され、単年度毎に見られる消費量の変動の激しさも、ワインの特徴である。いずれにせよ、十九世紀の経過の中でアルコール消費の比重は、まず火酒に、ついでビールに移っていった。

一八五〇年のアルコール飲料消費量について、アルコール分をワイン一二％、ビール五％、火酒三〇％として換算するならば、ワイン六・二五リットル、ビール三三リットル、火酒一六・六リットルである。これは一人当たりの消費量であり十四歳以上の男女に換算すれば、その一・五倍である。平均して、通常のワイン・ビン（七五〇ミリリットル）一二本、ビール缶（五〇〇ミリリットル）九九本、焼酎の一升ビン（一・八リットル）一四本を一年で消費した計算になる。この分量から見て、アルコール消費は祝祭日に限らず、おしなべて男女とも、まさしく日々の生活のなかにあった。さらに十九世紀末には、ビールの消費量は倍増している。喉の渇きを潤すビールの清涼感は、労働者層の日常的な生活の一部となっていった。もちろん、ワインの人気も根強く維持された。豊かな食生活や社交に欠かせないアルコール飲料として、現在も変わることなく消費されている。

参考文献

山本博『ワインが語るフランスの歴史』白水社、二〇〇三年。

ジルベール・ガリエ、八木尚子訳『ワインの文化史』筑摩書房、二〇〇四年。

Medard Barth, *Der Rebbau des Elsass und die Absatzgebiete seiner Weine. Ein geschichtlicher Durchblick*, Strasbourg/Paris 1958.

Wilfried Fritz, *Wirkungen des Weinbaus auf Sozial- und Siedlungsstruktur im Kaiserstuhl*, Dissertation, Tübingen 1976.

Erich Landsteiner, *Weinbau und Gesellschaft in Ostmitteleuropa. Materielle Kultur, Wirtschaft und Gesellschaft in Weinbau, dargestellt am Beispiel Niederösterreichs in der frühen Neuzeit*, Dissertation, Wien 1992.

Heinrich Tappe, *Auf dem Weg zur modernen Alkoholkultur. Alkoholproduktion, Trinkverhalten und Temperenzbewegung in Deutschland vom frühen 19. Jahrhundert bis zum Ersten Weltkrieg*, Stuttgart 1994.

（若尾祐司）

事例研究2　亜麻栽培とリネン製造から結婚へ

すでにタキトゥス『ゲルマニア』のなかで、リネンは女性の日常着として登場している。そうした古い時代から十九世紀の末に至るまで、農村社会では主に亜麻糸と亜麻布（リネン）の自家生産によって、洗い替え布製品（衣料・シーツ類・ナプキン）の調達が行われてきた。「アダムが耕し、イブが紡いだ時代に、いったい貴族はいたのか」という農民戦争の闘争スローガンが示すように、とりわけ紡ぎは天性の女性労働とされてきた（図1－2）。糸巻き棒は女性の道具であり、その繊細な労働は女らしさの象徴機能を担ってきた。この女性労働によって糸と布を貯え、嫁入り支度（アウスシュトイアー）として準備することが、農村の女性にとり結婚の必要条件であった。以下、主に北ドイツのラーヴェンスベルク地方の例によりながら、まず亜麻栽培を見ていこう。

亜麻の栽培と加工

亜麻は連作がきかず、六～八年を開けての作付けであり、個別の農家は耕地面積の一五％程度に順次作付けを行った。「よい燕麦畑には長い亜麻が育つ」といわれ、燕麦の収穫を終えた秋のうちに、亜麻用の畑を深く掘り起こして雑草を取り除く。そして春になり、畑を均して土を細かく砕き、雑草を取り除いて種まきの準備を整えた。亜麻の作付けには、雑草に対する注意が特別に必要であった。

種まきは「百日目」とされ、月が満ちていく時期が選ばれた。種まきは男の仕事であり、土に十字を切って種が悪霊から守られることを祈り、地方によっては教会の鐘も打ち鳴らされた。農夫は自分用だけでなく、その他の依頼分も一緒にまいた。たいてい女性の奉公人（下女）は、賃金のほかに半シェッフェル（＝１／12ヘクタール）の亜麻地を得ており、それぞれの下女用の亜麻地には豆の苗木を植えて仕切りが入れられた。種まきの後で畑が水に浸かると、芽が出なくなる恐れがあり、雨水を押し流して芽吹きを助ける必要があった。

芽が吹くと、つぎの大仕事は雑草取りである。畑に這いつくばり、ひざで芽をすりつぶさないよう用心して雑草を取り除く。さらに二週間後に、二回目の雑草取りを行う。奉公人や借地人も手伝う総出の共同作業であり、農家の農事暦における重要な一頁であった。その後は、亜麻の生育は天候に委ねられた。

花が咲いて実が熟し、葉が黄ばみ始めたころが収穫期である。茎をよじって痛めないよう、タイミングよく根こそぎに亜麻を抜き取り、手で握れる大きさの束にまとめる。この亜麻束が、紡ぎの工程に至るまで作業の単位となった。

収穫した亜麻束は畑で一週間ほど乾燥させ、その後に、いったん屋内に取り込んで種殻をこき取る作業を何度も繰り返した。落ちた種殻（亜麻種）はより分け、優良なものは翌年の種まき用に回されたが、大部分は亜麻仁油となる。一方、亜麻茎は再び運び出し、六〜一〇日間水に漬ける。腐食して柔らかくなったら取り出し、しっかり乾かしてから屋内に取り込み、冬が始まるまで貯蔵しておく。

秋の畑仕事が終了し、打穀作業には天候が適さず、他に重要な仕事もないときに、亜麻束を取り出し、木製の道具や棒で茎を圧し砕いて片付けておく。さらに、時間のあるときに砕かれた亜麻束を取り出し、木製のはさみ締めから梳き櫛へと何度も掛けて、櫛ほどき弾力をつける。滑らかに解きほぐされた亜麻束は、根元を木枠に引っかけ、ラケット板で繊維を払い落として整える。この櫛がけと整えの作業によって、亜麻糸の良し悪しが左右され、紡ぎへの準備工程が一段落した（図１－事例２－１）。

以上のように、十九世紀半ばラーヴェンスベルク地方では、農家が一丸となって亜麻加工に従事していた。

図 1- 事例 2-1　亜麻の加工（1781 年コメニウスの図版から）
出典：Henkhaus, *Treibhaus,* S. 19.

しかし、農村織維工業（プロト工業）が広がる十八世紀よりも前の時代には、民俗学者ヴェバー＝ケラーマンによれば、割り当てられた亜麻作付け地は、下女自身の手で「種まきから紡ぎ」に至るまで世話された。したがって、紡ぎのみならず亜麻の栽培と加工も女性の労働領域に属していたのである。

紡ぎ

紡ぎは冬場を通して行われる。亜麻の繊維は一五センチメートルほどで、出来るだけ滑らかに紡ぎだし糸にする。六〇本の糸をよじりつないで一結びとなり、二〇結びをつないで一巻き（一個）の糸束が出来上がる。細かい神経と繊細さが要求される、女性の仕事である。

この作業も共同体規制の下にあった。ラーヴェンスベルク地方では、紡ぎの開始はミカエル祭（九月二十九日）と決まっていた。聖マルチン祭の前日（十一月十日）までは、一人が朝と晩に半個ずつを紡ぐ。それから二月二日までは朝・晩ともに半分増やし、一日一個半を紡ぐ。二月二十二日までは同じ分量の紡ぎ労働が続けられるが、下女の義務は当初期間の分量とされ、一日半個分の差額は自分のものとなった。農家の主婦が乳搾りなど下女の仕事に回り、下女の仕事がもっぱら紡ぎ労働となるときは、一日三個が義務となることもあった。紡ぎの競技会も開催され、一八一六年には五人の娘たちが競争し、一九時間で七個半を紡ぎだした十九歳の娘が優勝したという記録も残されている。しかし、勤勉な紡ぎ手でも一日に二個から二個半が普通であった。

娘たちが集まって作業を行う、「紡ぎ小屋」の習俗も広く流布していた。たとえばリューネブルグ地方では、それぞれの農家が八～十四日を受け持って作業の場所を提供した。小さな村では一軒の家に、大きな村では複数の家に下女や農民の娘たちは、紡ぎ車を手に午後一～二時の間に集まり、農婦の世話の下で紡ぎ作業に従事した。三時にはコーヒータイムが取られて、ミルク、パン、バターが出され、夕方には農民夫妻は「交友」に出かけるのが常で、娘たちだけが残って作業を続けた。

紡ぎ小屋は娘たちのおしゃべりの場であり、紡ぎ車を回しながら恋愛歌もよく歌われた。たとえば、「美しい娘、若くてかわいい。信心深くて気持ちよい性格。彼女を好きになったのは騎兵。騎兵は騎兵として生きるもの。戦争に行かなければならない」に始まり、「これが最後の別れのキッス」と切ない娘心を歌う。もちろん、娘たちの集まりの場は若者の関心の的となる。若者が訪れる男女交際の場となり、ときにエロチックな関係も「紡ぎ上げ」（アンシュピネン）られる、結婚への導きの場でもあった。そのため十七世紀以来、領邦君主や教会の側から、しばしば規制が加えられた。しかし、地方によっては二十世紀初めまで農村の風俗として存続していた。

農村の結婚式

十九世紀後半リューネブルク地方に関する民俗学の調査に依拠して、つぎに結婚式を見てみよう。すでに花嫁衣裳は、農村でも都市モードの影響を受けて黒い衣服に黒の絹の冠、そして昔ながらの黒の絹の前掛けとなっていた。結婚式は原則として二人の住居となる家で行われ、したがって普通は花婿側の家であった。大・中農クラスの農村上層の場合、結婚式の時期は秋がもっとも好まれた。ジャガイモの収穫を終えて冬畑用の作付け

図1-事例2-2　結婚式の式告げ役（19世紀の後半リューネブルク地方）

出典：Kück (Hrsg.), *Bauernleben,* S. 165.

をすませた時期であり、屠殺した家畜の肉を保存するにも適していたからである。結婚の公示は二回、婚約者二人が直接牧師に頼んで、式の二週間前から日曜日に教会で行われた。

結婚式を告げ回る役として、花婿の兄弟ないし直近の親族から二人が「式告げ役」に選ばれる。この告げ役は式前日の木曜日に、花輪を付けた帽子をかぶり、手には杖を持って各農家を訪れ、結婚する二人の使いとして大声で口上を述べた（図1－事例2－2）。「二人は皆さんに金曜日の結婚式への御出を願っています。時間が許すようにと。歩いて来れなければ、背負われて来てください。背負われて来れなければ、車に乗せられて来てください。そして助け合い、愛する神様から授けられたもの、すべてを飲み食いつくしましょう。飲み食いの続く楽しい二日間。ビールとワインが整っています。……」と。

貧富に関わりなく村の住民すべてが、告げ役によって結婚式へと招待された。花婿の家では、すでに月曜日から親族の女性たちが集まって準備をはじめ、火曜日には屠殺を行い、水曜日にはパンを焼き、土間を片付けてダンス用に整えた。料理女中が手配した食料品や台所用具も届き、祝宴の準備が整えられた。そして木曜日、告げ役による招待の一方で、親族・隣人から花婿の代理が選ばれ、四頭立ての馬車に楽士を連れて、午前中に花嫁の家に着いた。軽食をとった後、楽士の演奏の中で嫁入り支度の荷積み作業を行う。長持ちに詰め込まれた亜麻糸とリネン製品こそ、花嫁側の最大の誇りであった。この「長持ち車」に花で飾った花嫁牛を後ろに引いて戻り、到着後、直ちに嫁入り支度は展示された。同時に、この日に近親・隣人の贈り物も持ち込まれ、あわせて並べられた。「長持ち車の日」と呼ばれ、この日の最後は下男・下女のダンスで締めくくられた。

結婚式当日の金曜日、花嫁は両親の家で、直近の縁者との食事で「出発」（アウスガンク）を祝う。一〇時から一一時の間には花婿から送られた馬車が到着し、楽士の演奏のなか花嫁は両親に別れを告げ、親族の高齢者の手引きで馬車に乗る。若い娘たちの乗る馬車も続き、鞭が勢いよくたたかれ、はやく走れば走るほどよいとされていた。

一方、花婿の家でも客人が一〇時ころから集まり始め、嫁入り支度や贈り物、さらに屋敷のすべてが見物の対象となった。一一時にはダンスも始まる。花婿は花嫁と同じように、親族の高齢者に引率され、また身内の若い娘たちを伴って馬車に乗った。そして、教会付近の居酒屋で花嫁側の一行と出会い、音楽に先導されて身分局で登録をすませ、さらに鐘と音楽のなかで行列を作って教会に出向き、すでに結婚した者として教会の祝福を受けた。民事婚の導入（一八七四年）以前は、花婿と花嫁はそれぞれ別の道を通って教会に入った、という。教会を出て再び居酒屋に戻り、乾杯とダンスをしてから馬車に乗り、二人の一行は結婚式の家へと到着した。

結婚式（披露宴）の家では、土間や屋外のりんごの木の下に机とベンチが置かれ、机には花嫁の嫁入り支度のなかから立派なリネンが選ばれ、カバーとして掛けられた。新郎・新婦が席に着くと、牧師の祈りで食事が直ちに始まった。婚儀に参加しなかった双方の両親や親族がサービス役となり、スープ・焼き物・ジャガイモ・果物などの皿が手渡しで回された。料理女中・屠殺人・監視役・ビール製造者・楽士・貧者などへのチップの皿も頻繁に回され、花嫁はパンに貨幣を入れて村の貧しい人たちに贈った。教会音楽と牧師の祈りで食事は終わり、その後に「名誉のダンス」（花嫁とのダンス）が始まる。このダンスは、花嫁を夫の家族のなかに迎え入れ、同時に双方の一族の間で親族関係を固めるという意味を持った。机とベンチが片付けられ、新郎・新婦の場所が移され、最初に式告げ役と花嫁の兄弟、その後に双方の男性親族が親等順に交互に続き、さらに双方の家族の知人も花嫁とのダンス列に加わった。花嫁とのダンスを終えた者は、次の順番で花嫁・花婿介添え役の娘たちとのダンスを請求できた。かくて、多くのペアがつくられ、踊り手たちは二つの親族と知人たち全体へと広がった。その間、踊り手は休みごとにワインやラム酒を手にし、音楽・踊り・飲酒によって家族共属感情はいやが上にも高まっていった。その頂点となる「名誉のダンス」の結びは花嫁と花婿のダンスであり、二人のダンスで閉められた。

「名誉のダンス」の後、再び一般のダンスに移った。部屋では夕食の食卓が出され、夜中にはコーヒータイムが取られ、早朝までダンスと飲み食いが続いた。最後の客が帰る頃には夜が明け、ようやく新婚カップルに静かなときが訪れた。この日から四～六週間、新妻が両親の元を訪れることは許されなかった、という。

リューネブルク地方では十九世紀を通じて、こうした結婚式でのダンスと飲み食いが一般的であった。さらに十八世紀の前半までさかのぼると、客人たちはフォーク、ナイフ、木製スプーンを手に集まり、三日間続く飲み食いに浸った、という。リューネブルク地方に限らずどこでも、農村の男性のみならず女性にとっても、結婚式は労働生活の日常のなかに差し込まれた、解放と快楽の非日常的な時空間であったことは疑いなかろう。

参考文献

若尾祐司『近代ドイツの結婚と家族』ミネルヴァ書房、一九九六年。
Eduard Kück (Hrsg.), *Das alte Bauernleben der Lüneburger Heide*, Leipzig 1906.
Eduard Schoneweg, *Das Leinengewerbe in der Grafschaft Ravensberg. Ein Beitrag zur niederdeutschen Volks- und*

Altertumskunde, 1923 (Ndr. Osnabrück1985).
Dieter Sauermann/Gerda Schmitz, *Alltag auf dem Lande. Bilder und Berichte aus dem Archiv für westfälische Volkskunde,* 2. Aufl., Wiedenbrück 1987.
Ingeborg Weber-Kellermann, *Landleben im 19. Jahrhundert,* München 1987.
Uwe Henkhaus, *Das Treibhaus der Unsittlichkeit. Lieder, Bilder und Geschichte (n) aus der hessischen Spinnstube,* Marburg 1991.

（若尾祐司）

事例研究3　農村を中心とした食の文化史

ドイツ農村の食文化史について、まず概観からはじめてみよう。ヨーロッパの食文化をきわめておおざっぱに定義すると、パン・ワイン・オリーヴ油に象徴される地中海的食文化と、肉・乳製品・ビールに代表される北方の食文化とが、古代から中世を通じて徐々に融合していったものと考えることができる。ドイツの食文化は当然後者、すなわち肉・乳製品・ビールによって特徴づけられるわけだが、これはあくまでシンボリックな特徴づけであって、実際の食生活の様相は異なっている。これは近代以前の食生活に全般的にあてはまることだが、ドイツの食も、都市と農村の格差、社会階層間の相違、季節的変化やハレとケの対比などあり、詳細に観察すると複雑な姿が浮かび上がってくる。

まず、食料供給の面から整理してみよう。一般的に十一・十二世紀から始まる人口増加の中で、鉄製有輪犂や三圃制度などの農業生産上の革新がすすんだとされるが、これによって、比較的安定した穀物の収穫が可能になり、パンや粥プラス乳製品という食生活の骨格が実現した。他方、肉に関しては社会層による大きな格差があり、農民など被支配層は豚肉を中心とした少量の肉を口に入れることができたに過ぎなかった。十四世紀半ば以降のペスト大流行にともなう大規模な人口減少の時期には、一時的に肉消費量が拡大したが（ドイツでは一人あたり年間平均消費量約一〇〇キログラムというきわめて大きな数値も示されている）、その後十六世紀から十九世紀初頭までは、長期的に食料供給が逼迫し、農村での食生活は穀物など植物性食品を中心とした質素なものであった時期が長く続いた。日常の食事は、穀物や豆、野菜のごった煮のようなきわめて単調なもので、マックス・リーバーマンが描く絵（図１－事例３－１）のように、ひとつの鍋で煮た料理を家族全員が直接スプーンで食べるというスタイルであった。

そうした食生活のあり方が変化したのは十八世紀から十九世紀にかけてである。まず、十八世紀にジャガイモやコーヒーといった新しい食物が導入され、大きな地域差はあるが、しだいに農村でも民衆の食生活に浸透していった。もうひとつは、十九世紀後半以降に本格化することになる工業化や都市化といった社会的変動の影響である。これは、食料の生産・流通などの供給構造をはじめ、食生活全体を根本的に変革し、都市部・農村部を問わず食生活全体の近代化を押し進めることとなった。

図 1- 事例 3-1　マックス・リーバーマン「食卓の祈り」（1884 年）

近代化された都市部の食生活については第４章の事例研究と関係するので、ここではあくまで農村における食生活に焦点を当て、とくに十八世紀における新しい食物の導入によって食生活がどのように変化したかを検討してみたい。ただ、近代以前の民衆レベルでの食生活のあり方を探るための史料は、支配層の場合と比べあまり多く存在しない。さらに、この時期の食生活は地域差がきわめて大きいため、平均的な像を提示することは困難である。ここでは、一八〇〇年前後のいくつかの例を提示するにとどめておきたい。

表1-事例3-1　ブレーメンの貧民施設での献立表（1785年）

	昼　食	夕　食
月曜日	エンドウ豆 バター付黒パン	粗びきソバのカユ バター付黒パン
火曜日	キャベツ バター付黒パン	粗びきソバのカユ バター付黒パン
水曜日	白インゲン豆 バター付黒パン	粗びきソバのカユ バター付黒パン
木曜日	根菜 粗びきソバのカユ	粗びきソバのカユ バター付黒パン
金曜日	エンドウ豆 バター付黒パン	粗びきソバのカユ バター付黒パン
土曜日	キャベツ バター付黒パン	粗びきソバのカユ バター付黒パン
日曜日	メットヴルスト（ソーセージの一種） ジャガイモ	粗びきソバのカユ ライ麦パン、エダムチーズ

出典：Teuteberg / Wiegelmann, *Nahrungsgewohnheiten,* S. 166.

まず北ドイツの例から始めよう。新しい食品が定着する前の食生活の様子を示す史料として、一七八五年ブレーメンの貧民施設における食事の献立表を紹介する（表1－事例3－1）。一週間分の昼食と夕食の内容である。

ここからわかるようにきわめて単調な献立であるが、注目すべきはその内容である。ジャガイモは日曜日の昼食にしか登場しない。逆にほぼ毎日登場するのが、豆や野菜類（これは鍋で煮込む料理と考えられる）、粗びきソバのカユ、そしてバター付黒パンである。ほぼ毎日、料理といえばそれしか出ないといっても過言ではない。日曜日だけ、わずかに食事内容が改善されソーセージやチーズが出る。この献立は都市部の例ではあるが、粗びきソバなどの雑穀や豆、野菜類を煮込んだ料理は、近代以前の農村に頻繁に見られた料理であり、農村の食生活の様子がここに反映されているといってよいだろう。

ドイツ食文化研究を開拓した民俗学者のG・ヴィーゲルマンによると、一八〇〇年頃の北ドイツ農村部における食生活の特徴は、平日は野菜や豆類のアイントプフ（ひとつの鍋で煮込んだ料理）が毎日続くことであるとされる。この表1－事例3－1はまさにその通りの内容となっている。しかし同時に、ヴィーゲルマンは、このころからジャガイモやコーヒー・茶といった新しい食品が北ドイツに定着し始めると指摘する。彼が提示する（一八二〇年頃の）東フリースラント地方（北海沿岸のオランダに隣接する地域）の農村における食生活の様子を紹介してみよう。朝食は、夏にはパッペというミルクカユとライ麦粉か粗びきソバのカユ、冬はジャガイモとバター付パンである。夕食も同じ内容となる。昼食はエンドウ豆やインゲン豆、カブ、キャベツを煮込んだ料理であるが、もっとも頻繁に食べるのはジャガイモである。ソバ粉のパンケーキ類もよく食べ、夏はパンを入れたミルクもよく食卓に上がる。肉やベーコンはわずかで、毎日は食べない。茶は午前中も午後においても頻繁に飲まれる。以上のような食事内容は、伝統的な農村部での食生活体系が十九世紀に入っても維持される一方、ジャガイモ、茶といった新しい食品がしだいに浸透しつつある状況をよくあらわしているといえる。

ただここで紹介されているのは、かつての貧しい食生活のスタイルが残存する痩せた砂地土壌の農村での事例であり、同じ東フリースラントでもより肥沃な農村では、肉や動物性脂肪の消費はより多く、新しい食品による食生活の革新がもっとすすんでいるということも、ヴィーゲルマンは指摘している。そうした農村では、朝食の食卓からカユは姿を消しており、それに代わって茶かコーヒーとバター付パンが中心となっている。

別の地域の例も紹介してみたい。もともと、ドイツの食文化においては南北の食事体系に大きな差がみられるという特徴がある。たとえば、タンパク質食品としては北が肉・肉加工品、南が卵と乳製品が多く、脂肪も北が豚脂、南がバターという対比がなされる。メインの食事においても、北が穀物と野菜、肉を煮込んだアイントプフが多いのに対し、南は団子や麺類のような麦粉から作る料理が頻繁に供される。パンについては、北が一日のメインの食事（通常は昼食）以外で食べられることが多いのに対し、南ではメインである昼食の際に食べられる、などである。ジャガイモやコーヒーといった新しい食品の導入においても、南北で大きな差があることが指摘されている。北ドイツでは、かつての伝統的な農村の食生活が一八〇〇年頃には変容しはじめているのに対し、南ドイツ、とくにバイエルンからオーストリアにかけての地域では、古い食生活のスタイルがまだ強固に維持されている。

再びヴィーゲルマンの示す事例に目を向けよう。ドナウ川流域に位置するインゴルシュタットの一七九七年における状況である。食生活の基本はライ麦パンで、裕福な市民はゼンメル（小麦パン）や卵・ミルク入りパンを食べ、農民や手工業者は小麦粉で作った食品を食べる。小麦粉はバイエルンでは普遍的食品で、もっとも卓越しており、農民は肉より小麦粉食品の方を好むようになっている。農民は一年中ミルク、小麦粉食品、ザウアークラウト、豆を食べている、と叙述される。アルプスの麓アルゴイ地方での一八一三年の報告でも、小麦粉食品が当地でもっとも好まれる食品であるとされているが、同時に、ジャガイモが愛好され頻繁に食される食物になり始め、とくに貧民が毎日食べているという叙述もある。食生活上の革新がドイツ最南端にも及び始めてたことがうかがわれる。しかしさまざまな報告からは、南ドイツでの食生活が古い性格を維持し続けたことが明らかに示されている。ヴィーゲルマンによると、南北の対比は食事作法の面でも見られる。北ドイツや都市部では比較的早くから個人用の食器が浸透したのに対し、南ドイツ、とくにバイエルンやティロール地方の農村部では、共通の鍋や鉢から各自がスプーンですくって食べるというスタイルが二十世紀まで残っていた。ドイツの近代以前の農村に存在した食文化は、一部では比較的最近まで残っていたのである。

参考文献

Günter Wiegelmann, *Alltags- und Festspeisen: Wandel und gegenwärtige Stellung*, Marburg 1967.

Hans J. Teuteberg / Günter Wiegelmann, *Der Wandel der Nahrungsgewohnheiten unter dem Einfluß der Industrialisierung*, Göttingen 1972.

（南　直人）

第2章　教会と宗教文化

農村の巡礼風景

この絵は、1657年の絵馬に描かれた農村の祈願祭行列（巡礼）の様子である。日本と同じように、絵馬は、願掛けや御礼の印として教会に奉納された。祈願祭行列はカトリック教会公認の農作祈願行事であった。現世のご利益を求める巡礼は、元来来世信仰のキリスト教に反するものであったが、人々は教会や巡礼にご利益を期待した。農作祈願の行列は、絵のように畑を行進し悪霊を祓う行事であった。この絵は2通りの解釈が可能である。行列を終えた村人が村に戻ってきたのか？　あるいは隣村に赴いているのか？　行列参加は家長の義務であった。祈願祭行列はしばしば隣村の教会に向かい、隣村との交流の機会となっていた。祭りの日でもあった。先頭を行くのは司祭であろう。

出典：Rainer Beck, *Dörfliche Gesellschaft im alten Bayern* 1500-1800, München 1992, S. 16.

1　教会権力の場

領邦教会制の成立

ドイツは、他のヨーロッパ諸国と比較するならば、カトリックとプロテスタントの宗派のコントラストが際立った国である。北・東ドイツを中心とプロテスタント人口と西・南ドイツのカトリック人口は、現在、それぞれ、ほぼ二六〇〇万人程度で拮抗している。ドイツの宗派事情は、その独自の歴史に由来している。

ルター（一四八三－一五四六年）に始まる宗教改革（一五一七年）は、西欧におけるカトリック教会の独占を切り崩したが、ドイツにおいては、アウクスブルク宗教和議（一五五五年）によって、ルター派が、ウェストファリア条約（一六四八年）によって、改革派＝カルヴァン（一五〇九－一五六四年）の宗派が公認された。その際に重要なことは、個人の信仰の自由ではなく、「住民は領邦君主の信仰に従う」原則が確立されたことである。これによって、領邦君主が、領邦内の教会をその権力内に組み入れ、政治的に従属させる教会のあり方、いわゆる領邦教会制＝国教会制が決定的となった。ウェストファリア条約当時、神聖ローマ帝国直属の領邦君主は、同じく帝国直属都市も合わせて三〇〇以上存在していた。今や、これらは、帝国の支配権から独立して、事実上の主権国家を形成するようになっていた。したがって、領邦教会は、論理的には、領邦の数だけありえた。ただし、帝国都市には宗派共存が容認された。

以後、ドイツにおいては、カトリシズム、ルター派、改革派が、主要三宗派となった。ルター派は、ブランデンブルク＝プロイセン、ザクセン、ブラウンシュヴァイク、メクレンブルクなど北部・東部およびヴュルテムベルク、アンスバッハなど西南部に、改革派はプファルツ、ヘッセン＝カッセルなど西部の中小領邦に、カトリックは、ケ

領邦君主（宮廷政府）→ 上級宗務局→宗務局→ ↑↓ 教会会議→総監督官→監督官→

教区
教区聖職者・教師→教区民

図 2-1　ザクセンの教会組織（1580 年頃）
出典：著者作成。

ルン、トリーア、マインツ、ザルツブルクなどの司教領やオーストリア、バイエルンといった西部から南部を占めた。

プロテスタンティズム

ローマ教皇の権威を否定したプロテスタント諸邦においては、教会の首長は必然的に領邦君主であった。彼は、領邦内教会の「最高司教」として、最高の教会統治者となった。つまり、プロテスタント諸邦の領邦君主は、聖俗の二重権力者としての性格をもった。

ルター派のザクセンの場合、上級宗務局もあわせて三つの宗務局が、各管轄地域の教会に対する最高監督官庁となった（図２－１）。宗務局員は、領邦君主より任命された。教会財政の監督権、聖職者の任免権、教会懲罰権などを有した。教会会議は、上級宗務局によって招集され、君主より任命された聖俗委員によって構成された教会事項の最高審議・決議機関であった。また、二名の総監督官が領邦君主によって任命され、その指揮下にあった監督官は各郡に配置され、その任務は、管轄地域の教区聖職者、教師、教区民の信条、行状などを定期的に調査することであった（教区巡察）。教区巡察の内容は、総監督官を経て上級宗務局へ、さらに領邦君主へと報告された。教区巡察の内容に基づいて、各宗務局は、破門を含む教会懲罰を与えることができた。

ルター派ヴュルテムベルクでも、宗務局、教会会議、総監督官、監督官、教区といった教会組織が形成された。同様に、改革派のプファルツにおいても、領邦君主直轄下の宗務局が、最高教会官庁として機能した（図２－２）。

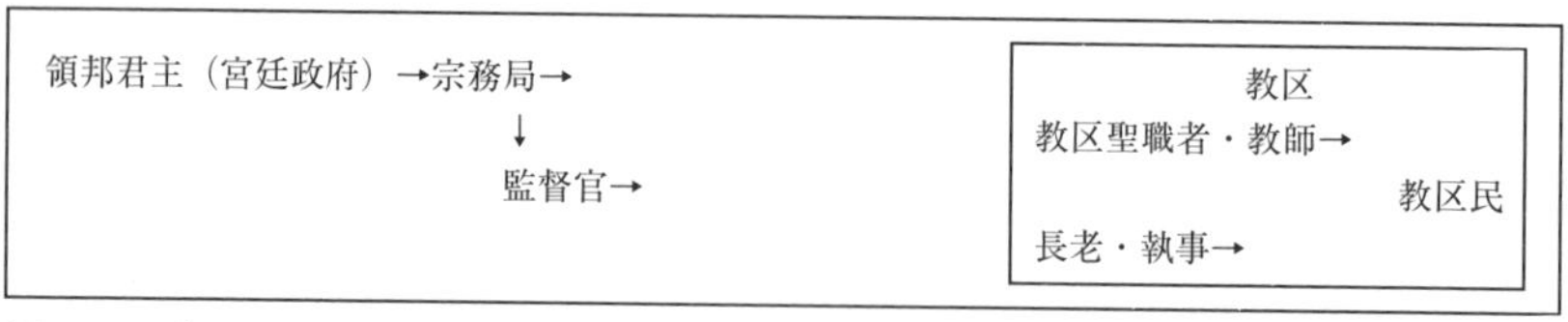

図 2-2　プファルツの教会組織（1600 年頃）
出典：著者作成。

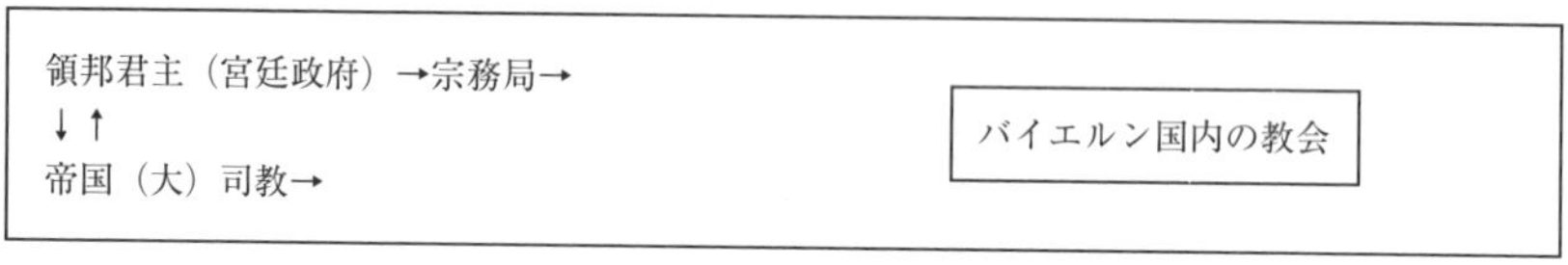

図 2-3　バイエルンの国家と教会（16-18 世紀）
出典：著者作成。

改革派に特徴的なのは長老会制であった。カルヴァンの理念からすれば、聖職者、教師、規律の監督者である長老（複数）、そして救貧事業を扱う執事は、教区民の選挙によって選ばれ、これが教会自治の根幹を成したが、ドイツの改革派においては、長老会制が機能したかは疑問であった。プファルツでは、教区聖職者・教師の任免権、破門権は、宗務局が握っていた。こうして、教会自治の可能性を残しつつも、法的には、ドイツ改革派は、ルター派同様、領邦国家による管理体制のなかに置かれた。

カトリシズム

他方、ローマ教皇を頂点にいただくカトリシズムにおいては、教皇あるいは国内を管轄する司教との関係が、領邦教会制の成立、発展にとって決定的役割を演じた。

バイエルンでは（図２－３）、一八〇三年の「帝国代表者会議主要決議」にいたるまで、国内の司教区が、国外の八つの帝国直属（大）司教の管轄下に分断されていた。バイエルン君主は、領邦教会制の重要な指標である司教指名権を行使できなかったことはもちろん、逆に、各司教は、原則的に、教会裁判権などの諸権利を、バイエルン国内で行使できた。とはいっても、すでに十六世紀には、バイエルン君主は、教会財産への監督権と課税権、奇数月空位の司祭聖職録授与権、聖職録受領者に対する認可証交付権、聖職者に対する民事裁判権、修道院長など高位聖職者選出の際の承認権、教区巡察に際しての国家の関与権などを獲得していた。また、領邦教会制の柱として、一五七〇年に、宗務局が設立された。

バイエルンの教会に対する支配権（教会高権）は、原則的には諸司教との「政教条約」という形でもたらされたが、バイエルンをドイツのカトリシズムの防波堤と見なす教皇の譲歩が、大きな役割を演じた。十八世紀には、聖職者はバイエルン臣民であること、世俗裁判所での婚約および婚約争議の有効性、修道僧が修道院の決定に対して国家へ救済を訴える制度、宗教上の通知に対する国家検閲などの法令が、次々と発布された。十九世紀に入ると、帝国直属司教領の消滅とともに、国家による教会・修道院財産の接収、ローマとの政教条約（一八一七年）を経て、バイエルン領邦教会制は最終的に完成した。

信仰の自由と領邦教会制

ウェストファリア条約には、他宗派の私的礼拝（家庭内礼拝）を容認する条項が含まれていたが、領邦教会制は、一領邦＝一宗派を原則としたので、基本的には他宗派への不寛容が前提であった。しかし、十八世紀、とりわけその後半以降、他宗派不寛容の原則は維持しがたい状況となった。それは、新領土獲得による異宗派住民の増加と、啓蒙主義の影響が大きく関係していた。

ルター派国家ブランデンブルク＝プロイセンは、ホーエンツォレルン家が改革派に改宗したので（一六一三年）、すでにウェストファリア条約以前に、ルター派と改革派の同権が確立されていた特異な領邦であった。ここでは、十七世紀に、フランス改革派（ユグノー）を積極的に受け入れる政策も行われた。しかし、プロイセンにおけるカトリック教徒には、司教区の存在や公的礼拝は禁止され、私的礼拝のみ許された。十八世紀にはいると、プロイセンは広大なカトリック領域をその支配下に置いた。これによって、カトリック教会へ法的承認が与えられ（一七八八年）、それは、一七九四年「一般ラント法」で、信仰の自由に結実した。ここで、国家のあらゆる住民に対して、個人の完全な信仰・良心の自由が認められ、同じ信仰を有する人々の結合の自由も保障された。しかし、「一般ラント法」は、決して政教分離の原則を掲げたわけではなかった。というのも、ルター派、改革派、そしてカトリシズムを、公的教会団体と位置づけ、領邦教会として国家の特権を享受させ、それ以外の宗教マイノリティ（セクト）は、たんに私的団体として、その存在が容認されたに過ぎなかったからである。この原則は、一八四七年の宗教令によって一層明確化され、領邦教会制と信仰の自由の原則が並存することとなった。また、一八一七年の宗教改革三百年祭をきっかけとして、ルター派と改革派の合同が実現した。両派の合同は、プロイセンの他にも、ナッサウ、プファルツ、バーデンなどの諸邦でも実現した。

「帝国代表者会議主要決議」を機に、ドイツの諸邦は四〇弱にまで整理、統合された。十九世紀にいたるまでカトリシズム以外の宗派に不寛容であったバイエルンは、広大なプロテスタント領域を併合することとなった。これにより、プロテスタント諸派に信仰の自由が認められ、一八〇九年の宗教令では、個人の完全な信仰・良心の自由と団結の自由が明記された。しかし、ここでも政教分離が実現されたわけではなかった。カトリシズム、ルター派、改革派の同権と同時に、この三宗派のみが、公的教会団体として領邦教会の位置についたからである。

領邦教会制は、一九一八年の領邦君主権力の廃止とともに終焉した。しかし、教会組織は、なおも旧領邦単位で存続した。

政教分離の行方

一九一九年に成立したヴァイマル憲法は、「国家と教会の分離」を掲げ、公的資金による教会援助の打ち切りを目標として謳った。しかし、現実にはそれは実現されなかった。また、教会は「公法上の団体」と位置づけられたので、これが教会税を徴収する根拠となった。公立学校での宗教授業も、正規の科目として存続した。そして、これらの原則は、基本的に、現在のドイツ憲法に受け継がれ、現在も、政教分離は実現していない。

第二次世界大戦後、ドイツのプロテスタントは、ドイツ福音教会（ＥＫＤ）という組織にまとまった。これは、ルター派、改革派、そして両派合同教会といった旧領邦教会レヴェルの統一体である。冒頭に言及した約二六〇〇万人のプロテスタントとは、このドイツ福音教会の成員を指している。現在ドイツの人口は約八二〇〇万人（内、約七〇〇万人が外国人）である。両宗派合わせての人口は約五二〇〇万人、キリスト教の他宗派、他宗教の人口は、イスラム教（約三〇〇万人ともいわれている）を除けば、取るに足らない数字である。これは、全人口の約三割の無宗教申告者が存在していることを意味している。この無宗教者は、主に、旧東ドイツ地域に集中している。ドイツでも、本格的に、政教分離を語る時期が来ている。

2　聖職を生きる

聖職者とは誰だったのか

カトリック教会では、世俗の行政区とは別に、独自の教会行政区が存在していた。最上位の教会行政区は、（大）司教区で、それは、さらにいくつかの中間行政区に分割され、最末端に位置したのが教区であった。司教、副司教、司教総代理、司教座聖堂参事会員、修道院長などの高位聖職者は、少なくともフランス革命以前においては、ほぼ貴族階級によって占められていた。また、十九世紀初頭までは、多くの司教あるいは帝国直属修道院長は、同時に世俗の領邦君主でもあった。それに対して、教区司祭、助祭などの下級聖職者は、非貴族階級から供給されてい

聖堂参事会→大主席司祭区→主席司祭区→
↓↑
（大）司教→副司教・（大）司教総代理→
→宗教裁判所→

教区
教区聖職者・教師→教区民

図 2-4　ドイツの司教区の組織（16-18 世紀）
出典：著者作成。

た。中世において、都市の司祭は市民から選出されたが、農村部では領主農場の管理人を兼ねる場合もあり、出自は農民であり、自らも農業を営んだ。また、独身制の掟にもかかわらず、少なくとも宗教改革以前は、「内縁関係」が蔓延しており、聖職者の教育程度は、相対的に低かった。大学での勉学経験者の数は少なく、とりわけ、下級聖職者にとって、大学は遠い世界であった（図2－4）。

宗教改革は、こういった状況を一変させた。プロテスタントにおいては、聖職者の結婚が許されたので、彼らは、都市の中間層を主な出自としつつ、徐々に、独自の聖職者階層を形成していった。彼らは、総監督官や宮廷牧師など領邦教会の要職も占めるようになり、逆に、貴族層は聖職から撤退していった。また、村の牧師も、都市出身で都市で教育を受けたブルジョアジーが占めるようになった。さらに、領邦君主によって設立された大学が、聖職者養成機関となり、十七世紀にはいるまでには、プロテスタント牧師の教育程度は飛躍的に上昇した。教師も一部は大学を経験するようになり、民衆の識字率も、カトリックに比べて、相対的に高かったといわれる。

一方、カトリック世界では、トリエント公会議（一五四五－一五六三年）が、聖職者に、きびしい独身制、司祭館定住、大学・司教区ゼミナールでの神学知識の獲得を義務づけた。また、カトリック改革を主導したイエズス会（一五三四年設立）は、ブルジョアや農民も、その成員として受け入れた。高位聖職者の地位は、相変わらず貴族層に独占されたが、十七世紀になると、下級聖職者の多くが高等教育を経験するようになった。ただ、教師の教育程度の向上は遅れ、農村部では、十九世紀初頭においても、寺男が兼任する場合が多かった。民衆教育も、同じく農村部では、十九世紀にはいって、ようやく本格的に始動した。カトリック世界では、エリート文化と、とりわけ農村部の民衆文化との乖離は、長らく解消されなかった。

十九世紀以降、プロテスタント聖職者の父親の職業は、同じく聖職者が突出しており、聖職者家系の存続が確認できる。また学者、医者、弁護士など知識人層も多い。それに対して、カトリック聖職者は、都市、農村を問わず、中流以下、とくに農民、労働者層からの供給が多い傾向にあった。この傾向は、基本的に、現在までつづいている。

教区聖職者の地位と暮らし

教区には、司祭・牧師の他、助祭など補助聖職者が存在する場合もあった。教区聖職者は、十七–十九世紀前半には、とりわけ農村では、唯一の「知識人」であった。このことが、民衆と彼らを隔てる指標であった。

図2-5　説教する村の司祭（1814年のスケッチ）

出典：Beck, *Unterfinning*, S.461.

本来、カトリック司祭の任命権（叙任権）は司教の手にあった。しかし、現実の決定権は、教会保護権者が握っていた。教会保護権は、司教、司教座聖堂参事会、修道院、領邦君主、貴族、大学、都市、ときには農村共同体も有した。宗教改革によって、教区聖職者の任命権が国家に移ったプロテスタント教会でも、現実には、在地貴族が握っている場合が多かった。教会保護権者は、教会建造物修復などの義務を負ったが、他方、十分の一税の一部（場合によっては全部）を受ける権利、教会堂で名誉席を占める権利などを有し、教区聖職者にとっては、頭の上がらぬ相手であった。

教区聖職者の経済的暮らし向きはどうだったのか。中世以来、聖職者の生計を保障したのは聖職禄であった。ここには、その聖職に付随する動産、不動産（土地）の他、教区民から現物で納められる十分の一税や聖式謝礼（儀式の謝礼金）を要求する権利も含まれた。聖職禄の大きさはまちまちで、とりわけ、農村部の聖職禄は微々たるものであった。宗教改革も、教区聖職者の収入を豊かにしたわけではなかった。プロテスタント地域で、教会財産が接収されたところでは、牧師は、国家から俸給を受けるようになったが、その額は手工業者の収入程度のものであった。しかし、都市の牧師は農村より、少しはましであった。農村牧師は、わずかな俸給、十分の一税（宗教改革によっても廃止されなかった。十九世紀初頭に廃止）の他に、相変わらず農業も営んだ。カトリック司祭も、同様に豊かではなかった。ここでは聖職禄の大きさが、十九世紀初頭まで、司祭の収入を決定しつづけた。また、彼らにもたらされた農産品は自給のためだけでなく、市場作物でもあった。ぶどう畑や大麦・ホップ収穫物が聖職禄に含まれていれば、ワインやビールの醸造・販売も行った。確かに豊かな教区も存在した。たとえば、十八世紀バイエルンのある村の司祭は、毎日、肉、ワイン、ビールをたらふく飲み食いし、ミュンヒェンの市場に行った折には、砂糖、レモン、香辛料を大量に買い、ときには新品の銀製スプーンも購入したという。しかし大方の司祭は、中流農民レヴェルの生活水準であった。助祭など補助聖職者の生活は、より厳しかった。しかし、教区聖職者は、農民に司牧を行う「知識人」であり、彼らから「年貢」を徴収した「領主」であり、日常生活では「様」（ヘル）をつけて呼ばれた存在であった。

フランス革命の影響で、十九世紀に入ると、プロテスタントのみならずカトリック圏においても、大規模な教会財産の国家への接収が断行された。これによって、聖職者の経済的基盤が喪失するが、その代替措置として「帝国代表者会議主要決議」では、国家による教会＝聖職者への「財政援助義務」を謳った。以後、とりわけ世紀後半には、両派聖職者とも、生計を国家俸給に頼ることとなった。十分の一税は一八四八年革命期までに全廃された。聖式謝礼については、プロテスタント教会では一八七〇年代以降に廃止されていった。現在、教会収入の大部分を占める教会税は、一八三五年にプロイセン（ライン、ヴェストファーレン両州）で初めて法的に導入され、十九世紀後半には、各邦で徴収されるようになった。現在、聖職者の地位は、教育公務員に準じている。

図2-6　アルトエッティングの聖母子像（1497年の木版画）

出典：Bauer, 図49.

聖職者は本当に「聖職」だったのか

十七世紀にはいる頃には、教区聖職者の教育程度は向上し、カトリック聖職者の内縁関係も激減したといわれる。しかし、同時に、十八世紀になっても、聖職者の不道徳、職務怠慢を嘆く声も聞かれた。シアの著作によれば、一六六八年、オスナブリュック司教区のある教区の住民たちは、教区聖職者が、福音の神秘よりもビール樽の深さを気にかけていると、聖堂参事会に訴えたという。

ベーンによれば、一七三〇年、シュパイアー司教はこの司教区の聖職者について、もはや教会規律は影も形もなくなってしまっている、聖職者自身がすべての悪徳にふけっている、と嘆いた。またこの司教は、洗礼式や結婚式で教区聖職者が悪質で忌まわしい説教を行ったり、式後の宴会で酔っ払って女性と踊ったり跳びまわったりしていると記録している。一七四〇年、ミュンスター司教区では祝宴に聖職者が内妻を同伴することを禁止する法令が出されたが、遵守されることはなかった。バイエルンの一七七五年の法令は、修道会祭や聖職者の称号授与祭、ほぼ毎日のように繰り返される外国の客人への接待がいくつかの修道院で増加しており、毎年膨大な金額が使われ、修道院の規律が地に落ち、修道院への軽蔑が広がっていると非難した。一七〇一年の記録では、教区司祭も、祝祭日の宴会に夢中で職務を果たしていないと非難された。十八世紀後半、バイエルンのある地域では、司祭が不規則にしか礼拝を行っていなかったり、助祭に礼拝を任せきりにしていた。だからその種の司祭には、教会財産差押えでもって対処せよとの国家法令が出された。教区聖職者が派手で俗悪な服を着用したので、礼拝時は黒服、それ以外のときでも、簡素な服の着用が命令された（一七九八年）。

プロテスタント牧師を非難する記録も、少なくない。牧師職の売買、父親からの牧師職の「相続」、職を得るための牧師未亡人との結婚、職務を代理人に任せて近くの都市に住む村の牧師（牧師館定住義務違反）の存在などを、十八世紀末までひんぱんに聞くことができる。また、他方で、牧師は、領邦国家の良き下僕になったという報告もある。ブリュフォードによれば、十八世紀のバーデンでは、牧師は、行政上のあらゆる事柄に関して村長と責任をわかちあい、戸籍の管理のみならず、盲・聾唖者、孤児、私生児、家なし家族の人数を調査し、新兵募集名簿を作成し、学校を視察し、小川の清掃や農道修理まで監督した。自身も聖職者出身の作家ヘルダー（一七四四－一八〇三年）は、牧師は、道徳説教家、農業経営者、名簿作成者、秘密警察官として、領邦国家権力の手先にすぎない、と述べた。ただ、プロテスタント牧師層が、ドイツ国民文学創出の一翼を担ったことは注目してよい。近代歴史学の創始者ランケ（一七九五－一八八六年）も牧師家系の出身であった。

総じて、両派とも、聖職者の「聖職」への専念が、十九世紀初頭の「世俗化」（教会財産の国家への接収）によって可能となったのは皮肉なことであった。同世紀における教区聖職者に対する国家試験の徹底も、聖職の「専門化」に寄与した。

3　民衆の信仰と教会

奇蹟信仰あるいは魔術

キリスト教は、本来、「神の国」（天国）に入ることを唯一の目的とする来世信仰である。しかし同時に、古来より、人々は、現世でのさまざまな困難からの解放、あるいは願望の充足を期待して、キリスト教に頼ってきた。たとえば、マリア像に安産を懇願し、聖人に病気からの回復を祈り、聖体（ミサで拝領するパン）を畑に撒いて豊作を祈願した。

ルターやカルヴァンは、聖画像や聖遺物などから、現世のご利益を引き出そうとする中世カトリック教会の奇蹟・魔術信仰を、断固として否定した。同様に、カトリックのトリエント公会議も、魔術行為を厳しく断罪した。他方で、カトリック教会は、聖画像・聖遺物崇拝、あるいは巡礼など、奇蹟信仰に直結する行為を容認したため、カトリック民衆は、ひきつづき奇蹟信仰に頼ることが可能であった。パッサウ司教区の「奇蹟本」は、一六三〇－一七四四年の間に、あるマリア巡礼地で起こった千以上の奇蹟を記録している。それは、病気や、怪我、身体・精神障害、疫病、火事、悪天候、戦争被害からの回復から、紛失物の発見、裁判の勝利、家畜の治療にいたるまでさまざまであった。トリエント・カトリシズムの先鋒であったイエズス会は、この民衆の奇蹟信仰を戦略的に利用した。彼らは、ミュンスターで、民衆に、悪霊を家から追い払うために聖水を散布するよう勧め、自らも悪魔祓いを実践した。また、十八世紀バイエルンの記録によれば、人々は、雷雨の際に、教会の鐘を鳴らした。雷雨は大気中の悪霊の仕業であったので、聖別（人や物を世俗から引き離す儀式。俗にいうお祓い）された教会の鐘を鳴らすことで、悪霊を祓い、嵐を鎮めたのである。カトリック世界では、偉い神学者がいかに説得しても、教会は、依然として奇蹟・魔術を提供する場であった。

教会当局が、魔術、いわゆる「迷信」を排除しようと躍起になったプロテスタント地域においても、民衆は、簡単には魔術的思考と縁を切れたわけではなかった。ルター派は、洗礼時の悪魔祓いの儀式（聖油を塗り聖水で十字をきる）を容認した。十七世紀初頭、プファルツ（王家はルター派と改革派を行き来した）のある居酒屋（改革派）は、行方不明となった彼の馬を捜すために占い師に頼った。十八世紀末になっても、ルター派ヴュルテムベルクのある村で、村人たちは、家畜の病気を治すために、その家畜を生き埋めにした。「迷信」は、とりわけ農村部で強固に残存した。民間治療師、占い師、手相見、呪術師、錬金術師、予言師などの行為を、十八世紀の教会当局はたびたび非難した。逆にいえば、彼らの存在は、民衆の信仰を代弁するものでもあった。一七八〇年の記録は、ザクセンのある農村牧師父子の逸話を紹介している。父親は、手相見・占い師として民衆の人気を集

図 2-7　現在の村の教会
出典：著者撮影。

めていた。父親の死後、息子が書斎で本にはさまれた一片の紙を見つけた。それには、息子は牧師任用試験前に死ぬだろうと書かれていた。驚いた息子は、予言を回避するために、法学部に入ろうとしたが、神学教授によって、予言は根拠のないものだとして、神学部に行くよう説得されてしまった。大学卒業後に課された牧師任用試験の前、彼は病気にかかってしまう。今や死を確信した彼のもとへ有名な医者がやってきて、君の父親は予言の計算違いをしていたと説き伏せた。今や、彼は全快し、牧師職に就いたという話である。確かに、カトリックに比べると、十八世紀にはいるまでには、プロテスタントの「魔術からの解放」は始まっていた。しかしそれは、とりわけ都市部の限定された階層に限られた現象であった。

両派とも、魔術の追放は一筋縄ではいかなかった。サイエンスとテクノロジーが取って代るには時間を要した。十九世紀中葉になっても、とりわけ農村部では、アカデミズムの医学はそれほど浸透しておらず、民間医療が中心であった。バイエルンでは、一八六〇年頃でも、農村人口の約六〇％が大学出の医者にかかることなく死亡した。

人々は教会といかなる関係をもったのか

宗教改革は、教会から奇蹟信仰を排除しようとしたので、民衆は、プロテスタント教会から一時的に遠ざかった。それに比例するように、礼拝出席の欠如を嘆く声が、早くからプロテスタント教会から発せられた。これは、プロテスタント教会が、礼拝への出席をより強要しただけになおさらのことであった。デュルメンによれば、一五四四年、南ドイツのガイスリンゲンの説教師は、ここでは、たとえば結婚式のときでもなければ、五年、六年、七年、いやもっと長く説教にやって来ない者がおり、しかもそれは相当数にのぼると述べたという。一六〇〇年頃、ナッサウ＝ディレンブルクの改革派牧師は、教区の長老でさえしばしば礼拝にやって来ないと報告した。西北ドイツのリントルフのルター派牧師は、一六八〇年、住民の多くが礼拝に出席しないと嘆いた。他方で、定期的に教会を訪問していた証拠も多い。たとえば、一七〇〇年頃、ザクセンやシュレージエンでは、人々は、ルター派の教会規定にしたがって年三~四回の聖餐式を受け、定期的に礼拝にも出席していると報告された。総じて、遅くとも十八世紀にはいるまでには、民衆の礼拝訪問は一般的となった。その場合でも、礼拝参加の動機は、願掛けや悪霊祓いといった魔術的信仰から来るものが多かった。他人とおしゃべりするためにやって来る者もいた。洗礼と結婚は教会で行われたが、堅信式は十九世紀になって浸透した。埋葬も、十七・十八世紀は、教会が関与しない地域があり、十九世紀に教会葬が増加した。他方、十八世紀後半の啓蒙主義期より、徐々に、とりわけ都市部において、教会離れが始まった。

プロテスタンティズムに対して、カトリシズムでは、民衆と教会の接点は、より多種多様な形態をとった。ミサ以外の共同の祈り、巡礼、行列、信心会活動などである。奇蹟信仰も容認されたので、必ずしも礼拝に出席しなくとも、彼らの宗教的欲望は充足された。したがって、礼拝欠席を嘆く声は、プロテスタント同様に聞くことができる。バイエルンでは、一六二六年と一六四九年に、日曜・祝祭日の礼拝時間中の粉挽き仕事、耕作仕事、木の伐採といった労働を禁止する命令が出された。礼拝にやって来ないからである。一七二五年と一七四六年の法令のなかで、礼拝時間に農民が家畜の放牧などに従事し、礼拝に参加しないと非難された。一七九〇年には、役人に対して、教区礼拝、説教に出席して、民衆の模範となるよう指示された。トリーア司教区では、十九世紀になっても、人々は、復活祭期間(復活祭から五〇日目の聖霊降臨祭まで)の各日曜日に先祖の墓参りに教会には来るが、礼拝に出ることなく帰ってしまうと非難された。また、礼拝に定期的に参加していたとしても、その動機が真のキリスト信仰に基づかない場合も指摘された。十九世紀の中葉になっても、たとえば、バイエルンの記録には以下のようにある。礼拝多くの住民は、習慣的にのみ教会に行き、何を祈っているのかも知らずに祈り、教義に無知、無関心である。礼拝も、居酒屋や買い物へのきっかけに過ぎない。人々は教会にはよく通うが、実際の生活では、神の掟は無視されている。

民衆は、経済的にも、教会と関係をもっていた。銀行制度が普及する以前の社会において、教会や修道院は、民衆に貸付を行っていた。十八世紀後半バイエルンのある農村の記録によれば、教区教会と礼拝堂に、農民七一名が借金をしていた。これは、単なる教会の慈善事業ではなかった。教会側は利子も取ったし、滞納の際には裁判所に訴えもした。

図2-8　村の居酒屋（1860年の水彩画）
出典：Beck, *Unterfinning,* S.256.

最後に、教会設備については、人口の少ない農村部では、一教区は複数の村落から構成されていた。中心となる村に教区教会が設置され、そこに司祭・牧師が常駐したが、その他の村には、十九世紀にはいっても、聖職者の常駐していない礼拝堂が設置されている程度で、ときには、それさえ存在しなかった。近隣村の住民が礼拝に出席したいなら、司祭・牧師の住む村まで出かけて行った。片道三〇分から、長ければ一時間以上の距離を歩いていかねばならなかった。それに対して、都市には、複数の教会と複数の聖職者が常駐していた。都市と農村との教会設備の違いは歴然としていた。

教義伝道の努力

宗教改革後、民衆に宗派の教義を伝道していくことが急務となった。とりわけ、言葉（聖書）によるキリスト教を追及したプロテスタンティズムは、教義問答書（カテキズム）といわれる教義の内容を簡単な質問形式で教える冊子体を出版した。ルターの教義問答書（ドイツ語）の初版は一五二九年に出版されたが、一五六三年まで一〇万部以上販売された。ちなみに、ルターのドイツ語版聖書は、彼の存命中に限っても約一〇〇万部発行された。このように、印刷媒体は、教義伝道に不可欠なものとなった。ルターの教義問答書は、その後の多くのルター派教義問答書の模範となった。他方、カルヴァンも、一五三七年と一五四一・四二年に独自の教義問答書を発行したが、改革派で大きな影響力をもったのは、プファルツ選帝侯国で一五六三年に作成されたハイデルベルク教義問答書である。これは、プファルツ以外のドイツ改革派、およびドイツ以外にも普及した。十九世紀、ルター派と改革派の合同によって共通の教義問答書を導入しようとする動きが始まり、いくつかの領邦で実現された。

もちろん印刷媒体の普及が、民衆への教義伝道に必ずしも直結したわけではなかった。都市民の一部を除けば民衆の識字率は、高くはなかったからである。十八世紀末のプロテスタント地域でさえ、全人口の一五％程度しか、流暢な読み書き能力を有しなかったといわれている。さしあたり、教義問答書は、牧師が朗読したり、それをもとに説教を行うテキストであった。人々は耳から、その内容を教授されたのである。その意味で、教義問答書以上にポピュラーとなったのが聖歌集であった。ルター自身、多くのドイツ語聖歌を創作した。十七世紀末までには、新作聖歌は一万以上を数えたという。メロディーは、民衆に馴染みのあった古い節が採用されたり、少し改作して使用された。まだ十六世紀には、教会にオルガンが設置されていないこともしばしばであったので、聖歌隊が歌い、教区民が模倣するという形で歌われた。こうして、十七世紀には、聖歌音楽は、ルター派都市文化の中心となり、やがてバッハ（一六八五－一七五〇年）へと至った。聖歌集は、祈り集、教義問答書、典礼書といっしょに製本される場合もあった。それらは、教会や家庭での礼拝の規範となった（ルター派では家庭内礼拝が推奨された）。また、十八世紀に入ると、領邦国家公認の聖歌・祈り集が出版されるようになり、それが地域固有の宗教文化を形成した。

ただ、改革派の聖歌集は、聖書（詩篇）からの引用が多く、ルター派ほど多様な形態をとらなかった。

カトリック教会は、印刷媒体を教義伝道に利用することでは、プロテスタントの後塵を拝した。ルターの影響で、一五三〇年代より、カトリック教義問答書も発行されたが、一五六〇年、イエズス会のペトルス・カニシウス（一五二一‐一五九七年）によるドイツ語の教義問答書が、十九世紀に至るまで大きな影響力をもった。イエズス会は、教義問答書を、学校劇という形式を使って教授しようとした。学校劇もプロテスタントが始めたものだったが、イエズス会は、反プロテスタント宣伝のために、より積極的に学校劇を取り入れた。一五五五‐一六六五年の間に、同会は三二三の学校劇を創作した。カトリックの聖歌も、ルターの成功を模倣した。十六世紀のカトリック聖歌は、ルター派から多くを借用した。十七世紀にはいって、純カトリック聖歌を作るようになり、イエズス会は、一六〇五‐一六三三年に、一一のラテン語とドイツ語の聖歌集を出版した。

教義伝道には、小学校における宗教教育が重要であった。義務教育令は、プロテスタント地域では、すでに十七世紀中葉から、たとえば、ザクセン＝コーブルク＝ゴータは一六四二年、ヴュルテムベルクは一六四九年、ブランデンブルクは一六六二年、プロイセンは一七一七年に発布されたが、その成果は乏しかったともいわれる。カトリック地域にいたっては、たとえばバイエルンの義務教育令は、ようやく十九世紀（一八〇二年）に入ってから発布された。

4　民衆の宗教文化

祝祭日は乱痴気騒ぎ

とりわけカトリック地域においては、十九世紀に入るまで、一年の半分は日曜・祝祭日であったといわれる。キリスト教会の祝祭日以外にも、地域ごとにさまざまな祝祭日があった。そのなかには、火事や家畜の病気除けなどのためのいわゆる「願掛け祭」も数多く存在した。また、結婚式や洗礼式などの私的行事も「共同体の祝祭日」となっていた。教会の掟によれば、日曜・祝祭日は礼拝の日であった。しかし、民衆にとっての祝祭日は、むしろ、日常の憂さを発散させる解放の時であった。彼らは、居酒屋に集い、飲酒し、賭け事や踊りを楽しんだ。それが、また喧嘩や犯罪の誘引ともなった。バイエルンの一七〇一年の法令は、こういった状況を以下のごとくと描写している。二日間祝祭日が続くならば、居酒屋において、初日には、翌日の朝まで、非人間的な犯罪、喧嘩をともなったあらゆる悪行が行われている。そこには、大概、自堕落な若者がいて、時折、それを止めさせるべき役人もいっしょになって騒いでいる。彼らは、礼拝の時間になってはじめて床につくが、恥もなく、そういった日には礼拝を怠る。祝祭日が木曜だと、金曜日の朝になっても、芸人の演奏と乱行が行われていると。

居酒屋では、ひんぱんに喧嘩騒ぎが起こった。これは飲酒とともに賭け事に夢中になったからであった。バイエルンの一七四七年の法令は、行き過ぎた賭け事が一般的になっており、賭け事に十分な経験のない多くの人々が、それに関わり、ときには家庭の破壊までに至っていると嘆いた。踊りも祝祭日の花形行事であった。踊りは、居酒屋だけでなく戸外でも行われた。礼拝時間中の踊りもしばしばであった。踊りは若い男女の性的関係を誘発するものであった。しばしば、女性は男性を誘惑するように肌を露にするような服装をした。踊り自体も、異性を刺激するしぐさを多く含んでいた。現在のワルツは、もともとは民衆の大胆な「淫らな」踊りが起源であるといわれる。さらに、祝祭日は、芸人の稼ぎ時でもあった。多くの種類の芸人が各地を放浪していた。あらゆる種類の演奏家、歌い手、喜劇役者、手品師、綱渡り師、踊り子、動物使い、影絵師等々。芸人たちは、芸事のみならず、しばしば薬売りや医療行為を行った。

祝祭日は飲み食いのときでもある。断食日をともなう祝祭日（カトリックでは通例、水、金曜日が断食日であった）

は肉食を禁止していたが、これもしばしば無視されるほど、とりわけ肉の大量消費は祝祭日の楽しみであった。バイエルン一八六一年の記録は、教会堂聖別記念祭（鎮守社の祭り）の様子を伝えている。この日に、農民は、親戚、知人を自宅に招待し、宴会を催す。すでに、ミサの始まる前、朝食から、大量のビールとソーセージを消費する。一日中ビールは手離さない。宴会では、ケーキ、麺、あらゆる種類のソーセージ、肉入りスープ、牛肉、豚肉が供される。以前は、この日のために肉・ソーセージ用の豚を屠殺したが、この習慣は最近ますます衰退している。肉屋から買うほうが安くつくからである等々。この記録は十九世紀後半のものなので、自宅で宴会を催すという祝祭日の個人主義化の進行を見いだ

図2-9　芸人たち（1532年の木版画）
出典：バッハフィッシャー、77頁。

図2-10　現在も多く残る「留」
出典：Höllhuber, 図44。

すことができるが、「飲み食い」という祝祭日の伝統は維持されている。

巡礼・行列、受難劇

祝祭日は、巡礼・行列、あるいは劇の上演を行う日でもあった。聖地（教会）参りとしての巡礼は、しばしば、祝祭日に共同の行列という形で行われた。行列は、聖別された場所（教会など）から出発し、聖別された場所で終了する教区聖職者と信徒によって行われたカトリック教会の典礼の一つであった。しかし、そこには、固有の民衆文化が付着していた。

ここでは聖体祭（聖霊降臨祭後の第二木曜日、六月頃）に行われた行列を見てみよう。この祝祭日は、十三世紀に教会によって導入されたものであったが、その際の行列は、十九世紀になっても（そして現在でも）、各地で根強く行われていた。聖体は、カトリックの教義では、キリストそのものを意味した。聖体（ホスチアと呼ばれるパン）を容器に入れて携行する行列は、教会の論理からすれば、聖体の秘蹟への感謝を意味したが、民衆レヴェルでは別の意味をもっていた。つまり、農村部においては、聖体祭行列は、村内をめぐり畑から悪霊を祓い豊穣を祈願する儀式として機能した。行列は、早朝、教区教会を出発し、午前中数時間をかけて四つの「留」を巡回し、また教会に戻った。留は、畑に立てられていた十字架やキリスト像である場合が多く、そこでの司祭による祝別（神の祝福を与える祈り）は、悪霊を祓い豊穣を招く現世ご利益的機能を有した。聖体祭行列の折、十字架、教会旗、聖画像なども携行された。行列の途中、典礼書によれば聖歌が歌われることになっていたが、民謡が好まれる場合もあった。また、太鼓やトランペットをもった楽隊による演奏が行われた。歌手や楽隊が、このために雇われる場合もあった。十七世紀からは、鉄砲をもった射撃団が随行し、礼砲が、四つの留で放たれた。空砲は悪霊を祓うという機能をもっていたからである。このように、行列は、静かで荘厳な行進というよりは、どんちゃん騒ぎの「パレード」であった。行列が終了すると、宴会が催された。十九世紀中葉のトリーア司教区のある町の記録によれば、三日三晩宴会が続いたとある。

キリスト昇天祭（復活祭後四〇日目、木曜日）前の三日間に行われる祈願祭行列と四月二十五日のマルコ祭の行列も、聖体祭行列同様、各地で盛んに行われた豊穣祈願の行列であった。とくに、祈願祭行列は、すでに八〇〇年頃導入された教会公認の豊穣祈願祭であった。祈願祭行列やマルコ祭行列の特徴は、村落共同体境を越えて近隣の村々に赴いたことである。つまり、これらは、近隣の村々との関係を調整するという機能も有していた。訪問する側の村は手土産を持参したり、また、共同の宴会が行われる場合もあった。

図 2-11　現在の整然とした行列

出典：Höllhuber, 図 19.

聖週間（復活祭前週）には、ひんぱんに、キリスト受難劇が上演された。これは、イエズス会によって導入された学校劇の形態をとることも多かった。舞台で上演される場合や、行列として上演される場合あった。トリーアでは、十八世紀後半まで、聖金曜日（キリストが磔刑になった祝祭日）に小学校の生徒と市民たちによる受難行列が行われた。他方、トリーア司教区農村部では、聖金曜日に、悪魔、ゴリアテ、ユダヤ人なども登場する仮装行列が行われ、早朝から、飲酒や喧嘩をともなう乱痴気騒ぎもしばしばであった。

プロテスタントの新しい宗教文化

宗教改革は聖人崇拝を否定し、聖人に由来する祝祭日を含む多くの祝祭日や巡礼を非キリスト教的として禁止した。とはいっても、現実には、十八世紀後半にいたるまで、少なからぬ祝祭日が、プロテスタント地域において残存した。巡礼・行列も簡単には消滅しなかった。いくつかのルター派教会では、祈願祭行列を容認した。現在でも、いくつかの地域では、行列の習慣は維持されている。

プロテスタント教会独自の祝祭日として、十七世紀後半以降広まった宗教改革祭（ルターが論題発表したといわれる十月三十一日ないしその前後の日曜日）と一八一六年プロイセンで導入され、他のプロテスタント領邦にも広まった死者慰霊祭（教会暦最後の日曜日。教会暦はクリスマスを準備する四週間の待降節で始まる）がある。後者は、カトリックの万霊祭（十一月二日）に対抗して、墓参りを行う日となった。また、プロテスタント教会の発明というわけではないが、同教会によって積極的に推進されたのが、贖罪と祈りの日である。これは、困窮の折に神に懇願するという性格をもち、聖人崇拝を原則禁止したプロテスタント教会の代替措置であった。したがって、しばしば断食をともなった。贖罪と祈りの日の数や日付は、各地でまちまちであった。十九世紀末から二十世紀にかけてようやく、教会暦最後の日曜前の水曜日が、統一的な贖罪と祈りの日に定まった。収穫祭もプロテスタント地域で重要な祝祭日であった。収穫を神に感謝するミサを、すでに中世カトリック教会は行っていたが、その期日は地域によってまちまちであり、正式な教会暦に組み込まれていたわけではなかった（現在のカトリック教会も同様）。プロテスタント教会は、収穫祭の礼拝と説教を積極的に推進した。凶作は贖罪、豊作は神への感謝となった。期日は、すでに宗教改革期から、ミカエル祭（九月二十九日）あるいは前後の日曜日が選ばれたが、プロイセンでは、一七七三年、ミカエル祭直後の日曜日に法制化された。今日では十月の第一日曜日が一般的である。さらに、聖金曜日もプロテスタントが重視する祝祭日であった。前述したようにカトリック地域では、この日には民衆文化的要素がかなり付随していたが、プロテスタント教会は、純キリスト教的祝祭日に転換することに努力した。プロテスタント地域においては、祝祭日の個人主義化（家族祝祭）は、すでに十七世紀後半に始まった。これは、ルター派が家庭内礼拝を推奨したこととも関連している。家族祝祭日の代表として、同名聖人祭（自分と同名の聖人祭）が挙げられる。これは、宗教改革によって一時廃止されたが、十七世紀に復活し重要な家族祝祭日となった。現在は全く廃れている。

5　規制される宗教文化

祝祭日の削減

十八世紀の啓蒙主義は、民衆にとって放蕩と怠惰の温床となっていた祝祭日の規制に乗り出した。バイエルン一七七二年の法令によれば、祝祭日の多さが怠惰と放蕩、享楽と贅沢、その結果、瀆神へといたっているとし、日曜日以外の祝祭日を年間十八日に限定した。これに日曜日を加えれば、年間約七〇日の日曜・祝祭日となる。従来、年間のほぼ半数が「休み」だったことを考えれば、その数は激減したことになる。同様の法令は一八〇一年にも発布された。ナポレオンに占領されたライン左岸地域では、日曜以外の法定祝祭日は四つにまで減少した。プロテスタン諸邦でも同様の措置がとられた。一七九六年、プロイセン王支配下のアンスバッハ、バイロイト両国では、日曜日以外の祝祭日は八日に限定され、従来容（黙）認されてきた多くの聖人祭は完全に廃止された。十九世紀中葉のプロテスタント諸邦の法定祝祭日は、一般的に、日曜日以外六日前後に限定された。国家は、祝祭日を削減することで、民衆を労働へと駆り立てたのである。

他方、維持された祝祭日での信仰心の高まりが期待された。バイエルン一七七二年の法令は、祝祭日の午前と午後の礼拝中には、都市でも農村でも、あらゆる売買の禁止、居酒屋、カフェ、料理屋などが例外なく閉店されることを強調し、違反者には罰則を科した。民衆を、居酒屋ではなく、教会へ行かせることを意図していた。祝祭日につきもの飲酒、賭け事、踊りも規制された。バイエルンでは十八世紀を通じて、居酒屋の営業時間は十時ないし十一時までに制限された。賭け事禁止令も頻繁に発布された。一七九六年の法令は、日曜・祝祭日の午前中（礼拝時間）の演奏と踊りによって神が冒瀆されているとして、こういった機会を提供する居酒屋に対して、日曜・祝祭日の午前中から夕べの祈りが終了するまで、演奏と踊りを禁止した。

教会にとっての祝祭日は、あくまで礼拝のための日であった。だから、祝祭日の労働が禁止されたのである。決して、民衆の乱痴気のためではなかった。現在でも、法定祝祭日は、礼拝のために、憲法によって保護されている。

巡礼・行列、受難劇への規制

プロテスタント教会は巡礼・行列を禁止したが、カトリック地域においても、それは決して野放しにされていたわけではなかった。巡礼・行列への規制は、すでに十七世紀に始まっている。一六七八年トリーア司教区の法令によれば、聖職者は祭服を着用し行列に随行すること。教区民は教区教会に集合し、皆いっしょに出発すること。行列途上、敬虔に祈り歌うこと。行列時に酔っ払わないこと。男女が同じ所に宿泊しないこと（宿泊を要する巡礼・行列を想定）。青年男女は、他の教区民から離れて二人で帰路につかないこと。十字架と教会旗は恭しく扱われることが規定されている。民衆の宗教文化の実態が反映された法令である。とくに、巡礼・行列時の男女間の性的逸脱や瀆神行為は、教会と国家にとって強い規制の対象であった。同司教区の一七七八年の法令は、行列時の音楽や踊りの禁止し、一七八二年には、聖金曜日行列時のいかがわしい服装、聖書の文句を侮辱すること、行列前の受難劇の上演が禁止され、二年後には、聖金曜日の仮装行列が全面禁止された。さらに片道一時間以上かかるすべての行列が廃止される急進的命令が出された（後に緩和廃止された）。

バイエルンにおいては、一七六三年と一七七〇年の法令によって、四旬節（灰の水曜日から復活祭までの約四〇日間）、とりわけ聖週間の受難劇の上演が禁止された。聖なる宗教の最大の神秘は、舞台の対象に相応しくないという理由からであった。聖金曜日の行列も、雑談、徘徊などのない信心深い行列として実施されるよう命令された。一七八一年には、行列時の仮装、山車などの見世物が禁止され、一七八五年には、聖体祭、マルコ祭および祈願祭行列以外の行列は、国家の承認を必要とし、しかも隣の教区教会まで、教区の礼拝や宗教授業に支障がないという条件で許可された。同様な法令は、一八〇一年と一八〇三年にも繰り返された。

6　宗教文化の変容

トリーア司教区では、巡礼・行列対する規制令は、十九世紀の二〇年代末にいたるまで、繰り返し発布された。バイエルンでも一八四〇年代末にいたるまで、農民が、廃止された祝祭日に働かず、礼拝にも行かず、居酒屋に行き、飲み、賭博し、踊り、多くの巡礼や行列も行っていると、知識人によって非難された。しかし、変化は確実に始まっていた。地域間、とくに都市と農村、宗派間、階層間の違いはあるにせよ、遅くとも十九世紀後半から、教会の教義に忠実で法令を遵守する人々が増え、迷信と瀆神にもとづく伝統的宗教文化は衰退していった。同時に宗教的に無関心な人々も増加した。この傾向は、工業化の進展と平行するように進展した。他方、近年では、民衆の信仰と宗教文化は、より敬虔な形で復活している側面もある。

主要参考文献

マックス・フォン・ベーン、飯塚信雄他訳『ドイツ18世紀の文化と社会』三修社、一九八四年。

R・v・デュルメン、佐藤正樹訳『近世の文化と日常生活3：宗教、魔術、啓蒙主義――16世紀から18世紀まで』鳥影社、一九九八年。

W・H・ブリュフォード、上西川章訳『18世紀のドイツ―ゲーテ時代の社会的背景』三修社、二〇〇一年。

下田淳『ドイツ近世の聖性と権力―民衆・巡礼・宗教運動』青木書店、二〇〇一年。

マルギット・バッハフィッシャー、森貴史他訳『中世ヨーロッパ放浪芸人の文化史』明石書店、二〇〇六年。

下田淳『ドイツの民衆文化―祭り・巡礼・居酒屋』昭和堂、二〇〇九年。

Die Religion in Geschichte und Gegenwart, 7 Bde., Tübingen 1986.
D. Höllhuber/W. Kaul, *Wallfahrt und Volksfrömmigkeit in Bayern*, Nürnberg 1987.
R. P. Hsia, *Social Discipline in the Reformation. Central Europe 1550-1750*, London/New York 1992.
Rainer Beck, *Unterfinning. Länlliche Welt vor Anbruch der Moderne*, München 1993.
Robers Bauer, *Bayerische Wallfahrt Altöitting*, Regensburg 1998.
L. Hölscher, *Geschichte der protestantischen Frömmigkeit in Deutschland*, München 2005.

（下田　淳）

事例研究1　魔女裁判

平穏な魔女の時代

魔女という女性の存在やその生業の歴史はきわめて古く、それは遠く太古の昔に遡る。豊穣を願い吉兆を占う祈祷という行動様式が社会に生まれるが、その担い手が古代国家の発展の過程で男性中心に移行するにつれて、女性は次第に国家の霊的・宗教的な地位から駆逐されていく。その結果、女性の霊的な能力は社会の民間信仰の中でほそぼそと生き延びていくことになった。巫女や女降霊術師、女魔術師がそれであり、魔女もその範疇で捉えられてよい。

古代を経て中世の社会に生き延びた魔女は、庶民のなかにあっては比較的平穏な生活を送っていたものと想像される。呪術的魔術的世界観が支配的であった中世の社会、とりわけ農村社会にあっては、天候や作物の出来を占い、薬草を煎じて病気の治療にあたり、経験や占いで住民の相談相手にもなった魔女は、むしろ共同体の日常生活にとって必要な存在であった。もちろん、占いや予言が外れて大凶作になったり、薬草の調合に失敗して人を死なせた場合には、民衆によるリンチを受け、ときには死に至ったこともあろう。魔女が意図的に反社会的な行為を行った場合には、裁判にかけられて厳罰に処されたこともあった。魔女が処刑された記録は、紀元前のエジプトやギリシャの時代に遡る。このように、中世末葉までの魔女に対する厳罰の大半は、魔女の個々の悪しき行為に対して行われたのであって、魔女一般に対する迫害に及ぶことはなかった。当時のカトリック教会も、呪術による悪習を取り締まることはあっても、魔女に対する取り締まりは穏やかなものであった。

旧約聖書の出エジプト記には「重大な犯罪的行為を行う魔女は生かしておいてはならぬ」とあるが、新約には何の言及もない。

魔女に与える鉄槌

中世を比較的穏やかに過ごしていた魔女にとって、事態に大きな変化が生ずるのは十四世紀に入ってからである。この時代は、教皇権の没落とそれにともなう教会の混乱、英仏百年戦争等の戦乱、ペストの惨禍等々、社会の混乱と不安が一気に加速した時代であった。そのような中で、魔女観における本質的な転換が起こる。キリスト教では、神（絶対的正義）に対して悪魔（絶対的悪）が対置されるが、この「悪魔と結託した魔女」という新しい魔女観が登場した。これによって、魔女の個々の行為ではなく、魔女であること自体が弾圧の対象になったのである。その開始は、とかく迷信的で残忍との噂があった教皇ヨハネス十二世による「魔女狩り解禁令」（一三一八、一三二〇年）であった。十五世紀に入ると、教皇インノケンティウス八世が「魔女教書」（一四八五年）を公布し、それによって大規模な魔女狩りが正当化されることとなった。

このような状況下で、各種の魔女論が打ち出されるが、中でも魔女迫害に最大の威力を発揮したのが二人のドミニコ会士によって著された『魔女に与える鉄槌』（一四八五年）である。この魔女論は、魔女の異端論証・魔女の妖術と悪行・魔女裁判の具体的方法の三部構成から成り、魔女裁判の理論と実践の書として、折しもグーテンベルグの印刷機にのって広く西欧全域に流布した。もはや無学な魔女が異端であるかどうかの神学的論証は必要なくなり、魔女と言うだけで異端のレッテルを貼り、火刑場に送り込むことが可能になった。犠牲者を大量に発生させた最大の理由は、単なる噂や密告だけでも逮捕・拘禁でき、しかもきびしい拷問の末に複数の共犯者名を強制的に自白させたことである。ひとたび魔女裁判に火がつくと、大量迫害に発展した謂である。『鉄槌』からおよそ一世紀、この恐るべき魔女論は、先ずは少なからぬ聖俗の教養人の心を捉え、やがて一般民衆の間にも浸透していった。迫害の対象になったのは、社会の底辺に位置した女たち、すでに魔女や占い女と言われた者や魔女そうろうの貧しい老婆がそれであった。迫害の拡大につれて、生まれた児に悪魔の刻印を押すとされた産婆や女の医者、さらには隣人から妬まれたりしていた普通の女に、極端な場合には社会上層部の女性にまで及んでいった。

もとより、魔女狩りの嵐は時期的にも地域的にも一様ではなかった。異端審問の厳しかったスペインでは、十五世紀後半に国家と教会が一体となって過酷な魔女裁判を展開したが、それは一六〇〇年頃で一応の終息を見た。フランスでは、アンリ四世の時期を別とすれば、全体として王権による抑制が効いていたと言える。イギリスでは、拷問や生きながらの火刑は禁止されていた。このように中央集権化が進行していた国々では、迫害の嵐による荒廃や治安の乱れが問題視されるにつれて、国家権力によって抑えられていくことになる。これに対し、皇帝権が弱体化の一途を辿り、群小の領邦国家に解体しつつあったドイツでは、地方的な相違はあるものの、もっとも苛烈かつ長期にわたって迫害の被害を被ったのである。

図2-事例1-1　フランチェスコ・ゴヤ作「魔女の飛行訓練」

出典：Franz/Irsigler (Hrsg.), *Hexenprozesse,* Bd.4, S.387.

図 2- 事例 1-2　ヨハネス・プラエトリウス作「魔女のサバト：グロッケン山の勤行」（銅板画、1669 年）

出典：Franz/Irsigler (Hrsg.), *Hexenprozesse,* Bd.4, S.374.

男の魔女

魔女迫害の被害者の大半は、言うまでもなく女性であった。しかし、迫害に異を唱えた聖職者や都市の有力者など、男性が魔女として処刑台に送られたことも事実である。その典型的な事例として、一五八九年に中西部ドイツのトリアーで起こった「フラーデ事件」を取り上げてみよう。ちなみに同市は、トリアー選帝侯領の首邑都市である。

D・フラーデ（一五三四－八九年）は、祖父の代から社会的に上昇したトリアー市民の家に生まれ、大学教育を現在のベルギーで受けて法学博士の学位を取得した。弱冠二十三歳でトリアーの副司法官に任ぜられ、ときの選帝侯ヤコブ三世の寵を受けて官位を駆け上り、最終的には一五八〇年頃選帝侯代理の地位にまで登り詰めた。トリアー市長を凌ぐ都市行政の頂点である。また、一五七七／七八年にはトリアー大学法学部教授、一五八六年には同大学総長に就任した。彼の輝かしい履歴の集大成であるが、同時にそこには、悲劇的な転落への道が用意されていた。

一五八六年から八七年にかけて、この地方を深刻な凶作が襲い、多くの民衆が飢えで死亡した。この時代、飢饉は魔女のなせる業として、往々にして魔女迫害のきっかけとなったのであり、このときも例外ではなかった。不穏な状況が続いた一五八七年の春、選帝侯ヨハン七世の宮廷で、誰かが侯に魔術をかけたという噂が囁かれた。そのとき、イエズス会の修練校にいた十五歳の少年が、魔女のサバト（集会）で威張っていた人物、すなわちフラーデが眠っている選帝侯に毒を盛ったと告発したのである。これが発端となって、彼が魔女であるという密告が相次ぎ、その噂はたちまち近隣の地にも広がった。折悪しく、選帝侯ヨハンは病床にあって数日間は生命の危険すらある状態であったため、それは魔女に対する彼の恐怖心を煽り立てるに充分であった。

フラーデは必死になって噂の打ち消しに奔走したが、すべて無駄に終わった。翌年七月、選帝侯ヨハンは裁判手続に入ることを命じ、予備審問が何度も行われた。この間、フラーデの同僚でもあった市参事会の主だった面々は彼の救済に奔走したが、裁判を阻止することは出来なかった。一五八九年八月十五日に始まった裁判では、きびしい審問が五回にわたって展開された。曰く、悪魔との契約を結んだのかどうか、悪魔との契約なしに「女の姿をした悪魔」との淫行がどうして可能であったのか、どのようにして悪魔の罠に陥ったのか、魔女のサバトはどのようであったか、共犯者は誰か等々、いずれも答えようのない質問であり、もちろん彼はそれらを全面的に否定した。しかし、結局はきびしい拷問の末に突きつけられた罪をすべて認めることになる。裁判は同年九月十八日に結審し、「生きながらの焚刑」というもっとも重い判決が下された。処刑は即日行われたが、選帝侯の慈悲により、絞首の上での火刑に減刑された。

以上が事の顛末であるが、この事件は、フラーデほどの地位と権力を備えた者でも、一旦魔女の嫌疑をかけられたが最後、血なまぐさい拷問の末に火あぶりになるという端的な例である。帝国中の耳目を集めたこの裁判は、魔女裁判史の中では必ずしも例外的な事例ではない。じつは、彼の処刑に続いてトリアーでは、フラーデの同僚であった市参事会の有力者、とくにそのときの正副二人の市長や元市長ら、計五名もの市長歴任者が相次いで魔女の嫌疑で逮捕され、うち二名が獄中死、残る三名が処刑されて果てた。彼らの名前は、当地の裁判官ムジールが三〇六名の魔女を収録した処刑簿（一五八六－九四年）の共犯者リストにも、フラーデの名前とともに幾たびも登場させられている。

このような展開の背景として、先ず政治的に考えられることは、魔女裁判に対する市参事会の姿勢である。これまで市参事会は、魔女狩りに対してはとかく抑制的な政策を取り、フラーデ事件においても、当初は彼を擁護し続けていた。このことは、選帝侯や魔女迫害推進の強硬論者であったトリアー副司教ビンスフェルトらにとって由々しき事態であった。また、この市参事会弾劾という事実のなかに、都市自治の象徴である市参事会の弱体化を図った領邦権力の意思が透けて見える。近代化の過程において領域権力の集権化を図る選帝侯周辺にとって、都市の伝統的な自治権はむしろ排除したいものであったに違いない。他方、民衆次元では、競争を勝ち抜いて社会的な地位や富を築いた有力者に対する彼らの妬みが考えられる。その矛先が、ときの社会的経済的な不安と相俟って、フラーデや市参事会関係者に集中的に向けられたということであろう。政治的な権力闘争であれ大衆の怨念であれ、社会的地位のある人物を抹殺する格好の手段がその妻や娘、あるいは当人自身に魔女の嫌疑をかけることであった。その意味では、近代という熾烈な競争社会の展開の中で、男性が魔女迫害の対象になることは決して珍しいことではなかったのである。

エピローグ

十六、十七世紀中心の近代の魔女迫害は、女性に対する謂われなき偏見の中で、魔女の噂が集団的ヒステリーに陥った民衆の熱狂的な迫害願望を駆り立て、それが時の行政当局の迫害意思と一致したとき、通常では考えられない魔女狩りを横行させた。

しかし、さすがの猛威をふるった迫害も、当局の政治的対応の変化や、大量迫害による被迫害者の枯渇、さらにはヒューマニズムや啓蒙思想、近代科学の発達によって、ヨーロッパの社会が魔術的な世界観から科学的世界観に移行する過程の中で、ほぼ十八世紀のうちにその悲惨な幕を閉じる。ただ、この忌まわしい負の歴史は、その後人々の記憶の中でも、あるいは栄光の近代の歴史叙述においても、長く封印されていくこととなった。

参考文献

森島恒雄『魔女狩り』岩波新書、一九七〇年。

K・バッシュビッツ、川端豊彦・坂井洲二訳『魔女と魔女裁判』法政大学出版局、一九七〇年。

N・コーン、山本通訳『魔女狩りの社会史』岩波書店、一九九九年。

平野隆文『魔女の法廷』岩波書店、二〇〇四年。
G. Franz / F. Irsigler (Hrsg.), *Trierer Hexenprozesse, Quellen und Darstellungen*, 6Bde., Trier 1995-2002.

（日置雅子）

事例研究2　近世のプロテスタント社会のなかの〈預言〉と〈幻視〉

近世ドイツの学識文化と自称預言者・幻視者たち

一五一〇年代にドイツで始まった宗教改革の運動は、その後、スイス、フランス、イギリス、オランダ、北欧諸国などにも波及して、近世ヨーロッパの文化に巨大な影響を及ぼした。そして、宗教改革の文化的影響について理解するうえで、とりわけ重要なのは、宗教改革者たちがローマ・カトリック教会の権威を否定するために前面に打ち出した「聖書主義」のコンセプトである。中世のローマ・カトリック教会では、古い時代から伝統的に受け継がれてきた《教皇と高位聖職者の権威》こそが教会を支える絶対的基盤である、と見なされていた。だが、ルターやカルヴァンのような宗教改革者たちは、『聖書』という《文書に記された規範》を宗教的営みの中心に据えることによって、教皇や高位聖職者の《伝統的・人間的な権威》を否定したのである。その結果として、宗教改革が受容された地域（プロテスタント地域）では、聖書に記されていない《聖職者の既得権》や《伝統的な宗教慣習》の多くが撤廃され、その代わりに、聖書という《文書化された規範》を唯一の基盤とする新しいタイプの教会制度が作り上げられていった。そしてちょうどその同じ時代、つまり中世末期から近世にかけてのドイツでは、成文法や帳簿記録の普及、さらに印刷技術の革新に伴って、文書の読み書きに習熟した学識エリートたち（とくに大学教育を受けた官僚や法曹）が社会の実権を握るようになっていった。こうした社会の趨勢ともあいまって、ドイツのプロテスタント地域では、聖書を読むことに習熟した神学者たちが文化的指導層を担うようになり、さらに一般の大衆の間でも聖書を読むために識字能力を身につけようとする傾向が強まっていったのである。

このように、聖書という《文書化された規範》に支えられた宗教改革の運動は、近世ドイツのプロテスタント地域に《文字と学識を媒介とする宗教文化》を築き上げていった。だがそれによって、《文字や学識を媒介としない宗教文化》がプロテスタント地域から完全に消え去ってしまったわけではない。そのことをもっともよく示しているのが、十六世紀から十八世紀前半にかけての時代に、とくに正規の教育をほとんど受けていない手工業者・農民・女性の間から折りに触れて出現してきた「預言や幻視を口にする者たち」の存在である。

こうした自称預言者・幻視者たち（直接的な啓示・幻・夢などを通して神の意志や未来の出来事についての予告を伝達された、と自称する人間たち）がヨーロッパ史上もっとも賑々しく社会の表舞台に立ち現れてくるのは、十三世紀から十五世紀にかけての中世末期の時代であり、この時代のヨーロッパでは、とくに一部の隠修士・修道士・修道女たちの物語る「預言《プロフェティア》」や「幻視《ウィシオ》」が——同時代の女性神秘主義の潮流や、受難・聖痕《せいこん》信仰、さらにさまざまな異端運動とも連動するかたちで——社会に大きな影響を及ぼした。しかし、十六世紀に宗教改革の影響が及んだ地域でも、《預言》や《幻視》の形式をまとった宗教的言説は、しばしば非学識層の人々の自己主張と結びついて社会の表面に噴出してきた。なかでも、同時代のドイツの人間たちにもっともセンセーショナルな出来事として受け止められたのは、ミュンスター再洗礼派《さいせんれいは》王国の顛末である。

ドイツ北西部の都市ミュンスターでは、一五三四年二月に、当時のドイツ（神聖ローマ帝国）で非合法とされていた再洗礼派（宗教改革の急進派の一派）が政権を握った。その《再洗礼派》政権のもとで、オランダ出身のパン製造業者ヤン・マティスや仕立屋くずれのヤン・ファン・ライデンが「神の啓示を受けた預言者」を自称してカリスマ的指導者の地位に就き、さらにヤン・ファン・ライデンは、数名の取り巻き預言者たちが口にする「預言」を巧みに利用しながら、《王》として君臨した。だが、ミュンスターは帝国の諸侯の軍隊によって包囲され、都市の内部では次第に、王による恐怖政治と狂騒状態、さらに絶望的な飢餓がすべてを覆い尽くしてゆく。そして一五三五年六月、ついにこの再洗礼派の王国は諸侯によって攻め滅ぼされ、ヤン・ファン・ライデンを始めとする多くの都市住民が処刑された。この出来事は、ドイツの人々の間ではその後も長らく「恐るべき惨劇」として記憶にとどめられ、ルターのような正統的な宗教改革者たちは、《聖書の裏づけなしに恣意的な預言や啓示を持ち出して人々を扇動する者たち》を「狂信者《シュヴェルマー》」と呼んで非難したのである。

だが、この事件以降、「預言や幻視を口にする者たち」が無条件に社会的排斥の対象となったかのように捉えてしまうと、歴史的事実を見誤ることになる。たしかに《預言や幻視を口にすること》があからさまな政治的反乱と結びついた場合には、それは取り締まりや排斥の対象となったが、そうでない場合には、さまざまな社会的評価の可能性が開かれていた。それどころか、十七世紀に至るまで、相当数のプロテスタント神学者たちは、彼ら自身の著作のなかで自分の周辺で起きた「預言・幻視現象」について言及し、そうした現象のなかに「神意の顕《あらわ》れ」を読みとろうとさえしたのである。それでは、近世のプロテスタント社会において、《聖書や学識を媒介とする宗教文化》と〈預言や幻視のような〉《文書や学識を媒介としない宗教現象》は、いったいどのようにして、ぶつかり合うことなく共存することができたのだろうか。

『ヨハネの黙示録』と神学者たちの〈預言〉〈幻視〉観

近世ドイツのプロテスタント社会において《預言》や《幻視》のような現象が一定の社会的認知を受けることができた最大の原因は、じつは聖書のなかにあった。宗教改革者のルターは、《宗教改革の進展》を新約聖書の『ヨハネの黙示録《もくしろく》』に記された終末論的預言の実現のプロセスとして解釈し、「カトリックの教皇」を『ヨハネの黙示録』に登場する「アンチ・キリスト」になぞらえたが、このルターの聖書解釈こそが、プロテスタント社会のなかに「預言・幻視現象」についての認知を広めるきっかけを作った。『ヨハネの黙示録』では、天使に導かれながら「未来の終末の世界の幻」を目の当たりにした語り手が、その幻の光景を「神の警告の預言」として読者に物語る、という設定で話が展開してゆく。ルターが《同時代の出来事》をその『ヨハネの黙示録』のストーリーに重ね合わせて解釈したことによって、プロテスタント地域の人間たちは、『ヨハネの黙示録』に記されたような「預言・幻視現象」そのものを《同時代的に体験しうる現象》と見なすようになっていったのである。もっとも、当のルターは、このような《預言・幻視の同時代的体験の可能性》に対しては懐疑的な姿勢を崩さなかったが、そうしたルター自身の思惑とは裏腹に、彼が翻訳・出版したドイツ語版の『新約聖書』とそこに付されたルーカス・クラーナハやハンス・ホルバインの挿絵――とくに『ヨハネの黙示録』のさまざまな場面を描いた挿絵――は、ドイツのプロテスタント社会の人々の間に、「幻視」「預言」「神の警告」「終末」「天使」などについての生々《なまなま》しいイメージと、その《同時代的な体験可能性》の意識を植えつけていった。つまり皮肉にも、《聖書という書物》そのものが、《聖書を媒介としない預言や幻視》についての社会的認知を広める役割を果たしたのである。

だが、こうした風潮に後押しされた非学識層の人々が《預言》や《幻視》といった形式を借りて自分たちの宗教的着想・主張を声高に唱え始めることは、聖書についての体系的知識と学識に支えられた当時のプロテスタント社会の文化的支配構造のなかにあっては、軋轢《あつれき》の種にもなりえたはずである。それでは、当時のプロテスタント神学者や学識者は、これにどのように対処したのだろうか。

その問題を考えるうえで重要な手がかりとなるのは、十六～十七世紀のドイツ・プロテスタント地域（とくにルター派地域）で頻繁に刊行された、「神の警告のしるし《ツァイヒェン》」や「不思議な前兆」をテーマとする出版物である。それらの出版物（パンフレットや絵入りビラ）の大半は神学者の手になるものだが、そのなかでは、同時代のさまざまな異常現象（彗星、動植物の形態異常、怪異・奇蹟と見なされた現象）や大災害（地震、火災、洪水、疫病、戦争）が「神の警告のしるし」「終末・救済の前兆」として物語られ、作者たちは、聖書を始めとする古今東西の文献の知識を駆使しながら、それらの現象や災害のありさまを観察し、そこに一貫した宗教的・神学的解釈を施していった。そして注目すべきことは、そうした出版物のなかで、しばしば同時代の「預言」や「幻視」が「異常現象」や「大災害」と同列に取り上げられ、同じように「神の警告のしるし」「前兆」として解釈されていることである。つまり、当時の神学者たちの視点から見れば、無学な同時代人たちが物語る「預言」や「幻視」は、対等に対峙すべき《宗教的発言》ではなかった。それは、自然現象と同じような《観察の対象》であり、《解釈を施すための素材》にすぎなかった。そして、そのようにして非学識層の人々の言動を自分たちの著作のなかに素材として取り込み、そこに神学的意味づけを施してゆくことによって、神学者たちは、《預言》や《幻視》のような宗教現象を《学識文化》の傘の下に組み込むことができたのだ。

無名の民衆によって演じられた〈預言者〉の役割

近世ドイツのプロテスタント神学者たちは、同時代の「預言・幻視現象」を《学識文化のフィルター》を通して自分たちの著作のなかに取り込んでいったが、自称預言者・幻視者たちの言動はかならずしもそうしたフィルターを通してだけ同時代の社会に流布したわけではない。そのような人々の言動が体制側の神学者たちの手を介することなしに広く世に知れ渡ることもしばしばあった。そうした事例のひとつが、十七世紀半ばに「天使から預言を受け取った」と称して南ドイツ一体で注目を集めたハンス・カイルの事件である。

カイルは、ドイツ南西部のプロテスタント領邦であるヴュルテンベルク公領のゲルリンゲン村でワイン作りのためのブドウ園を営んでいたが、彼自身の申し立てによれば、一六四八年二月四日の朝、彼がブドウ園に行くと、そこに白い服をまとった天使が現れた。天使は、ヴュルテンベルクの人間たちの間にさまざまな「罪と悪徳」——悪態つき、姦淫、華美な服装、君主による重税、高利貸し、聖職者たちの貪欲、日曜日の遊びや狩猟——が蔓延していることを指摘し、もしも人々が直ちに悔い改めなければ、神はこの国に大災厄をもたらすだろう、とカイルに警告した。そして天使は、そのメッセージをヴュルテンベルク公に伝達するようにカイルに命じ、さらにそこに生えていた六本のブドウの蔓を切り取ってカイルに手渡したが、その蔓の切り口からは血が流れ出た。三日後にも同様の出来事が起こった。カイルは、血の付いたブドウの蔓を証拠に携えてヴュルテンベルク公に謁見したい、と役人たちに申し出たが、それればかりでなく、自分で著した「事件の体験記」を近隣の都市カルウの印刷業者に送り届けた。カイルの体験を綴ったビラやパンフレットや歌は、行商人たちの手で瞬く間に各地で売りさばかれ、それらは三月半ばまでの間に南ドイツ一体に流布したのである。さらに「再び天使が出現する」という噂が流れて、近隣の村々からはたくさんの群集がゲルリンゲン村に押し寄せた。この事件が起きたのは、長年続いた三十年戦争によってドイツ全体が荒廃に見舞われ、さらにヴュルテンベルクで重税に対する民衆の不満が高まっていた時期だったが、そうした社会背景にも支えられるかたちで、《君主による重税》に矛先を向けたカイルの預言は多くの人々の支持を集めることができたのである。ヴュルテンベルク公は、宗務局《しゅうむきょく》（教会を管轄する役所）の委員を派遣して、事件の調査にあたらせたが、カイルは三月末に逮捕され、家宅捜索の結果、カイルの家からは、『聖書』とともに、カイルの体験によく似た内容の「幻視」「前兆」現象を取り扱った数枚のビラが発見された。結局、カイルは、一連の体験が自作自演の作り話だったことを自白し、六月に永久追放の刑を受けた。

このハンス・カイルの事件からも見てとれるように、近世のプロテスタント社会において、自称預言者・幻視者たちの言動は、社会的ステータスをもった一部の神学者や学識者の叙述を通じてのみ、世に広まりえたわけではない。カイルのような無名の非学識層の人間が、《預言者》の役と《その叙述者》の役を同時に演じながら、社会のなかの潜在的不満や願望に後押しされるかたちで、世の注目を集めることもあったのである。しかし同時に、そのカイルの演技にヒントを与えたのが、彼の家で発見された（そしておそらくは神学者によって著された）数枚のビラであったことも見落とすべきではない。ハンス・カイルをめぐる騒動は、近世における《学識文化》と《非学識層の文化》の相互浸透のプロセスのなかで引き起こされた事件だったのだ。

参考文献

木塚隆志『トーマス・ミュンツァーと黙示録的終末観』未来社、二〇〇一年。

ハインリヒ・グレシュベック、カール・アドルフ・コルネリウス編、倉塚平訳『千年王国の惨劇——ミュンスター再洗礼派王国目撃録』平凡社、二〇〇二年。

森涼子『敬虔者たちと〈自意識〉の覚醒——近世ドイツ宗教運動のミクロ・ヒストリア』現代書館、二〇〇六年。
D. W. Sabean, *Power in the Blood. Popular Culture and Village Discourse in Early Modern Germany*, Cambridge 1984.
R. B. Barnes, *Prophecy and Gnosis. Apocalypticism in the Wake of the Lutheran Reformation*, Stanford 1988.

（蝶野立彦）

事例研究3　二十世紀ドイツの宗教と教会

二十世紀のドイツでは、近代化のいっそうの進展とともに世俗主義が浸透し、大都市を中心に教会ばなれが進行するが、それは必ずしも「宗教ばなれ」ではなかった。礼拝に通う人々の数が次第に減りつつあったとしても、社会の中にひとたび不安や危機感が高まると、しばしば「宗教復興」と呼ばれる現象があらわれた。じっさい、大戦での敗北や超インフレ、世界恐慌といった経済危機に見舞われた二十世紀前半のドイツで、人々が宗教に救いを求めたとしても不思議ではない。一九一四年の第一次世界大戦勃発の際には、愛国的、宗教的熱狂にとらえられた人々が再び教会に押し寄せ、祖国防衛の「聖戦」を唱える説教に耳を傾けた。大戦後の経済的混乱のなかで、札束が紙切れ同然となった一九二三年のインフレのときには、全国の都市の街頭に数多くの放浪説教師や「予言者」があらわれた。彼らは人々に「終末」が迫っていると告げ、悔い改めと「浄化」を訴えた。一九二六年には、バイエルン地方のカトリックの村で、ある少女の手足に十字架上のイエス・キリストと同様の「聖痕」が出現したというニュースがひろがり、ドイツの国内外から訪問・巡礼者が殺到した。同じような出来事は、第二次世界大戦敗北後の一九四九年にも、ある村での「聖母マリア出現」をきっかけにおこっている。つまり二十世紀になっても、宗教的なるものの影響力が失なわれたわけではない。そして教会も、社会のなかでなお一定の役割を果たし続けることになる。

を歓迎して、一九三三年の政教条約でナチ政権を承認したことは、ドイツのカトリック教会指導層が、ナチ体制に対して妥協的になっていく要因となった。

概してナチ体制下の教会は、上述のゲルマン民族崇拝の場合のように、ナチの理念や政策がキリスト教の教義に抵触した場合には敏感に反応し、ときには批判もいとわなかった。また学校教育のような、教会の関心領域にナチが介入した際にも、カトリック教会などは激しい抵抗を行った。しかし、教会の利害に直接関わらない政策については、教会はそれらを「政治の領域」の事柄とみなし、体制にゆだねる傾向があった。ナチ体制下で行われたユダヤ人迫害に対しては、福音主義、カトリック両教会はおおむね、それを教会外の政治問題、国家の管轄領域とみなし、批判や抗議行動も限られていた。このことは、そもそも宗教的な反ユダヤ主義がキリスト教の歴史のなかで形成され、教会と信徒の内面に根をおろしていたことと無縁ではないであろう。

現代ドイツの教会と宗教

第二次世界大戦後、ドイツ連邦共和国（西ドイツ）のボン基本法（一九四九年）はその一四〇条で、教会の地位について、ヴァイマル憲法の主要な条項を踏襲すると定めた。それゆえ先に述べた、国家とカトリック、福音主義両教会の「未分離」な関係は、そのまま戦後の西ドイツにひきつがれた。ちなみに旧東ドイツでは教会は特権を制限されていたが、統一により西に吸収されたことで、その優越的地位を回復した。

現在、公立学校の正規課目である宗教授業は、カトリック教会とプロテスタント教会のそれぞれの教義に沿って行われる。両キリスト教会は公的補助金を得ており、その信徒は税務署を通じて、自分の所属する教会に所得税の八、九％ほどの教会税をおさめている。教会税は市民にも少なからぬ負担と受け止められており、教会から離脱する動機にもなっているが、それでもなお多くの国民がそれを支払う背景には、信仰上の理由のほかに、教会が、ドイツの福祉を下から支える役割を果たしていることがあげられる。福音主義、カトリック両教会やその傘下の福祉団体（前者のディアコニーと後者のカリタス）は、病院、幼稚園、老人ホーム、障害者施設などを運営し、そうした事業では、九十万人ほどのボランティア職員が活動している。いわばキリスト教信仰にもとづく伝統的な慈善、「隣人愛」という動機が、ドイツの福祉で重要な役割を果たしているのである。

ドイツの宗教、教会のありかたに変化をもたらす契機はムスリムの増加である。他のヨーロッパ諸国と同様、ドイツは戦後復興と高度成長のための労働力として多くの労働者をトルコから受け入れた。現在、二六〇万人のトルコ出身者をはじめとして約三〇〇万人のムスリムが住む。信徒の数では、キリスト教両派に次ぐ第三の勢力である。彼らの多くは、厳格な政教分離を国是としてきたトルコ本国の人々以上にイスラームの信仰、伝統的道徳を重視しているといわれ、ドイツの公立学校で、イスラーム教が正規の宗教授業となることを求めている。ただそのためには、イスラーム教が「公法上の宗教団体」として認められる必要がある。認可の権限をもつ各州の文化省によって、これまでに公法上の団体とされたのは、既述の両派のほかにはロシア正教、ユダヤ教のみである。

イスラーム教が、ドイツの教会と国家の関係においていかなる位置を占めるのかを考えるうえで、二〇〇三年の「スカーフ事件」における連邦憲法裁判所の判断が興味深い。この件では、ドイツ国籍をもつムスリム女性が、公立学校の教員採用の際、スカーフの着用を希望して採用を拒否されたことに対して、それが基本法四条の「宗教の自由」に反するものとして異議を申し立てた。もしもこの裁判が、フランスのような国家・公的領域の非宗教性を徹底する国で行われたのであれば、彼女に勝ち目は無かったであろう。しかしドイツの事情は異なっていた。連邦憲法裁判所は、この教員のスカーフ着用を、学校内での宗教の自由と、多様な宗教的立場を保障すべしとの見地から認め、公務員である教師のスカーフ着用は国家の宗教的中立性を侵すとの主張を退けたのである。この判決はまさに、公的領域にも宗教が介在することが容認され、前提となっているドイツらしいものといえよう。さらにはこうした判断が、キリスト教両派が優遇されてきた状況に対し、各宗教の平等な処遇を促す契機となるのか興味深い。

かつてのドイツは文字通りのキリスト教国家であった。約一世紀前、一九〇〇年の統計では、カトリックとプロテスタントの信者の数は全人口の九八%にのぼった。約百年後の二〇〇四年には、それぞれの信者数は約二五〇〇万人であり、合わせて全人口の三分の二にとどまる。国民の残り三分の一は、特定の宗教に属さない人々や、ムスリムをはじめとする非キリスト教徒である。こうした趨勢のなかで、ドイツにおけるキリスト教会の優越的地位に、今後いかなる変化が生じるであろうか。

（尾崎修治）

参考文献

野田宣雄『教養市民層からナチズムへ――比較宗教社会史のこころみ』名古屋大学出版会、一九八八年。

ウルリヒ・リンゼ、奥田隆男他訳『ワイマル共和国の予言者たち』ミネルヴァ書房、一九八九年。

清水望『国家と宗教―ドイツ国家教会法の再構成とその展開』早稲田大学出版部、一九九一年。

河島幸夫『戦争・ナチズム・教会』新教出版社、一九九三年。

――『ナチスと教会』創文社、二〇〇六年。

内藤正典『アッラーのヨーロッパ　移民とイスラム復興』東京大学出版会、一九九六年。

稲本守「宗教」『事典　現代のドイツ』大修館書店、一九九八年、五九八-六一二頁。

宮田光雄『十字架とハーケンクロイツ』新教出版社、二〇〇〇年。

中道基夫『現代ドイツ教会事情』キリスト新聞社、二〇〇七年。

塩津徹『ドイツにおける国家と宗教』成分堂、二〇一〇年。

Irmtraud Götz v. Olenhusen(Hrsg.), *Wunderbare Erscheinungen. Frauen und katholische Frömmigkeit im 19. und 20. Jahrhundert*, Paderborn 1995.

第3章 変わりゆく都市文化——近世における余暇の成立と新しい生活様式

ウィーン中心部、コールマルクトの景観（1786年、カール・シュッツによる彩色銅版画）

緑地公園や市内の目抜き通りでの散策、ウィンドー・ショッピングは、18世紀の新しい余暇習慣として各地で流行をみた。

出典：オーストリア国立図書館、図像資料室所蔵。

合理主義と自然科学神話が全ヨーロッパに伝播した、光と啓蒙の時代、十八世紀。新しい世界観の受容は、哲学や思想、芸術の領域だけにとどまるものではけっしてなかった。日常史のレベルでもまた、人々の慣習、生活様式、生活感情が、新思潮の影響を受けて未曾有の変容を遂げようとしていたのだ。日々の暮らしのサイクルはもはや自然光に依存することもなくなり、都市では、カフェやクラブ、サロンなど、さまざまな余暇の場が新しい娯楽の可能性を提供するようになった。とりわけ、ロンドンやパリのような「輝かしい首都」をもたなかったドイツにおいて、これら生活文化の様変わりの舞台となったのは、各領邦に点在した中小都市である。

本章では、十七世紀から十八世紀にいたる各地の都市社会に焦点を当てながら、ここに暮らした人々が、具体的にどのような過程をたどりながら、教会やツンフトを中心とする中世以来の生活パターンを脱し、近代的なライフスタイルへとつながる新しい行動規範を生み出していったのかという問題に光を当てていきたい。

1　都市の変容

建築史家レオナルド・ベネヴォロは、ヨーロッパ史における都市の位置づけを、つぎのように表現している。「ヨーロッパの都市は、まさしくヨーロッパとともに成立したのであり、ある意味で、都市こそがヨーロッパを成立させたのだということもできるだろう。都市とは、われわれがヨーロッパをひとつの歴史的まとまりとして認識するための、おそらく最大の要因なのだ」。

ベネヴォロによるこの言葉に、かつて著しい発展と繁栄を体験した中世都市が、のちにヨーロッパの普遍的特質を規定するような、さまざまな基底文化を醸成していったプロセスを重ね合わせることができるだろう。国土と人口の多くの部分が農村によって占められていた時代、これらの都市は、市壁によって周辺から明確に区切られた特権的な空間として存在し、自治権と諸制度、生産と取引をめぐる独自の方式を形成、維持しながら富み栄えたのだった。そして、ドイツはいうまでもなく、このような中世都市隆盛における中心地のひとつであった。だが、都市の歴史は、十七世紀以降、大きな転換期を迎えることになる。ドイツにおける領邦国家の成立、そして前工業化プロセスとも呼びうる新しい生産形態の発達が、特権的ゲノッセンシャフトとしての都市の存在を、根底から揺るがせたからである。生産の集中化は必然的に新たな人材と労働力を要したため、それまで市民権の付与を極度に限定し、外来者に対して閉鎖的なスタンスをとっていた都市に、多くの人口を流入させた。その結果、ウィーン、ベルリンなど、十万人以上の住民を抱える大都市も出現するようになる。政治的・経済的特権集団としての古い「都市市民」の概念はもはや一義的な意味を保持しえなくなり、都市に暮らす人々、社会グループはきわめて多様な集団に分岐していった。また、それとともに、居住区と一部の商工業区が、本来、市域を厳格に区切ったはずの市壁の外へと移転・拡大し、この古来の「都市のシンボル」は、次第に社会的・経済的境域としての意味を喪失することになる。

啓蒙期ドイツにおける都市文化を分析したエンゲルハルト・ヴァイグルによれば、この時期、ドイツ諸都市の命運を分かつ分水嶺は、新しい時代の思想と文化にとっての受け皿になりえたか否かという点にあったという。すすんで変化を受け容れ、属地的価値観を脱して、経済・文化の両面でその門戸を大きく開いた都市は、その後、めざましい活力とダイナミズムを蓄えながら、順調な発展過程を歩んでいった。一方、たとえ中世において著しく繁栄した都市であっても、旧来の保守的な諸制度に固執し、拡大と開放性を拒絶するかぎり、衰退の途をたどらざるをえなかったという。

自然科学と理性の力を通じて人間を宗教的盲信と封建支配の桎梏から解放し、より開明的な社会を築いていくという啓蒙主義の理想が、十七・十八世紀を通じて全ヨーロッパを染め上げようとしていた。そして、ドイツにおい

図 3-1　ウィーンの市壁と市門。19 世紀半ば、近代的都市計画により撤去される直前の様子。都市建設以来、市門は、都市内と郊外部をつなぐ連結路としての役割を果してきた。

出典：オーストリア国立図書館、図像資料室所蔵。

をなして賑やかに市門を出入りするさまは、この上なく魅力的である。しかし、こうした光景は、市門の閉鎖を命じる太鼓の音とともに終わりを告げ、そして、突如、深い静けさが都市を支配する」。

市門の開閉は、太陽の動きがもたらす昼と夜の区分を、日々の生活のなかに明確に標しづけるものであった。同時に、日没後の閉門および、その後の屋外行動を禁ずる規則は、一日の時間をまったく性質の異なる二つの時間帯へと画然と分かつことになった。すなわち、人々が市門の開閉を絶対的な基準として暮らす都市空間のなかでは、日中のみが人間にとっての活動時間であり、他方、夜は、あらゆる行動の可能性が閉ざされた、「死と亡霊の時間」として恐れられたのである。ここでは、夜と昼とを均質な時間帯としてとらえ、両者に同等の価値を認める時間概念は成立しえなかった。

さらに、市門が開閉された具体的な時刻に着目するなら、ここでいう「昼」と「夜」、すなわち、都市住民にとっての「活動時間」と「非活動時間」が、けっして合理的に計測され、区切られた時間の単位ではなかったことは明白である。市門開閉時間は、あくまで日の出から日の入りにいたる実際の昼の長さによって決定されたため、そこには季節によって大きな開きが生じたのである。

多くの都市において、市門開閉時刻の詳細は、表の形で門前に掲示され、また、年ごとに発行・販売される都市の暦にも付録として収められた。たとえばハンブルクの時刻表（図3－2）では、一年を三九のブロックに分けた上で、一五分刻みで開閉時刻を定めており、夏至前後には四時三〇分に開けられていた市門が、十二月には八時まで閉ざされ、一方、閉門時刻は夏の二一時三〇分から一六時一五分へと繰り上げられたことを示している。すなわち、市門によって区切られた「昼」には、夏と冬とで最大で九時間にもおよぶ「時差」があったのだ。

昼時間の較差は、人々の活動時間にも同様の差が生じていたことを意味している。十四世紀前後の時期には、職人・徒弟の就労時間を定めた同職組合規定のほとんどが、日の出・日没を基準としており、また、飲食店も市門の

— 95 —

Thorschließungs-Tabelle.

Vom	bis den		Morg. auf.	Abends zu.
1	12	Januar	8 Uhr.	$4\frac{1}{4}$ Uhr.
13	22		$7\frac{3}{4}$	$4\frac{1}{2}$
23	31		$7\frac{1}{2}$	$4\frac{3}{4}$
1	8	Februar	$7\frac{1}{4}$	5
9	16		7	$5\frac{1}{4}$
17	23		$6\frac{3}{4}$	$5\frac{1}{2}$
24	3	März	$6\frac{1}{2}$	$5\frac{3}{4}$
4	10		$6\frac{1}{4}$	6
11	17		6	$6\frac{1}{4}$
18	24		$5\frac{3}{4}$	$6\frac{1}{2}$
25	31		$5\frac{1}{2}$	$6\frac{3}{4}$
1	7	April	$5\frac{1}{4}$	7
8	14		5	$7\frac{1}{4}$
15	20		$4\frac{3}{4}$	$7\frac{1}{2}$
21	26		$4\frac{1}{2}$	$7\frac{3}{4}$
27	4	May	$4\frac{1}{2}$	8
5	15		$4\frac{1}{2}$	$8\frac{1}{2}$
16	31		$4\frac{1}{2}$	9
1	30	Junius	$4\frac{1}{2}$	$9\frac{1}{2}$
1	13	Julius	$4\frac{1}{2}$	$9\frac{1}{2}$
13	28		$4\frac{1}{2}$	9
29	10	August	$4\frac{1}{2}$	$8\frac{1}{2}$
11	20		$4\frac{1}{2}$	8
21	27		$4\frac{1}{2}$	$7\frac{3}{4}$
28	3	Sept.	$4\frac{3}{4}$	$7\frac{1}{2}$
4	9		5	$7\frac{1}{4}$
10	15		$5\frac{1}{4}$	7
16	21		$5\frac{1}{2}$	$6\frac{3}{4}$
22	28		$5\frac{3}{4}$	$6\frac{1}{2}$
29	5	Octob.	6	$6\frac{1}{4}$
6	12		$6\frac{1}{4}$	6
13	20		$6\frac{1}{2}$	$5\frac{3}{4}$
21	28		$6\frac{3}{4}$	$5\frac{1}{2}$
29	5	Nov.	7	$5\frac{1}{4}$
6	14		$7\frac{1}{4}$	5
15	23		$7\frac{1}{2}$	$4\frac{3}{4}$
24	30		$7\frac{3}{4}$	$4\frac{1}{2}$
1	9	Dec.	8	$4\frac{1}{4}$
10	31		8	4

Abb. 1. Beispiel einer „Thorschließungs-Tabelle“ um 1810 (532b, Bd. 2, S. 59)

図 3-2　ハンブルクにおける市門開閉時刻表 (1810 年)。都市によっては 19 世紀に入ってもなお、実際の昼の長さに応じて市門の開閉が行なわれていた。

出典：Nahrstedt, *Die Entstehung der Freizeit,* S.85

開閉に応じて営業することになっていた。したがって、日が長く、市門が長時間にわたって開いている夏季、人々は一二時間以上を職場で過ごし、一方、日暮れの早い冬季は、午後には幾ばくもなく早々と家路に着いた。都市住民の労働時間や就寝時間もまた、季節ごとに大きく異なっていたのである。

こうして、市門の開閉によって象徴される伝統的な都市の時間は、太陽の動きと明るさという自然条件にほぼ依存していた。定時法よる時間の計測がすでに広く普及していたにもかかわらず、実際の都市生活は、十八世紀半ばまではなお、日の出・日の入りに支配されていたのであった。たとえば、教会の塔に掲げられた十二時間表示の時計とともに、修道院や領主の館では、日時計（図３－３）がなお、時刻を知るための身近な手段として重要な役割を担い続けたのであった。ハンブルクの名士で啓蒙期の詩人としても知られるバルトホルド・ハインリヒ・ブロッケスが、いみじくも「永久《とわ》なる黄金の時計」と呼んだように、太陽は、人々の日々の暮らしを司る支配者にほかならなかった。

図 3-3　オーストリア、ノイベルク・アン・デア・ミュルツ修道院の壁面に残る日時計。いまは失われた指時針が、壁面の目盛の上に落とす影を見て時刻を読んだ。
出典：筆者撮影。

都市の時間を決めるもの①——教会と礼拝

このように、自然光と市門の開閉によって画された人々の活動時間は、さらに、二つの重要な社会的要因によって決定づけられていた。すなわち、教会と家である。

空高く聳えながら時を告げた教会の鐘楼は、本来、人々に祈りの時間を知らせるものであった。礼拝は、人間の存在意義を「祈り」と「労働」によって規定しようとしたキリスト教会にとって、まさに一義的な意味をもっていたからである。宗教改革以来、ドイツ諸地域はカトリックとプロテスタントに分かれ、宗派によって信仰上の慣習も大きく異なるようになっていたが、ミサや礼拝が日常において占めた重要な役割に関しては、両者の間にまったく差はなかった。たとえば、家長にたいして、家族や使用人ら、家の構成員全員をともなって早朝礼拝に出席することを義務づける規定は、宗派にかかわらず、あらゆる都市において確認されている。

カトリックのウィーンでは、政府が宗教儀式の簡素化を目指した十八世紀半ばになってもなお、市内の主要な教会では、日曜・祝日のミサとともに、平日には一日に七回の時課の祈りが捧げられ、このうち、早朝時課は、中下層の人々にとって実質的な「一日の始まり」を意味していた。また、貴族や信心深い婦人たちの間では、すべての時課をこなすべく、毎日七回欠かさずに教会に通う者も例外ではなかった。

一方、信仰における形式主義を嫌ったプロテスタントは、礼拝行為のうち、キリストによる救済を教える説教《プレディクト》を重んじて、早朝の説教によってその日の幕を開けるのが習いとなっていた。ルター派の都市ハンブルクでは、各教会にて、平日には早朝二回、日・祝日、木曜日にはこれに加えて午後二回の説教を行う習慣が、やはり十八世紀半ばまで続いていたという。ここではさらに、午後に教会で説教が施される時間帯には、市門が一時閉鎖されていたことに注目したい。説教の時間とは、都市住民全員が祈りに専念するべきときであり、人々の生活は、その時刻に合わせて営まれなければならなかった。したがって、説教の目的のために定められた時刻には、何人たりとも楽しみや労働のために都市をあとにすることは許されなかったのである。

こうした措置は、十八世紀以前の日常生活のサイクルが、まず何よりも教会での礼拝行為を中心に構成されていたことを裏付けるものにほかならない。太陽と並んで、神もまた、人間の生活時間を根本から規定する支配者として君臨したのであった。

都市の時間を決めるもの②——「全的な家」

さらに、日の出とともにはじまり、礼拝によって区切られ、日没とともに幕を下ろす一日のなかで、起床と始業、食事、休憩、終業、あるいは祝祭など、人々のさまざまな営みに関して、その具体的な時間を決定したのは、「家」であり、家長であった。

前近代のヨーロッパにおける「家」が、狭義での「家族」をはるかに超えて、生産共同体の最小単位としての機能を果したことは、改めて指摘するまでもない。家中には、血縁者だけではなく、使用人や徒弟、見習いなどが同居し、暮らしをともにしながら生産活動に従事したのである。中世以来の同職組合の伝統に則って生活していた職人ばかりではない。大都市において、新たな合理的経営方針のもとで大規模な貿易を手がけた商家や、生産過程の集中化に一歩を踏み出した企業家などもまた、少なくとも十八世紀までは、この「全的な家」の生活様式をいまだ完全に脱することはなかった。

そして、それぞれの家においては、家長こそが、ここに集い暮らす人々全員の行動についての決定権を握っていたのだった。商工業者の同職組合規定はいずれも、家長および親方《マイスター》にたいして、奉公人や徒弟の生活に関する監督権を認めていた。したがって、家長はここで、すべての構成員の一日の時間を区切り、定める役割を担ったのである。その権限は、始業・終業時間、昼休みなど、労働に直接かかわる領域だけにはとどまらなかった。起床、就寝、食事、あるいは散歩や飲酒にいたるまで、一日の流れのなかで、何時、何をするかが、すべて家長の意志によって決定され、これをむやみに乱す者は、減俸をもってきびしく罰せられた。

しかも、家長による生活時間の取り決めは、明文化して提示されることはむしろ稀であり、季節や天候、さらには家長自身の恣意によって、容易に変更されえた。夏と冬とで昼の長さに格段の差があったように、「全的な家」のなかを流れる時間もまた、客観的・合理的に把握できるものではけっしてなかった。十七世紀オーストリアの地方貴族、ヘルムハルト・フォン・ホーベルクによるつぎのような詩句は、当時、人々の暮らしを画していたものが、具体的なタイム・テーブルというよりは、むしろ家長の存在そのものであったことを明徴している。ここでは、「時間」そのものは、かりそめにも人々にとっての絶対的尺度とはなりえなかったのだ。

「一家の主《あるじ》は、一家の時計。
皆はただ、これに従いて、寝起きし、働き、食し、
またその他諸々の営みをなすのみ」。

自然光と礼拝の時刻が区切った大きな時間の枠のなかを、家長が細部にわたって定めた各々の家の生活パターンが流れていく。このようにして成立した伝統的生活様式のなかには、個々人の自由裁量が介在する余地はほとんどなかったはずである。とりわけ、自然光、さらには、原則として都市社会の全構成員を包括したはずの信仰習慣が最大の決定要因として機能したことは、職種や身分にかかわらず、すべての住民が、ほぼ同一の生活サイクルのもとに暮らしていたという推測を可能にするだろう。こうした日常の在り方は、前近代ヨーロッパにおける集団的《コルポラティーフ》な社会の特質そのものを示す表徴にほかならない。

3　新しい都市の生活様式

過渡期としての十八世紀

だが、十七世紀以降、都市社会が徐々に構造転換をとげたとき、中世以来の物理的・社会的諸条件の影響下に形

図3-4　17世紀半ば頃のハンブルク。ピータセンによる1644年の地図をもとに復元された模型。

出典：Willibald Hartel

成されてきた伝統的な都市の生活パターンもまた、瞭然たる変化を示しはじめる。この変化が、劇的な転変ではなく、むしろきわめて緩慢なプロセスを経て進行した質的変容であったことは、すでに述べたとおりである。大局的な視点からは把握しにくいその過程の細部に光を当てるためには、古くからの慣習と、新規の理想や価値観が、互いにせめぎ合いながら、確実に新しい潮流を形づくっていくありさまを、実際の事例のなかに跡づける作業が必要だろう。たとえば、ハンザ都市としての歴史を誇る一方、宗教改革以降、社会的・経済的刷新を徐々に実現し、近代都市へと順調な発展をとげたハンブルク（図3－4）のような場所では、人々の生活様式の過渡的状況が、ひときわ鮮明に顕われていた。

三十年戦争による打撃をほとんど受けることなく、十七世紀後半には七万五〇〇〇の人口を抱えるまでになっていたこの港湾都市では、その住民の多くが、手工業あるいは貿易に従事する人々であった。宗教改革ののちルター派を旗印として以来、都市の教会では早朝六時前に礼拝が開始されたため、住人はみな、なお市門開門と礼拝出席をもって一日をスタートさせていた。

だが、ルター派の教義は、一方で、こうした旧来の生活パターンに変化をもたらすための、最初の契機となったのだった。宗教改革以前には午後の晩祷が実質的な終業を意味していたのにたいして、プロテスタントの厳格な労働倫理が、新たに労働時間を拡大する方向に作用したからである。ハンブルクでは、改革以降、季節を問わず五時に始業し、ほぼ一九時に終業するという習慣が新しく定着していった。季節差を排除して平準的な生活サイクルを確保しようとする傾向は、合理的時間概念に依拠する新規の精神性の、ひとつの徴候にほかならなかった。

年間を通して固定された、一四時間にもおよぶ労働時間からは、当時の人々が、睡眠時間を除くほとんどの時間を仕事場で過ごしていた現実を読み取ることができる。ただし、ここでの労働が、内容的にみて、効率性を追求する集中労働とはおよそかけ離れたものであったことは、多くの先行研究が指摘するとおりである。たとえば、十八世紀初頭のハンブルクで、五時に始業した職人たちが、日々欠かすことなく六時前の礼拝に通っていたことに注目したい。早朝、いちど工房に集った職人たちは、職場ぐるみ全員で仕事を中断し、教会へと向かったのだった。

当時のヨーロッパでは、労働を強く志向したプロテスタント都市においてすら、集中して仕事に専念するという行動様式は、現実の世界ではまったく馴染みのないものであった。十四世紀から十八世紀にいたる数多くの史料が明証するように、地域と業種によっては二〇時間近くまで達していた極端に長い「労働時間」は、実際には、散歩や訪問、昼寝、またときには飲酒や観劇など、あらゆる種類の「非労働行為」によって絶え間なく中断されていたのだ。起きている時間をほとんどすべて職場で過ごすという生活様式のなかでは実現が困難と思われるようなさまざまな行為と目的を、人々は、公私の区別なく、労働時間内に達成することができたのである。通常、三回から五回におよんだという「食事休憩」も考慮に入れるなら、前近代における平均的な実質労働時間については、これを最大でも八時間から一〇時間とするのが、今日での定説となっている。

ハンブルクにおける就労時間の例にみたような、日常の行動を時刻によって定め、生活パターンを季節間で平準化しようとする傾向は、当時のドイツ諸都市において広く進行した、ひとつの普遍的現象であった。かつては稀覯の宝物として君主や貴族の芸術コレクションに収められた小型時計が、富裕な市民を中心に、家庭の必需品として普及しはじめたことは、時間に関する新たな価値観の生成を象徴する事象といえるだろう。「日の出から」、あるいは「日没まで」といった大略的な時間表示は、社会のなかからしだいに姿を消しつつあった。人々はこの時期、明らかに、一日を均等な時間のブロックへと客観的に区切ることを指向したのであり、ここには確かに、合理的時間概念および、近代的生活様式の萌芽を認めることができるだろう。

だが、少なくとも十八世紀初頭の段階では、都市社会は基本的に、前近代の古い時間の枠組を脱することができずにいたのだ。極端に長い労働時間、そしてあまりにも頻繁なその中断は、当時の社会がいまだ、人間の活動時間を目的に応じて細分化する局面には達していなかったことを明示している。労働と非労働、公的行為と私的行為、義務と娯楽が、互いにほとんど境界域をもたぬまま、一二時間以上におよぶ「労働時間」のなかに、渾然一体となってひしめいていた。極端な労働の集中化が追求されることはなく、深刻な労働搾取も引き起こされえなかった一方で、そこには、労働世界から独立した、近代的な意味での余暇が成立する余地も存在しなかった。終業時間が就寝時間に限りなく近い状況のなかで、人々は、家という共同体を離れて、個人が自由に使うことのできる時間をほとんどもたなかったのである。仕事を終えた後、決まった酒場やビア・ハウスで職場の仲間全員で「晩の余暇」を過ごすという、地域によっては十九世紀まで続いた職人たちの伝統的慣習は、古い時間の流れのなかで営まれた余暇や娯楽が、今日の概念からみていかに異質なものであったかを明示するひとつの例であろう。ここにみえるのは、間違いなく、家長を中心に構成された、あくまで集団的な時間の流れにほかならないのだ。

新たな兆し――商人たちの暮らし

他方、十八世紀になると、同じ都市のなかでも、社会階層や業種によって生活サイクルが徐々に差異化をみせるようになる。ハンブルクにおいても、季節を問わず平準化した就労時間を柔軟に変化させつつ、新たな生活様式へのさらなる一歩を踏み出した職業層があった。この時期、イギリスやオランダ、スペイン、ポルトガルとの交易を通じていよいよめざましい成長をとげていた商人のグループである。とりわけ注目すべき点は、仕事内容にかかわる諸事情から、彼らの生活時間のなかに、職業生活から切り離された「自由な」時間ブロックが形成されていった過程である。

まず、ハンブルクの商家では、十七世紀末頃から、始業時間がしだいに遅くなる傾向がみられた。窓の少ない都市家屋の内部で、明かりを灯して読み書き、計算の作業に勤しんだ商人の仕事は、もともと自然光からの影響を受けることが少なく、彼らにとって、必ずしも日の出とともに始業する必然性はなかったからである。こうして、仕事始めがかつての五時から八時へ、さらに九時へと繰り下がっていく一方で、礼拝によって一日を開始する習慣はなお保持されたため、商家では、始業前の早朝に数時間の「余暇」が生じることになった。

新旧の生活パターンの狭間に生じたこの時間ブロックは、初期においては一般に、祈りの時間の延長としてとらえられていたようである。教会から帰宅したあと、仕事につくまでの二、三時間を、人々が家族とともに宗教的修養書を読み、その朝の説教の内容を語り合って過ごした様子は、商人たちが残した日記や書簡がありありと伝えるところである。しかし、こうした信仰行為の傍ら、始業を前にした人々が、茶やタバコを嗜み、子どもたちとの団欒を楽しんだこともまた、看過すべきではないだろう。見習いや事務員がそれぞれ住居をもつようになり、生活をともにする構成員の数が徐々に減少しつつあった当時、朝のひとときがやがて、近親者を中心とする寛いだ私的な時間として、職業世界から区切られていった過程は、当然の結果としてもたらされたものであった。

さらに、当時の商家の生活パターンを強く際立たせていたのは、長い昼休みであった。一五五八年に建設されたハンブルクの商業取引所は、ドイツで最初の取引所として知られるが、商人たちは毎日、決まった時間に全員がここに集まり、取引や協議を行うことになっていた。集会の時間は正午から約二時間で、そのあとに昼食をとるのが習いであった。すなわち、この集会ゆえに、市内のすべての商家では、毎日一二時から一五時までのあいだ、主人が不在となるという状況が生じたのであった。こうして責任者が中座した事務所や帳場では、この間、当然、すべての作業が中断された。

集会の二時間は、商家の主《あるじ》にとっては、もちろん純粋な労働時間にほかならなかった。しかし、取引所に出向くことのない見習いや奉公人たちは、ここに、昼食休憩を除いてもなお二時間あまりにおよぶ、「働く必要のない」まとまった時間ブロックを得ることになったのだ。彼らはこの数時間を、じつに各人各様の仕方で利用していた。住居を別に構えた人々は、仲間と離れ自宅に戻って昼食をとり、また、食前食後の祈りに専念して信仰心を深めようとする者もあった。また、多くの人々が、外国語をはじめ、さまざまな習い事にこの時間を充てたことは、「非労働時間」を個人としての自己修養のために利用するという行動パターンの形成過程を示す、典型的な事例であろう。

こうして、他の職種に比較して極端に長い「昼休み」がどう過ごされたのか、その実態に目を向けるとき、低い立場の見習いですら、商家という「全的な家」のなかにあって、この時間的枠組のなかで、つかの間にせよ、きわめて自由度の高い行動を実現していたことが明らかになるだろう。

十八世紀の商家における生活時間もまた、原則としては職人のそれと大きく変わるところはなかった。人々はおおよそ四時三〇分に起床して早朝礼拝に向かい、一九時すぎまで職場で過ごし、二二時前に床についた。労働時間は飲食や訪問によって頻繁に中断され、労働・非労働のあいだにはいまだ明確な区別がなされてはいなかった。しかし、始業時間の遅れなどから、商人の暮らしにおいては、ほかの社会グループよりも早期に、まとまったブロックとしての「自由時間」が生じていた。職業世界での地位にかかわらず、決まった時間をそれぞれが個人として自由に裁量できたことは、「全的な家」が支配する伝統的な行動規範からの離脱の兆候としてみなすことができるだろう。そして、このプロセスをいよいよ本格化させる契機となったのが、商人のあいだでの流行としてはじまり、のちに一種のステイタス・シンボルとなったガーデンハウスであった。

都市の喧騒を離れて—ガーデンハウスの生活

社会と産業の構造転換にともなって人口が爆発的に増大すると、都市はもはや、人間にとって必ずしも快適な居住空間ではなくなった。汚物で溢れ、馬車が互いに車体を接触させながら行き交う狭い街路、ほとんど間隙なく立ち並ぶ家屋と暗く湿気た居室。都市での生活はしだいに、不快で不健康なものとみなされるようになっていた。他方、自然のなかに世界の理想と究極の美を求めたルソーの著作がドイツでも読者の心を強くとらえ、十八世紀になると、不潔で騒々しい都市を離れて、自然に囲まれた郊外地区に新たな生活環境を確保しようとする人々が現われた。

市壁外の地域に佇む庭園つき別荘、ガーデンハウスの歴史はハンブルクではすでに古く、最初の邸宅が建設されたのは、一六〇〇年頃のことであった。だが、その数が急激に増加したのは、十八世紀半ばである。自然美と園芸への関心の高まりもあって、この時期、富裕な商人はだれもが、競って郊外に屋敷を構えようとした。

郊外のガーデンハウスの役割は、本来、暑く不快で、伝染病の危険性も高まる都市の夏を凌ぐための別邸であった。所有者たちはかつて、夏季に限り、休日や終業後の時間をここで過ごした。ところが、十八世紀になると、多くの人々が、季節を問わず、生活の場を市内の屋敷からガーデンハウスに移動させるようになったのである。家族の住居もここに移し、主人は夕方、仕事を終えると毎日、都心部の喧騒をあとにして、郊外へと馬車を飛ばした。なかには、閑散期など、取引所での集会を終えたあと、信頼する部下に残りの作業の監督を任せたまま、早々とガーデンハウスに向かう者さえあったという。

ハンブルクの商人たちが、この郊外の住まいを舞台に、四季を通じて自然の美しさと造園術の妙を心ゆくまで堪能したことは、彼ら自身が残した夥しい日記やディレッタント的文芸作品からも鮮明に見て取れる。そして、こうして大流行をみたガーデンハウスこそが、伝統的な都市社会の基本構造を根本から揺るがす要因となったのだ。一家の主《あるじ》が毎日、終業後から翌日の始業時間にいたるまで家を留守にしたことは、本来、都市社会の中心を形成するべき家長の、日常的な不在を意味していた。ハンブルクの多くの富裕な商人たちは、ここで、自身のもとで働くすべての構成員とともに暮らし、労働だけではなく、その一切の生活を監督するという、伝統的な家長の役割を放棄したのである。郊外邸宅への転居は、都市社会における職住分離の最初の徴候にほかならない。そして、労働と暮らしとが明確に画されることで、あの「全的な家」の制度的前提が大きく崩壊したことは、いうまでもない。この時期すでに、商家では、通いの奉公人が多くみられるようになっていたことからも、人々が現実に古くからの生活形態を脱しつつあったことが十分にうかがえる。

また、ガーデンハウスの建設ブームは、伝統的な都市の在り方を空間的にも大転換させることになった。かつて、都市市民の居住区を周辺部から厳格に区切ったはずの市壁が、ここで本来の社会的意味を喪失したのである。それとともに、市門の開閉もまた、市民生活にたいして以前のような影響力をもちえなくなる。ガーデンハウスに暮らす人々にとって、市門はもはや、生活時間を区切る決定的なファクターとはみなされなかった。郊外の邸宅での寛いだ楽しい時間は、閉門によって左右されることは一切なかったからだ。就労時間の平準化と同時に、非労働の空間が市壁外に移動したことで、市門の開門とともに活動を開始し、閉門と同時に休息につくという、古くからの時間サイクルに、いよいよ終止符が打たれるのである。

市門の終夜開放

郊外部への居住区の移動は、ほぼすべての都市で進行した共通の現象であった。もちろん、都市をあとにしたのは上流の人々だけではない。「全的な家」が徐々に崩壊していったとき、主人と同居しない奉公人や雇い人はおおむね、家賃と生活費の高い都心部を避けて、市壁の外に住居を定める傾向を示したからである。また、なかには、公衆衛生上、もしくは都市美化の観点から、市当局や政府が工房や作業場そのものを組織的に郊外へと移転させるケースすらみられた。

こうして、多くの都市住民が市壁の外で暮らすようになると、市門の開閉が人々の生活を著しく妨げたことは、いうまでもない。十七世紀ごろにはすでに、閉門は実際上、生活時間の終わりとしての意味を喪失していた。夜間外出禁止令はしだいに姿を消し、どの都市でも、閉門後もなお、通用門の番人に通行料を支払うことで、都心部への出入りが可能になっていた。

この料金徴収が各地で強い反発を招いた事実は、人々の生活がもはや、時間的にも空間的にも、旧来の生活サイクルの枠内に収まらなくなっていたことを証している。ウィーンではすでにカール六世が、公文書を手に昼夜を分かたず王宮と郊外の離宮を行き来する宮廷関係者をはじめ、市壁外に住居をもつ官吏や学生を対象に、通行料を免除する措置を定めていた。だが、それでもなお、通行料が市当局にもたらす収入は増加の一途をたどり、一七六二年から七二年までの十年間で一〇倍以上にも跳ね上がったという。この数値は、すでに日常化した住民の夜間活動と同時に、都心部と郊外部が、いまや社会的、経済的、文化的に分かちがたく連結したひとつの有機体となった現実を裏づけるものにほかならない。

さらに、十八世紀末になると、冬季において開門時間を早め、閉門時間を遅くしようとする動きが各地に現われる。現実の就労時間の平準化より二世紀前後遅れて、ここに都市の時間の平準化が試みられたのであった。その後、ウィーンでは一七八〇年代に啓蒙君主ヨーゼフ二世が通行料を廃止、さらに数年を経て市門の終夜開放を決定した。また、ハンブルクでも、一七九〇年代には歩行者や馬車による市門の往来が二三時まで可能となっていた。

こうして、一七五〇年代以降、約半世紀のうちに、市門開閉をめぐる規定が目まぐるしく変化していった過程を、われわれは、都市における生活様式の変遷プロセスに対称させることができるだろう。夜間照明など、技術面での進歩と改善を背景に、人々の暮らしは、かつて自然光に強く依存していた時代のサイクルから、確実に脱却していたのだ。都市生活の領域は、当時、昼と夜という時間的な閾だけでなく、伝統的な「家」の枠組、さらには市壁が画した本来の市域を大きく超えて、めざましい勢いで拡大をとげようとしていた。信仰習慣や労働形態など、旧来の要素をいまだ数多く維持しながらも、都市の日常世界は当時、まったく新しい独自の様相を呈しはじめていた。

4　合理的時間概念と余暇の誕生

労働時間の合理化

ハンブルクにおけるガーデンハウスの例にみたように、十八世紀の都市では、すでに一部の階層において職住空間の分離が進行していた。労働と非労働のステージが、空間上、明確に分かたれた結果、古くからの集団的な生活パターンに著しい変化が生じ、その後十九世紀にかけて、「個」としての人間観、さらには「プライヴェート」の概念や公私を区別する価値観の成立へとつながっていく。そして、こうした日常の変遷のなかで、分離のプロセスはまた、時間的レベルでも並行して展開していたのであった。

実質的にほぼ人間の活動時間と重なっていた前近代の「労働時間」が、やがて人々の行動目的によって区分けされていくための最大の契機は、十八世紀、「労働」の意味がふたたび問いなおされたことにあった。人間の諸行為のうちで労働に絶対的な価値をおく考え方が、宗教改革以降、プロテスタント地域に深く定着していたことについては、すでに紹介した。十八世紀になるとさらに、こうした労働の理想が、これまでとはまったく異なる動因から、より厳格な形で追求されるようになったのである。キリスト教の伝統的な労働倫理が、いま、新しい時代の実利的価値観によって読み替えられようとしていた。すなわち、人々はもはや、神によって定められた第一の義務として労働に向かうのではなく、国家や都市の公益、あるいは私的利潤を念頭におきつつ働くことになったのだ。この時期、労働時間を具体的な金銭価値に換算する言説が、伝統的な職人世界においてすら、広くみられるようになる。労働の質と量が、ここではじめて、具体的数値としてはじき出されたのであった。

効率主義に裏打ちされた新しい理想は、これまで必ずしも厳格な労働倫理を求めてこなかったカトリック地域にも、確実に伝播していった。列強の時代の前夜にあって、国力を確実に増強させるためには、人民による労働を合理化・効率化することが重要な課題とみなされたからである。たとえば、ハプスブルク帝国では、七年戦争（一七五六－六三年）でプロイセンに敗北を喫したあと、重商主義的な経済政策の導入にともない、官房学者たちが揃って、国家の幸福の前提条件はまさしく「臣民のたゆまぬ労働」にあると力説したのであった。

新しい価値観は間もなく、規則や法令を通じて、確実に現実の労働世界のなかに反映されていく。ただし、もともと極端に長かった労働時間をそれ以上引き延ばすことは、どの地域でもほとんど不可能だった。ここで着目されたのは、何よりもまず、労働する人々の行動パターンであった。すなわち、旧来、あらゆる非労働行為によって絶え間なく中断されていた労働の在り方を見直し、これを徹底的に効率化・集中的することが新たに目的として掲げられたのだ。たとえば、職人や徒弟が勤務時間内に訪問、散歩などの目的で職場を離れることを禁じる法令は、多くの地域に共通して確認されている。また、マリア・テレジアの政府の例にみるように、職場ぐるみの飲酒や奢り合いなど、人々に労働中断の口実を与えていたさまざまな伝統的慣習を、法をもって廃止しようとする試みもみられた。さらに、かつては平均して二〜三時間におよんで労働時間を分断し、当時の少ない睡眠時間を補う可能性をも提供した昼休みもまた、地域や職種を問わず、最低限の食事時間へと短縮される傾向にあった。

こうして、合理的収益性の追求を旨とする新規の価値基準によって労働が「純化」されたとき、かつてこれと並ぶ人間の二大義務のひとつとして重視された信仰行為も、もはや仕事の進行を途絶えさせる理由にはならなくなった。早朝、いちど職場に集った仲間が皆で教会に向かう慣習が消滅したことは、ハンブルクをはじめ、多くの都市教会で、早朝の礼拝および説教が相次いで廃止されている事実からも明らかである。また、カトリック圏でも、巡礼のために毎年、数日から数週間にわたり仕事を休むという古くからの仕来りが改められたほか、一時は年間八〇日以上にも及んだ「聖なる祝日」を大幅に削減し、これら安息日を新たに労働日として定着させる政策が導入されている。

このようにして各地で確実に進行していった労働の効率化は、人々にとっての「起きている時間帯」を覆いつくしながら、信仰も含めた非労働行為とまったく区分けされることなく緩慢に流れていた前近代の「労働時間」を、根本から改変させた。それはいまや、労働という独立した行動目的のために確保されたブロックとなり、どの職種においても、始業・終業は時刻によって正確に規定されるようになった。こうして区切られた「勤務時間」のなかでは、労働にかかわりのない諸要素は悉く排除され、人々はひたすら倦むことなく働くことを求められたのである。

「非労働時間」への注目

労働時間が独立した時間ブロックとしてはっきりと画され、人々の労働の質がしだいに密度を増す一方で、その過程において労働の領域から厳しく締め出された非労働行為が、まもなく知識人や官僚の議論の俎上に載せられるようになった。当時、「全的な家」が徐々に崩壊するとともに、郊外邸宅や、また、都市の住居においてすら、家族の居間やサロンのような、労働世界からほぼ完全に切り離された場所が次々と生まれつつあった。そして、効率性と勤勉を強く求めた新たな労働倫理に相対すべき理想として、労働時間外にこれらの場所で過ごされる「非労働時間」をいかにして活用するかが、人々の関心を集めたのである。

労働と非労働との空間的・時間的分離にともない、「非労働時間」を「余暇」とみなし、これを人間の精神的成長にとって必須の前提条件として強調したのは、啓蒙主義の思想家たちであった。たとえばルソーは『エミール』のなかで、「自由時間」の確保を人間教育の基礎として位置づけている。またドイツではカントが、「人間がその理性を批判的・公的に行使するためには、職業生活の外側に、一切の制限を受けない自由な領域をもつことが必要である」と述べた。さらに、同じ時期にゲーテもまた、市民生活における「自由時間」の重要性を主張し、余暇において芸術に親しむことを通じてこそ、市民は、身分制度が定めた血統による貴族をはるかに越えた、「高貴なひと」となるのだと説いている。

これら啓蒙主義の理想を受けて、「余暇」の時間を労働時間と等しい価値をもつ独立したブロックとして、生活サイクルのなかに画そうと努めたのは、まず、都市住民の上層部を構成する富裕な商人や知識人たちであった。彼らの間では、従来、労働時間のただ中に、あるいは、休憩や祝祭など、あくまで労働を細切れに分断する時空のなかで実現されたさまざまな行為が、いまや余暇という新たな枠組の内がわに、労働と同じように集中化・純化された形で営まれるようになった。しかも、ここで展開されたのは、語学や音楽の稽古、読書、書き物など、思想家たちが強調した「精神的成長」と直接関連する啓蒙的・教育的諸行為には限られなかった。家族や友人との寛いだ談話、茶やコーヒーなど嗜好品の賞味、郊外でのピクニックなど、余暇はやがて、五感を楽しませ、集中的な労働で疲弊した肉体と精神を癒すための、変化に富んだプログラムによって埋めつくされていく。「享楽」と「精神的修養」の両立という、新しい時代の余暇と娯楽の理想は、このようにして、啓蒙主義を実際の生活に実践しようとした上流市民たちの暮らしのなかで、現実の行動パターンを通じて醸成されていったにほかならない。

だが、この余暇の理想は、文字を解して自在に読書に親しみ、また郊外に邸宅を所有するような少数の上層住民グループだけをその受け手として想定していたわけではないのである。たとえば、人民の教育および生活改革を、国政の合理化・近代化にとっての必須の課題とみたオーストリア官房学者のグループは、マリア・テレジア即位（一七四〇年）以来、約半世紀にわたり、庶民の余暇と娯楽の問題について活発な議論を展開し続けた。労働の効率化を希求する一方で、彼らは、すべての職業グループにおいて「非労働時間」のブロックを確保し、ここに労働の時空から排除されたあらゆる「楽しみ」の代償を与えなければならないと考えたのだ。かつてウィーンの街では、教会の御練が街路を通るたびごと、見せ物の触れ込みが声を上げるたびごとに、人々は店や工房を離れて見物に飛び出していた。こうした労働の中断を規制するかぎりは、この放埓な気晴らし、偶発的な楽しみに代わるべき新しい娯楽の形を提唱し、定着させる必要がある。こうして、首都ウィーンの官僚グループは、労働を妨げることなく人々を十分に満足させ、同時に彼らの精神的成長を促し、さらに、明日への労働意欲をかき立てるような「余暇形式」を模索したのであった。

十八世紀後半のウィーンで、緑滴る広大な御料地が相次いで公共緑地として開放されたのは、たんに、生活環境が悪化した首都の生活にたいする、公共衛生的な効果だけを期待した政策ではなかった。その背景には、すべての都市住民が仕事を終えたあとの時間に毎日のように訪れ、労働から切り離されて心ゆくまで楽しむための「余暇の場」を設けるという、より深い意図が存在したのだ。露店や野外カフェで賑わう緑地公園を散策するという新しい余暇の行動規範が広く受容されることによってはじめて、古い時間概念や非効率的な労働パターンと分かちがたく結びついた、旧来の娯楽習慣や仕来りの根絶が可能になるはずであった。

かつて労働行為との明確な境界をもたなかった人々の「楽しみ」は、このようにして、労働世界から空間的、時間的に画されたステージで、独立した行動目的として営まれるようになった。啓蒙主義的な諸政策の導入や「全的な家」の崩壊は、これら新たな余暇と娯楽の形式を、徐々にではあるが、あらゆる階層と職業グループへと浸透させたのである。

夜の生活と余暇の場——近代的生活様式へ

ハンブルクでいち早く近代的余暇の先駆と呼びうる行動パターンを実践した商家の人々が、十八世紀の百年間に体験した生活サイクルの著しい変化は、労働と娯楽の時間的分離の過程をきわめて明快に説明する事例とみていいだろう。起床・礼拝ののち始業までに数時間の空き時間をもち、また、三時間にもおよぶ昼休みを楽しむというかつての暮らしが、世紀後半になると、徐々に変化を見せはじめたのであった。他の職種と同様、長い昼休みが短縮されたことは、いうまでもない。同時に、早朝礼拝の衰微にともなって、やがて、出勤前の時間を仕事以外の行為に費やすという習慣もまた、徐々にみられなくなった。だが、かつて祈りのほか、読書や談話、時には散策や舟遊びをして過ごした「朝の余暇」の放棄が、実際には、終業後、深夜まで夜更かしして楽しむという、新しい行動パターンと連動して起こっていたことを看過してはならない。すなわち、ここで進行していたのは、信仰行為や労働の合間に散在した「娯楽の時間」を、独立した大きな時間のブロックにまとめ、夕方および夜へと移行させるという現象にほかならなかった。世紀初頭と比して、人々の生活時間は、確実により遅い時間帯へと繰り下がっていたのである。

上層市民の家庭が夕刻以降、客間を開放して友人や知人をもてなすという、夜間のサロン活動が流行したハンブルクでは、当時、「昼は仕事に勤しみ、夜は客を招く」という句が、生活標語として謳われたという。ここに読み取れるものは、まさしく、日中を活動時間、日没後を静寂の時間として二分した前近代の時間概念と鮮やかな対照をなす、新しい昼夜のコントラストである。人間の行動目的を基準として、昼を労働の時間、夜を寛ぎと享楽の時間とみなす新たな「時間区分」は、「全的な家」の崩壊と職住空間の分離、労働効率化と余暇の誕生など、日常史におけるさまざまな変革と連動しながら進行した、生活時間の合理化を鮮明に象徴するのだ。かつて都市の時空を明確に区切った市門の役割が無意味化したとき、決定的要因として働いたのもまた、「楽しむための時間」が夜に集中し、人々の活動時間が日没後からさらに深夜へと拡大していくプロセスにほかならなかった。

自然科学と啓蒙哲学に基づく新しい理想と価値観を受け容れた十八世紀の都市では、古くからの社会制度や慣習がしだいに消滅する一方、これに代わる新たな行動規範と生活パターンが編み出され、伝播していった。そして、夕方から夜更けまで繰り広げられる豊かな余暇活動は、都市生活を、地方における伝統的な生活パターンから画然と分ちつつ、これを根本から特徴づけるものであったに違いない。誰にもひとしく提供された多種多様の「余暇の場」は、急速に進歩した照明技術を通じて眩しく彩られ、やがて、漆黒の闇夜から解放された輝かしい不夜城としての、新しい都市のイメージを作り上げていくのである。

ヨーロッパ各地の新聞・雑誌を備え、人々を活発な議論へと誘ったカフェ。職人や手工業者など、集団的な行動様式を遅くまで維持した階層にたいして、新しい余暇パターンへの移行の場を作った遊戯場や体育館。また、上層の人々にとって、洗練された新しい交際のスタイルを形成するためのステージとなったカジノとクラブハウス。これら「余暇の場」はいずれも、新たな知識や技術の獲得、自己修養と広い人的交流の可能性と同時に、共同体的な連携と義務から独立した、純粋な「世俗の享楽」を、人々に惜しみなく与えることになった。そこにはまさしく、合理的価値観、実利と効率性を生活信条としながら、その一方で、人類の無限の進歩を確信し、生きることの現世的な喜びを飽きることなく追究しようとした、十八世紀の「新しい都市」の心性そのものがはっきりと映し出されている。

これらの「都市的生活様式」が、その後、十九世紀から二十世紀にかけ、急速に進行する都市化現象とテクノロジーの発展を通じて、郊外部から周辺の集落へ、さらにその外側の農村部へと受容範囲を拡大していく過程については、本章で詳述することはできない。だが、十八世紀という、まさしく社会と文化の「推移の時代」のなかで、新たに形成された時間概念と労働倫理、余暇と娯楽の行動様式が、その後十九・二十世紀からいまへと引き継がれた現代的生活パターンの原点となっていることを、ここで改めて強調しておきたい。一七八九年夏、パリの街に響き渡った砲声が、ドイツを含めヨーロッパの政治史の流れに激変をもたらす以前に、日常史の舞台は、すでに近代へと向けて確実に場面転換をとげようとしていたのだ。

参考文献

エンゲルハルト・ヴァイグル、三島憲一他訳『啓蒙の都市周遊』岩波書店、一九九七年。

ウルリヒ・イム・ホーフ、成瀬治訳『啓蒙のヨーロッパ』平凡社、一九九八年。

ペーター・ラーンシュタイン、上西川原章訳『ゲーテ時代の生活と日常――証言と報告一七五〇－一八〇五年』法政大学出版局、一九九六年。

マックス・フォン・ベーン、飯塚信雄他訳『ドイツ十八世紀の文化と社会』三修社、二〇〇一年。

W・H・ブリュフォード、上西川原章訳『十八世紀のドイツ――ゲーテ時代の社会的背景』三修社、二〇〇一年。

山之内克子『啓蒙都市ウィーン』山川出版社、二〇〇三年。

山之内克子『ハプスブルクの文化革命』講談社、二〇〇五年。

Wolfgang Nahrstedt, *Die Entstehung der Freizeit. Dargestellt am Beispiel Hamburgs. Ein Beitrag zur Strukturgeschichte und zur strukturgeschichtlichen Grundlegung der Freizeitpädagogik*, Göttingen 1972.

Gerhard Tanzer, *Spectacle müssen seyn. Die Freizeit der Wiener im 18. Jahrhundert*, Wien 1992.

Anne-Charlott Trepp, *Sanfte Männlichkeit und Selbständige Weiblichkeit. Frauen und Männer im Hamburger Bürgertum zwischen 1770 und 1840*, Göttingen 1996.

（山之内克子）

事例研究1　十六世紀ケルンの祝祭と宴会―近世都市の人間関係と名誉

中世以来、都市の社会生活は、集団によって規定されていた。すべての市民は、市壁に囲まれた空間で一緒に生活する、都市共同体の構成員であった。そればかりではない。市民は生まれた瞬間から、家族という集団の一員となり、教会での洗礼を通じて教区共同体に加入した。やがて彼らは、出自や職業に応じて、門閥結社や同職組合に所属する。団体や共同体の人間関係の外に身を置いて、市民がまっとうな生活を営むことはできない。したがって、祝祭や宴会などの集団的な娯楽と社交は、単なる余暇や気晴らし以上の意義をもっていた。そして、こうした場面での市民の行動は、名誉に対する彼らの意識によって規定された。本事例研究では、十六世紀ケルンの事例を取り上げ、近世都市の祝祭と宴会の様子を明らかにするとともに、名誉をめぐる市民の心性のありようを論じたい。

都市の祝祭

聖俗の祝日には、都市を舞台として、野外劇や行列、競技、ダンスなどの催しが行われた。ケルンの年代記作者ヘルマン・ヴァインスベルク（一五一八－一五九七年）は、一五八九年五月二五日、ケルンの伝統行事「森への行進」（Holzfahrt）の様子を回想し、記述した。以下はその一部である。

「かつて仕立て屋は、毎年の喜び呼ばわれの主日（復活祭後の第三日曜日）、その他の組合はそれ以降の日から、聖霊降臨祭後の月曜日にかけて、塔に据えられたオウムを新市場から射た。そしてその間、組合が、あるときは大勢で、あるときは少数で、笛と太鼓を伴って市内を練り歩くのが見られた。組合は、煌びやかな装いを競い合い、美しく着飾って、赤、黒、グレー、黄、緑、白と異なった色を身につけたので、どれがどの組合か区別できるのだった。聖霊降臨祭後の火曜日、組合はそれぞれに、ヴァイエル門を通ってズルツの林へと、甲冑に身を固め、長槍をもって行進した。どの組合の行列の前でも、彼らの旗が翻り、王様が銀製のオウムを胸の前に下げていた。水曜日には組合は旗を掲げて、聖ゲレオン広場まで赴き、そこで閲兵式を行った。森への行進の日には、彼らはそれぞれオッセンドルフの森へと向かい、そこで秩序正しく整列した後、五列縦隊になって、甲冑を着て、旗を掲げながら、（市北端の）アイゲルシュタイン地区まで戻ってきた。およそ一〇〇人の市民が馬に乗って、彼らの前を行進し、坊主の門を通って、旧市場から千草市場へと練り歩き、そこで閲兵式を行った。その後、旗を掲げてガッフェルの集会所に向かい、晩には酒盛りをしたのである。」（カッコ内著者）

聖霊降臨祭後の木曜日、ケルン市民は「森への行進」を行った。ヴァインスベルクの同時代人たちは、この祝祭が、ケルンを包囲したローマ皇帝軍に対抗し、知略をもって都市を救った伝説の英雄、マルシリウスの偉業を記念するものと信じていた。しかし現在では、この祝祭は、全ヨーロッパ的な伝統行事「五月祭」の一種であると考えられている。

都市で市民誓約を行った全ての者、すなわち市民は、都市法の保護の下で等しく権利を享受し、ともに納税や軍役などの義務を担う仲間である。「森への行進」は、先祖の武勇という共通の「記憶」に基づき、非日常的な雰囲気のなかで、都市共同体の一体感を活性化させた。

しかし、市民たちの日常にとっては、都市共同体全体の結束よりも、隣人同士や仲間団体でのつきあいの方が、身近な出来事であったことも確かである。都市共同体の人間関係は、集団を単位として分節化されていた。この状況を反映して、「森への行進」も、「組合」を単位として組織された。この「組合」とは、一三九六年九月一四日の市制改革にともなって結成された仲間団体ガッフェルである。都市には全部で二二のガッフェルが存在したが、同じガッフェルの仲間たちは、皆で決まった色の衣装を身につけて一致団結し、他のガッフェルに負けじと、その豪華さを競い合った。さらに、都市の有力者たちは、馬に乗って、徒歩の市民の前を行進した。近世都市は、職業、財産、家柄などを基準とする階層的な序列をもつ身分社会であった。行列は、この序列を視覚化し、馬と豪華な甲冑は、有力者の社会的地位の象徴となった。

ヴァインスベルクは、「森への行進」の日の一ヵ月前から開催された、弓競技の様子も伝えている。木製のオウムが市内の塔の頂に据えつけられ、弓の腕に覚えのあるガッフェルの仲間たちが、競ってこの標的を狙った。各ガッフェルでもっとも多くのオウムを射た者は、ガッフェルの「弓の王様」(Schützenkönig)として、銀製のオウム像を吊るした首飾りが授与された。さらに彼らの中でもっとも優秀な成績を収めた者は、都市の「弓の王様」として賞賛された。こうした競技は人々の名誉心を煽り立てたから、競技に熱中するあまり、暴力沙汰が生じることもまれではなかった。ケルンの参事会は、一五二六年四月二三日には「弓競技の間は平静を保つこと」、一五二九年四月三一日には「今年の弓競技では、適切に振舞うこと」を、ガッフェルに警告している。

仲間団体の宴会

ケルンの皮なめし工は、一五一六年五月七日に聖アンナ兄弟団を結成した。その会則によれば、彼らは、毎年七月二五日の聖ヤコブの日に、皮なめし工組合の組合頭を選出し、この新組合頭は、九月二九日の聖ミカエルの日、組合の集会所で宴会を開くべきこととされた。会則は、この日のメニューまで定めている。最初に塩漬けハムと豆のピュレー、続いてパセリとニンジンと塩漬け肉の煮物、メインディッシュはローストチキン、最後にオランダ産のチーズ。テーブルを囲む仲間の前に、これらのご馳走が、次々に運ばれてきた。

ガッフェルは、都市の統治権力である参事会の選出母体であった。参事会は、毎年二回、六月二三日の聖ヨハネの日と一二月二五日のクリスマスに交代したが、その際、二二のガッフェルから、それぞれ一定数の新参事会員が選出された。一五六五年一二月二一日、ガッフェル「シュヴァルツハウス」が、先の年代記作者ヴァインスベルクを参事会員に選出した。この選挙の後、ヴァインスベルクは、宴席を設ける。一次会はガッフェルの集会所、二次会は新参事会員の屋敷で開かれ、ガッフェルの仲間に加え、家族や親しい友人たち、全部で八三人がこれに参加した。費用の総額は、四七グルデン八アルブス（一グルデン＝二四アルブス）。当時の石工や大工の日給（一〇アルブス）の約三ヵ月分が蕩尽された。また、この金額をワインの量に換算すると、当時のワイン価格は、一フィアテル当たり六アルブスであったから、その総量は約一九〇フィアテル。各自が二フィアテルのワインを飲んだことになる（「フィアテル」は液体の容積を表す単位。一フィアテル＝五・六ℓ）。ヴァインスベルクにとって、これは相当の出費であっただろう。もっとも、招待客はそれぞれ彼にご祝儀のワインを贈り、その量は全部で一四九フィアテル（三七グルデン六アルブス相当）になったから、実質的には一〇グルデン程度の出費で済んだ。

仲間団体の活動には、宴会がつき物であった。参加者は同じ団体に所属する仲間、兄弟として、同じ皿の食べ物を分け合った。しかし同時に、宴会は参加者の間の上下関係を顕在化させた。宴会のテーブルの席次は、役職の有無や年功にしたがって決められたが、参加者たちは宴会のテーブルの上席を求めて争った。宴を主催する組合頭や参事会員は、団体の顔役としての地位に相応しい財力と気前の良さを、格下の仲間たちに見せつけた。すでに述べたように、これは財政的に大きな負担となった。一五八八年一二月二一日、ガッフェル「シュヴァルツハウス」が、ヴァインスベルクの仲間の一人を参事会員に選出した。しかし彼は、ワイン価格の高騰のために、慣例の宴会を開くことができなかった。この失態に対し、「われわれのガッフェルの殿方や兄弟たちは、驚き、いぶかしみ、怒りを覚えた」。こうした不名誉を回避するためにも、有力者は気前よく、大盤振る舞いをしなくてはならなかった。

宴会の楽しい雰囲気が、暗転することもあった。アルコールに刺激されると、仲間同士の軽い悪ふざけも、口論、さらには殴り合いへと、あっと言う間にエスカレートした。先の聖アンナ兄弟団は、こうした事態を防ぐべく、宴会の席での不埒な言動を、二グルデンの罰金をもって禁じている。

近世都市における名誉

都市の人間関係においては、名誉が、ちょうど商取引の場における貨幣のように、その者の信用や価値を保証する「象徴資本」として、重要な役割を果たしていた。市民は自らの名誉を維持するために、その社会的地位や立場に相応しく振る舞うように求められた。新任の組合頭や参事会員は、仲間団体の宴会において、彼らがその地位に相応しい人物であることを証明した。名誉という象徴資本は、他者の承認を必要とするものであり、それが具体的に示されていなければ、価値をなさなかった。

名誉を示す記号は、立ち振る舞いだけではない。宴会の参加者がテーブルの席次をめぐって争い、仲間団体が行列の美しさを競い合った理由は、それが個人や集団の名誉の高さを公に知らしめる象徴だからである。仲間団体の会則や参事会の布告によって禁止されているにも関わらず、酒の席での仲間同士の喧嘩や、祝祭の最中の乱闘は、後を絶たなかった。こうした事件の多くは、公の場でのからかいや侮辱に端を発している。侮辱された者は、それによって損なわれた名誉を回復するために、反撃をしなければならなかった。

しかし、名誉はこうした競争や不和の原因であっただけではない。名誉心は、仲間団体や共同体の連帯の原動力であった。市民は、個人の名誉ばかりでなく、彼らの所属する集団や共同体、すなわち「家」や仲間団体、さらには都市の名誉のために貢献することを求められた。手工業者たちにとって、彼らの職業の名誉を守ることは、大きな使命であった。伝統的な職業規範から外れた不名誉な振舞いをした者は、一定の罰を科されるか、はなはだしい場合には、同職組合から排除された。このことは、名誉が彼らの結束にとって、いかに重要であったかを示している。そして都市の名誉は、そこに住む全ての市民が守り、育んでいかなければならないものであった。一三九六年九月一四日の市制改革の成果である「同盟文書」の定めるところにより、ケルンの全ての市民は「われわれの愛する神を賛美し、敬うとともに、都市の名誉と自由を維持する」ことを誓約した。ここで都市の名誉は、神の名誉に等しい価値を与えられている。宴会のご馳走は、主催者の自己顕示欲を満たしただけでなく、仲間団体全体の名誉を象徴した。「森への行進」は、ガッフェルの名誉をめぐる競争の場であったばかりでなく、都市の名誉を讃える壮麗な儀式であった。祝祭や宴会は、市民の名誉心に働きかけることで、都市共同体を統合し、仲間団体などの集団を単位として、身分秩序を確固たるものにした。都市の娯楽や社交は、ときに暴力や対立を伴いながらも、社会の調和に寄与したと言えよう。

祝祭・宴会の衰退

十六世紀後半になると、都市の祝祭は次第に活気を失っていった。ヴァインスベルクが「森への行進」を回想していたとき、この祝祭はすでに過去のものとなりつつあった。彼は以下のように記している。「一五八九年五月二五日、復活祭後の木曜日、今年の森への行進の日は、ケルン戦争（一五八三－一五八九年）の最中にそうであったように、静かであった。ガッフェルはケルン市内で鳥を撃たなかったし、美しい装備を身につけて、森へと向かうこともなかった。ここ数年間の聖霊降臨祭の日、ケルンの内外はとても静かであり、手工業者や徒弟たちは皆、昔のような意欲や喜びをもっていないように思われた。」（カッコ内著者）

仲間団体の宴会についても、同様の傾向を指摘できる。例えば、ヴァインスベルクのガッフェル「シュヴァルツハウス」は、一五九三年四月三日にその集会所を売却した。この事実は、ガッフェル内部の人間関係が弛緩していたことを示している。この年の「シュヴァルツハウス」の参事会選挙は、旧集会所に隣接するアウグスティヌス律修参事会の修道院で行われた。選挙の後に、恒例の宴会が行われたかどうかは、定かでない。しかし、それが往年のそれと同じ雰囲気のものでなかったことは、確かである。

　こうした祝祭と宴会の衰退は、中世から近世への移行期に、都市社会に生じていた、より包括的な変化の一部である。伝統的な市民の行動規範や価値観は、少しずつその意義を喪失していき、十七世紀の社会的な構造転換を準備したのである。

参考文献

イヴ＝マリ・ベルセ、井上幸治監訳『祭りと叛乱』藤原書店、一九九二年。

阿部謹也『中世の窓から』朝日新聞社、一九九三年。

池上俊一『賭博・暴力・社交』講談社、一九九四年。

リヒャルト・ファン・デュルメン、佐藤正樹訳『近世の文化と日常生活　二：村と都市――一六世紀から一八世紀まで』鳥影社、一九九五年。

高津秀之「近世都市ケルンの政治的『対話（Kommunikation）』―祝祭『森への行進（Holzfahrt）』を手がかりとして―」『比較都市史研究』二二―二、二〇〇三年、七―四〇頁。

林毅『ドイツ都市制度史の新研究』敬文堂、二〇〇三年。

エルンスト・シューベルト、藤代幸一訳『名もなき中世人の日常―娯楽と刑罰のはざまで――』（『ヨーロッパ万華鏡』三）八坂書店、二〇〇五年。

Konstantin Höhlbaum (Bearb.), *Das Buch Weinsberg. Kölner Denkwürdigkeiten aus dem 16. Jahrhundert*, Bd. 1/2. Leipzig 1886/87; Friedrich Lau (Bearb.): Bd. 3/4, Bonn 1897/98; Josef Stein (Bearb.), Bd. 5, Bonn 1926.

Josef Klersch, *Volkstum und Volksleben in Köln. Ein Beitrag zur historischen Soziologie der Stadt*, Bd.1. (Beiträge zur kölnischen Geschichte, Sprache, Eigenart 43), Köln 1965.

Manfred Groten (Bearb.), *Beschlüsse des Rates der Stadt Köln,* Bd. 2-5, Düsseldorf 1989-1990; Manfred Huiskes, (Bearb.), *Beschlüsse des Rates der Stadt Köln,* Bd. 1, Düsseldorf 1990.

Klaus Militzer (Bearb.), *Quellen zur Geschichte der Kölner Laienbruderschaften vom 12. Jahrhundert bis 1562/63,* Bd. 1/2/3/4, Duesseldorf 1997/98/99/2000.

（高津秀之）

事例研究2　十六〜十七世紀ドイツのメディアと公論

宗教改革とドイツ語印刷物による〈公論〉の形成

十五世紀後半から十六世紀前半にかけてのドイツ語圏の社会では、メディアと公論（世論）のありかたが劇的な変化を遂げた。その一連の変化の端緒となったのは、十五世紀半ばの《活版印刷術の実用化》という出来事である。それまでの中世のヨーロッパでは、書籍の生産は基本的に《手写《しゅしゃ》（人の手で文字や絵を書き写すこと）》によって行われていたために、書籍はとてつもなく高価で希少な代物であり、それはとうていマス・コミュニケーションの手段にはなりえなかった。ところが、一四五〇年頃にヨハネス・グーテンベルクが開発した《平圧式の活版印刷機》の普及によって、短時間に大量の部数の活字媒体を印刷することが可能となり、そうした印刷機を備えた印刷所が、十五世紀後半にドイツ語圏のおもだった司教都市や大学都市に続々と設立された。さらに、それと並行して進行した《紙の価格の値下がり》が、活版印刷物の普及に拍車をかけた。これによってはじめて、大量の活字情報を不特定多数の受け手に向けて素早く発信できる情報環境がドイツに生み出されたのである。

そして、このような新しい情報環境を基盤にしながらドイツ語圏全域に大きな公論のうねりを巻き起こす出来事が一五一〇年代に起こってくる。それは、神学者マルティン・ルターによって開始された宗教改革の運動である。ルターを始めとする宗教改革者たちは、聖書の記述を拠り所にしながら《ローマ・カトリック教会の伝統的権威》に激しい批判を浴びせたが（第2章事例研究2を参照）、彼らは、そうした自分たちの神学的主張を社会のなかの広い範囲の人々の間に行き渡らせるために、さまざまな都市の印刷業者と連携し合いながら、夥しい種類の印刷物を矢継ぎ早に刊行し、それらを大量に流通させていった。そしてこのような情報宣伝活動を成功に導く大きな要因となったのが、ドイツ語による出版活動である。それまでの中世のヨーロッパでは、神学にかかわる著作は社会のなかのごく一握りの学識者や聖職者だけが理解できるラテン語を用いて著されるのが普通であり、教会の屋台骨を揺るがしかねない深刻な神学論争が《ラテン語を理解できない多くの人々》の目から遠ざけられていることは、ローマ・カトリック教会の権威の安定化にもつながった。ところが宗教改革者たちは、そうした中世的慣行に背を向けるように、ラテン語の著作だけでなく、ドイツ語圏の人々にとっての日常の言語（民衆語）であるドイツ語で数多くの神学的著作を出版した。そして彼らは、ドイツ語訳の聖書を刊行し、ドイツ語の印刷物によって教皇や高位聖職者の権威に批判を加えた。つまり、それまでラテン語という言語のヴェールによって覆い隠されてきた《教会のさまざまな矛盾や欺瞞》が、大量のドイツ語印刷物を通して、いまや突如、世の人々の目の前に暴き出されたのである。宗教改革の印刷物は先を争って買い求められ、ドイツ語圏の各地の聖職者・学識者や地域の有力者ばかりでなく、手工業者や零細な商人や農民までが宗教改革をめぐる議論の渦に加わった。ドイツで宗教改革運動が始まった一五一七年から、運動が最初のピークを迎える一五二三年までの間に、ドイツ語印刷物の年間出版点数は約一〇倍にも膨れあがる。宗教改革の運動は、ドイツ語圏の社会全体を巻き込んだ《巨大な公論の場》を成立させたのだ。

だが、一人一人の読み手が分厚い書籍を目の前に置いて熟読吟味しているような光景をイメージしてしまうと、この時代の公論のありかたの実像を見誤ることになる。たしかに、中世の頃に比べれば書籍の価格は大幅に安くなってはいたものの、当時としてはもっとも低価格な書籍であった（ルターによるドイツ語訳の）『新約聖書』ですら、当時の女中の年収に相当する値段であり、そうした書籍を実際に購入できるのは、比較的裕福な人間に限られていた。それに加えて、ドイツ語の文章を自分で読む能力（識字能力）を身につけていたのは、おそらく当時のドイツの全人口のうちのわずか五％程度の人々であり、九割以上の人々は自分では文字を読むことができなかったのである。しばしば指摘されるように、「一般信徒による聖書の読書」と「学校での読み書き能力の育成」を重視する宗教改革者たちの活動は、長期的にはドイツ語圏の社会に《識字率の上昇》の流れを作り出したが、このような変化は、一五三〇年代以降に、《宗教改革の結果》として引き起こされたものであった。そして、宗教改革が勃発・拡大した一五一〇年代～一五二〇年代の段階では、ドイツ語圏の識字率はいまだ低い状態にとどまっていた。それでは、宗教改革運動のなかで流布された印刷物は、いったいどのような情報伝達のメカニズムを通して当時の社会に影響を及ぼすことができたのだろうか。

印刷メディアと都市の口頭《オーラル》伝達的な文化

宗教改革の時代の公論形成において重要な役割を演じたのは、《長い年月にわたって所蔵され閲覧されること》を前提とした「高価な書籍」ではなく、この時代に急速に普及し始めた「パンフレット（Flugschrift）」や「ビラ（Flugblatt）」のような、比較的安価で手軽な印刷物だった。「パンフレット」とは、主に《時事的話題》や《論争》について同時代人の意見・態度・行動に影響を及ぼすことを意図して制作された「仮綴じの複数頁の印刷物」であり、「ビラ」とは、「一枚の大型用紙の片面に木版画と活字を刷っただけの印刷物」だが、宗教改革者たちは、《そのつど読み捨てられること》を前提としたこのようなタイプの印刷物を情報宣伝の手段として大量に利用することによって、幅広い社会層の人々を自分たちの陣営に取り込むことに成功したのだ。

そして「パンフレット」や「ビラ」のような情報媒体とともに、もうひとつ、この時代の公論形成を促す重要な要因になったのが、「読み聞かせ」という情報伝達の方法である。前に述べたように、この時代のドイツの九割以上の人々は自分では文字を読むことができなかったし、多くの印刷物を実際に購入することができたのは、比較的裕福な人々だけだった。だが、宗教改革者たちが刊行した印刷物の内容は、《文字の読める人間》

が大勢の人々の面前でそれを声に出して読み上げることによって、《文字の読めない人々》や《それらの印刷物を自分では購入できない貧しい人々》の間にも伝わったのである。それらの印刷物は、たとえば教会での説教の場や、人々がたくさん集まる都市の広場や街路や居酒屋（飲食店）、さらにまた、集会や宴会の場にまで持ち出され、大声で読み上げられ、議論の種にされた。宗教改革者たちの印刷物の多くがラテン語ではなく人々の日常の言語であるドイツ語によって記されていたことも、こうした「読み聞かせ」を容易にした。それに加えて、宗教改革の情報宣伝のなかでは、「歌」もまた、重要な情報伝達の手段となった。宗教改革者たちは、自分たちの神学的メッセージや敵への揶揄を織り込んださまざまな「歌」――その多くは替え歌の手法に基づくもの――をパンフレットやビラに印刷して流布させたが、それらの「歌」は声に出して歌われ、暗唱され、口づてに広まることによって、強力な伝播力を発揮したのである。そしてまた、こうした情報宣伝の主な媒体となった「ビラ」は、その大型片面刷りという形状ゆえに、「ポスター（掲示物）」としても使用することができた。宗教改革のビラは、しばしば都市の市門や居酒屋の壁に張り出され、ビラに記された文章《テキスト》は、その文章の上に描かれた木版画の画像《イメージ》とともに、不特定多数の人々の目に晒されたのであった。

このように宗教改革の運動は、《ドイツ語のパンフレットやビラなどの（民衆語と木版画を用いた）印刷メディア》と《読み聞かせ・説教・歌唱・掲示などの口頭伝達的《オーラル》で局所的《ローカル》なコミュニケーション手段》を連動させることによって、ドイツ語圏全域にまたがる、しかも幅広い社会層の人々を取り込んだ巨大な公論を作り出すことに成功した。そしてこのことは、宗教改革運動がドイツ語圏の数多くの都市を運動の拠点にしていたことと無関係ではない。なぜなら、十六世紀のドイツ語圏の諸都市は、印刷業者たちの活動拠点であると同時に、《広場や街路や居酒屋での集団的な交流》を尊ぶ中世的な市民文化が色濃く残る地域でもあったからだ（第3章事例研究1を参照）。だが、そのようにして宗教改革者たちが彼らの宣伝活動を《都市共同体のオーラルなコミュニケーション様式》に適応させていったことはまた、《活字テキストによる正確な思想伝達》という宗教改革者たちの本来の意図をしばしば骨抜きにしてしまう結果をもたらした。というのも、さまざまな人々が集う賑やかな都市空間において《宗教改革者たちの著したテキスト》が断片的に読み上げられ、話題にされ、口づてに広まってゆく過程で、テキストの本来の意味内容はしばしば薄められ、その内容は《それぞれの社会集団の思惑》や《地域の伝統的観念》に適うような内容へと読み替えられていったからである。そしてまた、宗教改革の宣伝活動のなかで「教皇や高位聖職者をグロテスクな動物・怪物・悪魔の姿に描いた絵入りビラ」や「カトリック勢力の陰謀をセンセーショナルに告発する歌」が数多く出回ったことからもうかがえるように、宗教改革運動の拡大は、こうした情報媒体によってカトリックの教皇や高位聖職者をあしざまに弾劾し、こき下ろし、笑いのめす、そのエネルギーによっても支えられていた。宗教改革を通じてドイツ語圏の社会のなかに形作られた《公論》は、きわめてアジテーション的で闘争的な性格を備えていたのだ。

〈プロパガンダ〉から〈私的コミュニケーション〉へ

一五三〇年代に入ると、宗教改革を受容した地域では、政治的支配者たちが《プロテスタント的な教会制度を柱とする新しい社会秩序の建設》に力を注ぐようになってゆく。そしてこの頃になると、一五二〇年代に見られたような、宗教改革運動と幅広い社会層の人々の間のダイナミックで有機的な結びつきは次第に失われていった。プロテスタント地域の神学者や聖職者たちは、《読み書き能力と大学教育を前提とする学識文化》の枠を作り上げ、《読み書きのできない多くの人々の文化圏》からはっきりと袂《たもと》を分かっていったのだ。だが、それにもかかわらず、初期の宗教改革運動のなかで形作られた《メディアと公論のメカニズム》——印刷メディアとオーラルなコミュニケーションの連動による大規模で闘争的な公論形成のメカニズム——は、その後も十七世紀に至るまで、ドイツの社会に大きな力を及ぼし続けた。そして、そうした公論形成のメカニズムにエネルギーを充填し続ける機能を果たしたのが、この時代のドイツで吹き荒れた《宗派対立と宗教紛争の嵐》だった。

十六世紀も半ばを過ぎると、ドイツでは《プロテスタントとカトリックの間の宗派的な対立構造》が固定化してゆくが、この時期になると、今度はプロテスタント勢力の内部でもさまざまな《宗教的・神学的対立》があらわになり、ドイツの社会は、神学者どうしの激しい論争と対立、さらにそれにともなう社会紛争によって引き裂かれてゆく。そして、この時代の宗派対立と宗教紛争にしばしば火種を与えたのが、宗教改革期に形作られた《メディアと公論のメカニズム》だった。この時代の一部のプロテスタント神学者たちは、自分と異なる神学的主張の人間に対しては、それが同じプロテスタント陣営の人間や同じ都市の人間、あるいは政治的支配者であっても、容赦のない《言葉による攻撃》を浴びせかけた。そしてそうした闘争のなかで彼らは、宗教改革時代に確立されたプロパガンダの手法――「ドイツ語のパンフレットやビラ」と「読み聞かせ」「説教」「歌唱」「掲示」などを組み合わせた公論形成の手法――をそっくりそのまま投入した。それらの情報媒体によって媒介される非難・嘲笑・猜疑の声は、しばしば各地に野火《のび》のように広まり、ひとつの都市の内部に、あるいは各地の支配者の間に、新たな対立を作り出した。各地の支配者たちは、「社会秩序の維持」を理由にこうした神学者たちの言論活動に介入し、さまざまな情報媒体への統制を強めていったが、当時のドイツの政治的分立構造ゆえに、情報の流布を完全に封じ込めることはできなかった。次第に強まってゆく《メディア統制》と、社会のなかにときおり野火のように広まる《宗教的なプロパガンダやアジテーション》。これらは、十七世紀末に至るまで、ドイツにおけるメディアと公論のありかたを規定する大きな要因となった。

だが、十七世紀の後半に入ると、ドイツ社会の公論のありかたに、少しずつ変化の兆しが現れてくる。その変化の主な担い手となったのは、この時代の都市社会の変容を背景に、一定の教育と読み書き能力を身につけることによって旧来の市民文化から離脱していった《新しいタイプの都市市民たち》だった（第3章を参照）。彼らは、アジテーション的でセンセーショナルな性格を帯びた「パンフレット」「ビラ」「歌」よりも、「信心書」

「道徳週刊誌」「定期刊行新聞」のような人格陶冶《じんかくとうや》と知識の増進に役立つ文書を好み、《広場や街路や居酒屋での集団的な交流》よりも、《私邸での読書や個人的交流》、あるいは《手紙による遠方の知人との交流》を重視した。さらに、このような都市市民層の支持を集めるようになっていった敬虔主義《ピエティスムス》の宗教運動では、「神学論争や政治紛争につながるテーマ・話題」を避けて、もっぱら「心の内面の涵養」と「よりよい生き方の追求」のためだけの読書・討論を行うことが奨励された。こうした変化のなかには、《プロパガンダと社会紛争とメディア統制の連鎖》に彩られたそれまでの公論のメカニズムからの退避・撤退の動き、そして《私的空間での読書と対話による人格形成》を標榜する新しい市民的理念の台頭の気配が見てとれる。そしてそれはまた、(二十世紀に至るまで、ドイツの文化にさまざまな光と影をもたらすことになる)「教養《ビルドゥンク》の理念」の形成へとつながる変化でもあったのだ。

(蝶野立彦)

参考文献

ロルフ・エンゲルジング、中川勇治訳『文盲と読書の社会史』思索社、一九八五年。

エリザベス・L・アイゼンステイン、別宮貞徳監訳『印刷革命』みすず書房、一九八七年。

森田安一『ルターの首引き猫——木版画で読む宗教改革』山川出版社、一九九三年。

永田諒一『宗教改革の真実——カトリックとプロテスタントの社会史』講談社、二〇〇四年。

蝶野立彦「近世ドイツにおける神学者の権力と《言説・メディアの力》」井内敏夫編『ヨーロッパ史のなかのエリート——生成・機能・限界』太陽出版、二〇〇七年。

事例研究3　楡と菩提樹の葉陰に――啓蒙の舞台としての郊外庭園

啓蒙主義の自然観と新しい庭の理想

「……わたしはあんなに広い、あんなに贅沢に飾り立てられた土地には、持ち主の虚栄心と造園家の虚栄心しか認めません。彼らはいつも見せびらかすことに熱心で……、（庭園を）楽しもうと思う者に対して多大の費用をかけて退屈を拵えているのです。人間には適しない壮大さを好む誤った趣味は、人間の快楽を毒するのです」（参考文献1、一四二頁）。

自然の姿を人為を通じて変形し、幾何学的な造形を基軸として構成された伝統的なフランス式庭園を、ジャン・ジャック・ルソーはこうして完膚なきまでに批判した。ルソーの視点が、自然を征服すべき対立者としてみなし、人の手が加わることによってはじめてそこに美と有益性を見出そうとするかつての自然観を反省し、新たに自然との調和を強く求めた十八世紀啓蒙主義の思潮を代表するものであったことは、改めて指摘するまでもない。

新しい自然観の伝播と受容は、ヨーロッパの庭園史に未曾有の転換点を標しづけることになる。すなわち、バロック時代に一世を風靡したフランス庭園がここでたちまち流行遅れとなり、批判の矢面に立たされる一方で、自然の妙を模し、天然の景観と境界を交えようとするイギリス式風景庭園が、ドイツを含め、各地で新たに大ブームを巻き起こしたのだ。

だが、風景庭園の普及とともに広まり、その後十九世紀へと引き継がれた「新しい庭の文化」は、たんに造園様式上のレベルにとどまるものではなかった。自然に対するまなざしの変化にともなって、人々の庭とのかかわり方、庭という、いわば「人為によって整えられ、囲われた自然の空間」における営みもまた、確実に変容をとげていたのである。

かつて君主や貴族が丹精込めて構築したフランス式幾何学園は、まず何よりも、支配者層がみずからの権勢をアピールするための、豪華な祝祭の舞台としての役割を担っていた。ハプスブルク家を筆頭に、名家が贅を尽くした庭園で繰り広げる園遊会や野外舞踏会のありさまについては、銅版画や各種の手記を通じてうかがい知ることができる。そして、ドイツにおいて、伝統的なフランス式庭園の規範が一義的な意味をもちえなくなった最初の因由は、時代とともに施主たちが、庭のなかにこれら宮廷祝祭のような顕示的・公的な営みではなく、むしろ親密かつ日常的な「楽しみ」を求めるようになるという、嗜好の転換にあったのだ。また、当時の造園計画の多くが、用地の点でも、長い軸線を中心に広大な敷地を要した幾何学園にはそぐわなかったという事情も指摘されている。

壮麗なバロック式庭園から、心地よい癒しの小園へ。造園をめぐる流行の推移の背景には、実際には、その所有者層のあいだの著しい構造変化が存在した。庭園施主の社会グループは、このとき、君主と宮廷貴族、高位聖職者、あるいは都市名門貴族など、限られた一部の階層から、富裕な商人、銀行家、高級官僚、知識人へと確実に拡大しつつあった。かつては権力の象徴であった庭園が、いまや、都市の上・中流層にとってごく身近な存在となったことは、当時発行された多種多様な造園ハンドブック、そして造園・園芸を専門に扱う定期刊行物の大量出版からも推知されるところである。

所有者層の広がりとともに、庭園の数も爆発的に増大していた。たとえば、郷土ベルリンの都市描写を試みた文筆家フリードリヒ・ニコライは、一七六七年には、市内の本格的な庭園としてわずか二つの植物園を挙げているに過ぎない。ところが、一七八六年、新版の編纂に取りかかったとき、都市と郊外の庭園をすべて数え上げることは、すでに筆者の能力をはるかに超える課題となっていた。ニコライは結局、地区ごとの分類を試みながら、庭園紹介に数十頁を費やすことになる。十八世紀後半のドイツにおける庭園ブームの凄まじさが、ここに鮮やかに投影されているといえるだろう。

美学と理性の融合

かつてフランスの造園術をドイツに導入した伝統的支配階層に代わって、こうして新たに庭園文化の発展を担おうとした人々は、庭という空間のなかに、いかなる理想を描き出そうとしたのだろうか。一七七九年に刊行され、間もなくドイツ語圏の庭園愛好家にとってのバイブルとなった『庭園芸術の理論』の著者、クリスティアン・C・L・ヒルシュフェルトの理念は、こうした問いかけにひとつの重要な手がかりを与えてくれる。ヒルシュフェルトはまず庭園を、「人間が自然の長所と愉楽をもっとも理想的な形で味わえる場所」として定義した。なぜなら、これら自然本来の要素はここで、「人間の理性と良き趣味」によって、また、「文化の魅力」を通じて、より高次へと高められるはずだからだという。

「理性」と「よき趣味」は、まさしく「新しい庭の文化」を根本から規定した、重要なキーワードにほかならない。施主たちはここで、一方では、みずからの「よき趣味」を通じて、自然と融合した形での新たな「庭園の美」を追求しようとした。ヒルシュフェルトも推奨したように、山並や渓谷等、天然の背景を計算に入れながら、樹木や潅木、小道を巧みに配置する景観構成は、当時の造園作業の基礎とみられていた。

だが、新しい庭園では、これらの美的要素と並んで、人間がつねに求めるべき理想として、実利性と合理性にも配慮がなされなければならなかった。当時、デッサウのヴェルリッツ庭園が、造園家や施主の熱烈な支持を集めた理由も、この点にあったのだ。アンハルト＝デッサウ侯レオポルト三世が構築したこの「庭園王国《ガルテンライヒ》」は、本格的なイギリス式風景庭園とともに、果樹園、穀物畑、放牧地を配し、造園芸術と合理的経営とを見事なまでに融合させてみせた。各地で庭園施主の中心を占めた新興エリート層にとって、庭とは、単純に美麗な景観を提供するだけでは十分ではなかった。それは同時に、農業や栽培法に関する新たな知見を開くことで、彼らの「理性」に強く訴えかけなければならなかった。

「メディア」としての園芸

ドイツ諸都市の郊外部に雨後の筍のごとく続々と建設された庭園では、こうした理想から、その一角に果樹園や菜園を備え、実用栽培を営むことがほぼ定形となっていた。富裕な施主はさらに園内に温室をしつらえ、外国産の珍しい植物を栽培し、花の苗や球根を育てた。とはいえ、デッサウの君主が範を示したように、これらを本格的な経営として成立させるケースはむしろ稀であった。珍種の種や球根は投機の対象となりえたし、実際、十八世紀以前にも、チューリップやアネモネの球根が時として異常なまでの高値を引き起こしたことは、周知の事実である。しかし、多くの庭園所有者は、現実には、花や作物に経済的利潤を追求するというよりはむしろ、文献にしたがってその種目を分類し、成長を観察しながら適切な栽培法を探ることに専念したのであった。

このように、みずからの庭園を一種の実験場として、花卉や果実に関する知識を豊富に蓄積していくことは、当時の人々にとって、急速に体系化が進行しつつあった学問、とりわけ自然科学に親しむための、もっとも身近で容易な手段にほかならなかった。上・中流層における個人庭園の普及とともにますます熱を帯びた園芸ブームの背景に作用していたものは、何よりもまず、十八世紀における植物学の隆盛であった。それはまさに、「理性の時代」における学問の大衆化の一形態として理解するべき現象といえるだろう。

花壇や温室で獲得された知識と経験が、ちょうど当時の科学者が実験結果を報じる書簡を互いに交し合ったように、近隣ばかりでなく、はるか遠隔地の知人・友人へと伝えられたことは、とりわけ興味深い。当時、園芸家や植物愛好家の間では、花や果樹をめぐって膨大な数の手紙がやり取りされていた。それだけではない。人々は、みずから咲かせた花の美しさを筆舌を尽くして描写しながら、種子や球根を互いに交換し、贈り合ったのである。音楽家ゲオルク・フィリップ・テレマンが、イギリス宮廷に仕えたヘンデルをはじめ、ヨーロッパ各地の友人を介して珍種の球根を取り寄せたという逸話は、よく知られている。園芸の知識、さらには種や球根が、ここでは、属地的境界を越えた広いネットワークを開くためのファクターとして機能していたのだ。当時、書籍・印刷物と並んで植物もまた、啓蒙主義的コミュニケーションにおける重要な媒介の役割を果したことを看過してはならない。そして、ナデシコの種を贈られて欣喜雀躍したバッハの妻、アンナ・マグダレーナの事例は、植物を介したこのコミュニケーションの輪が、女性にとってもひとしく開かれていたことを例証しているのである。

新しい社交の場

庭園および園芸に対する愛好心は、全ヨーロッパを網羅するダイナミックな交際を支える一方、それぞれの都市のミクロコスモスの内部でも、同様に人々の活発な交流を促し、新しい人的結合の可能性を生み出していた。同じ都市に暮らす人々が互いの庭園を訪問し合うことは、各地でやがて夏の慣習として定着した。たとえば、一七九八年、ゲーテの母、カタリーナ・エリーザベトは、自分がこの年の夏をどのように過ごしたかを、義理の娘に宛てて報じている。

「誰もがみな、ガーデンハウスか水辺に出ていて、―そして私もまた、郊外の親しいお友だちのもとに始終出かけます。日曜はまる一日、ボッケンハイム市門前のシュトック参事のお庭で過ごしましたし……そのほかにも、お気に入りの（友人の）別荘が三つか四つはあるのです。私のようなお婆さんが、まだ人生

をこんなにも楽しんでいる様子が、よくおわかりでしょう」(North、一〇七－一〇八頁に引用)

ゲーテ夫人による、まさに至福の気を漂わせる書簡は、庭園文化の流行とともに、庭がしだいに都市住民にとっての「社交の場」となったプロセスを伝えるものである。哲学者クリスティアン・ガルヴェによれば、プロイセンのブレスラウ(現ポーランド領・ヴロツワフ)でも、都市民相互の交際を目的に設立された結社の多くが、庭園を舞台に集い、活動していたという。さらに、一七七〇年代、ダルムシュタットにおいて方伯夫人カロリーネが招集したサークル、「感傷主義の会《エンプフィントザームカイト》」にいたっては、「野外にて文学および芸術に献身すること」をその目的として掲げていた。君主の庭園で人々が音楽や談話、ゲームに打ち興じる情景は、宮廷画家ヨハン・C・フィードラーの作品(図3－事例3－1)が詳細に描写するところであるが、この庭の集いが、貴族同士の人脈に限ることなく、広い階層から優れた知識人を受け容れて、文化と社交の中心地として充実していったことに、とりわけ注目したい。

郊外の庭園が、なぜこれほどまでに強く人々の心を惹きつけたのだろうか。その最大の理由は、市壁外の空間に醸成された、都市内部での伝統的社交とは本質を異にする、まったく独自の交際の形式にあった。古くから各種ツンフトや職業組合、特権的団体が織り成した都市の社会関係は、当然、職業世界と公的生活を前提として展開されなければならなかった。人々が集うところには、ほぼ例外なく、身分や職業グループの境界線が明確に意識され、各人の服装や礼儀作法、身振りについても、規則によってグループごとに細かく定められていた。とりわけ高位の人々は、祝祭や招待などの場ではつねに、その身分と地位を剣や鬘、マントなどさまざまな表徴によって顕示する必要があった。

「社交の世紀」と呼ばれた十八世紀には、私的なサロンや結社《フェライン》、読書協会などの新しい人的結合によって、古くからの硬直化した社会関係を解体する試みが盛んになされたことは、いまさら指摘するまでもない。そし

図3-事例3-1　ダルムシュタットの「感傷主義の会（エンプフィントザームカイト）」、ヨハン・C・フィードラー、クリスティアン・ゲオルク・シュッツ（父）による油彩（1750年頃）

出典：North, *Genuss und Glück,* S.109

て、郊外の庭園は、伝統的な都市社会との間に一定の空間的距離を介したがゆえに、啓蒙主義が求めた新しい自由な交際の実践を、より容易なものにしたのである。ハンブルクにおけるガーデンハウスの所有者たちはすでに、緑に囲まれた郊外邸宅で過ごす時間のなかに、市内での職業生活とは異なる別個の行動規範と心的態度を意識していた。庭園の住居は、彼らにとって、忙《せわ》しなく金銭と取引に追われた俗塵的な日常から逃れて、精神を解放する場所にほかならなかった。多くの商人がガーデンハウスで職業に関わる話題を出すことを嫌い、なかには、招かれた友人が図らずも仕事の話に触れた場合、冗談交じりに罰金を科す家さえあったという。

人々がここに求めたものは、公の職業生活から離れた、人間同士の自由なふれあいにほかならなかった。市内での正式な招待や晩餐会とは対照的に、ガーデンハウスでは、招待状も儀式ばった挨拶もなく、親しい人々が夕方や週末、互いに好きなときに出入りして、目を瞠るような素晴らしい景観と咲き誇る花々を愛でつつ、気楽な交流を深めたのだ。フランクフルトでゲーテの母を夏ごとに夢中にさせたのもまた、このような寛いだ自由な人的交流の営みであったことは、いうまでもない。

庭園という場所が、伝統的な社交の諸要素を解体する契機となったことについて、社会経済史家ミヒャエル・ノルトがさらに興味深い指摘をしている。ドイツの個人庭園において大流行をみたイギリス式の造園法が、間もなく英国の風俗全体に対する関心を呼び起こし、その結果、庭で過ごす人々のあいだにイギリス風の服装を普及させたというのである。庭園邸宅での交際に際して、男性はフランス風ジュストコールから動きやすいフロックコートに着替え、女性たちはコルセットを外してゆるやかなインド綿のドレスを身に着けるようになった。風景庭園という、いわば「半自然」の自由な雰囲気のなかで、かつて人々の肉体と趣味をきびしく縛った服装規定もまた、こうして確実に衰微へと向かったのだ。

十八世紀末、郊外の庭園邸宅を本格的な住居として整備し、夏に限らず年間を通してここに暮らす傾向が、ドイツ各地の諸都市に共通の現象として顕著になったことは、たんに市壁内の住環境悪化という因由のみによって説明できる問題ではない。ガーデンハウスはすでに、自由な交際や家族だけの親密な団欒など、伝統的な都市社会が提供しえない新しい行動規範と生活感情を生み出していた。庭園で過ごす時間が次第に長くなり、やがてここが恒久的な住まいとなるという変化は、都市住民、とりわけ上層の人々が、新旧の生活パターンの並立状態から、やがて新しい生活様式を選び取っていく過程を詳明するのである。

参考文献

ルソー、安士正夫訳『新エロイーズ』第三巻、岩波文庫、一九六一年初版。

岡崎文彬『ドイツ造景紀行』養賢堂、一九九五年。

山之内克子「庭園としての都市——啓蒙期ウィーンにおける自然観と都市像」徳橋曜編著『環境と景観の社会史』文化書房博文社、二〇〇四年所収。

Géza Hajós, *Romantische Gärten der Aufklärung: Englische Landschaftskultur des 18. Jahrhunderts in und um Wien*, Wien 1989.

Michael North, *Genuss und Glück des Lebens. Kulturkonsum im Zeitalter der Aufklärung*, Köln 2003.

（山之内克子）

第4章　労働者文化と協会《フェライン》の形成

労働者のケーゲル・クラブ（1918年）
出典：筆者所蔵。

1　工業化の展開と人びとの新しいつながり

新しい労働・生活様式の到来

十九世紀にはいったドイツ社会は、工業化と急速な経済発展という、これまでの歴史にない大きな変化の波に飲み込まれる。

一八三〇年代には初めて鉄道が敷かれ、その後の路線拡大で人や物の流通が一気に加速した。一八六〇年代以降は重工業の工場が大きく発展し、大量の鉄鋼や機械が生産されはじめる。一八八〇年代にはゴットリープ・ダイムラーやカール・ベンツによって同時期にガソリン自動車が発明された。その頃から、電気や電信が使われはじめ、工場では電気モーターが動力源となり、家庭では電球をはじめ発明された家庭電化製品が、暮らしを彩るようになる。自転車やタイプライターが普及し、家庭やオフィスで便利に使われるようになり、化学肥料が農業生産性をあげて食生活も豊かになった。つまり、工業化の進展・企業の発展を通じて、人びとは現在にまでつながるものの豊かさを手に入れるようになったのである。

それまで、地方の農村や小さな町で、領主や教会の影響を受けながら家族中心の生活様式を送っていた多くの人びとの暮らし方は、この過程の中で、大きな変化を体験していくことになった。都市化が進み、人びとが町に移動するようになると、それまで生活の基盤にあった身近な世話や助け合い、古くから農村にあった地元の小規模な知り合い関係は、匿名性を持つ都市の人間関係の中に解消しはじめる。

伝統的な手工業も、少しずつだが確実に工業的大量生産に代替されていった。その反対に、工場で肉体労働を行う労働者の数は一貫して増大していく。それまで農業や手工業で働いていた人びとの多くは、企業で働く賃金労働者になり、それ以前とは大きく異なる労働生活を経験することになった。きびしい時間管理や中央で統制された階層組織、巨大な装置・機械や単調だが緊張感の続く仕事など、初めて知る新しい物質的・文化的条件に直面した人びとは、自分の人生に対する意識を大きく変え、村の習慣にもとづいた行動様式や価値観を徐々に弱めていくことになる。工業労働の中では、一日・一週間・一年・一生にわたる時間の使い方・生活のリズムが、それ以前と大きく変化していった。

さらに十九世紀末以降は、企業内で給与をもらってオフィスや店舗で働く職員・ホワイトカラーも着実に増加した。企業での雇用労働とそこから支払われる賃金・給与に生活を全面的に依存するという新しい生活パターンに入った人びとは、その後もドイツ社会で増え続けていく。農民や都市市民、手工業者を中心に長く安定していた社会的身分秩序は、ここにきて構造的な変化にさらされ、人びとの生き方にも根底的な変化が訪れたのである。

工業化によって進んだ情報伝達手段の広がりと改良も、画期的な意味をもった。それまで狭い地域ごと、宗教ごと、階層ごとに閉じ、狭いグループとして大きな差をもっていた文化は、情報の交流によってその差を急激に縮小していく。十九世紀中葉以降の鉄道の普及や十九世紀末以降の自転車・自動車・道路の広がりを通じて、地域的交流はますます容易になった。二十世紀初頭以降は大衆新聞や映画、レコードやラジオ・テレビなどの情報娯楽産業も発展しはじめる。このことは、多くの人びとの暮らしに画一化作用や流行などの影響を与え、人びとが伝統的文化から脱却する契機となった。

このように、十九世紀中葉からドイツで本格的に展開しはじめた工業化の波は、それまでの人びとの生活や意識・文化のあり方を根底から揺るがし、それ以前のドイツ社会にはない生き方、人生の過ごし方、人のつながり方をもたらすことになる。その過程で形成された生活様式や社会意識こそ、現在まで続くドイツ社会の原型になっていくのである。

新しいつながりとしての協会《フェライン》

こうした変化の中で人びとが新しいつながりを求めて作り出したのが、自主的組織、仲間団体としての協会《フェライン》、サークル、組合などの諸団体である。

これらは「共通の目的のために自発的に人びとが集まって形成する集団」を意味する。規約で目的を設定し、自らの資金で自主的に運営される組織であり、一つの場所、一つの家族を越え、国家と個人との間に新しく作られた中間団体である。

ドイツ語の表現もさまざまあり、フェライン Verein（会、協会、団体、組合、クラブ、サークル、社団法人）、ゲゼルシャフト Gesellschaft（団体、会社、協会）、アソツィアツィオーン Assoziation,（協会、生産組合、団体）、ゲノッセンシャフト Genossenschaft（身分仲間、協同組合）、クラブ Club、フェアアイニグング Vereinigung（団体、連盟、協会）、フェアバンド Verband（連盟、同盟、組合）、ブント Bund（同盟、連盟、組合、団）、フェアブリューダルング Verbrüderung（兄弟団、親交会）、ゲヴェルクシャフト Gewerkschaft（労働組合、鉱山組合）などがそれにあたる。

協会《フェライン》をはじめとするこうした自主的団体は、歴史的には古く諸侯連盟に起源をもつが、十九世紀に入る前後から一八四八年革命をへる市民の自由主義運動の中で発展しはじめた。さらに十九世紀後半から二十世紀初頭にかけては、より広範な労働者による団体結成へと発展し、ドイツ社会全体に大きく広がった。

こうした自主的団体結成の勢いは一世を風靡するほど強いものであり、十九世紀はしばしば「協会の時代」と定義づけられている。一九一〇年にはマックス・ウェーバーが、「人びとは信じられないくらい『協会人間 Vereinmensch』になった。人口三万人の都市に三百以上の協会、つまり百人の住民、二〇戸ごとに一つの割合で協会がある」と述べるほど、大きな社会的潮流になっている。

では、なぜそのように自主的団体が急速につくられていったのだろうか。その背景には、それが経済発展とともに拡大したことからもわかるように、工業化による社会的変化が存在していると考えられる。

一つは、人びとの共同体的なつながりの弱化である。農村や小さな町の暮らしで、地元の小さな空間で家族や顔見知りの仲間同士が楽しみあった形は、工業化の中で少しずつ弱まっていった。身分によって秩序づけられていた社会は解体し、権威ある教会や領主が昔からの共同体をたばねる力も徐々に失われていく。家族や近隣・地域での紐帯が弱くなったその代わりに、都市化と経済発展が進む新しい空間の中で、お互いが助け合い、教育や日々の楽しみを共有できる、新しい関係・集団をつくることが求められていった。多くの人びとがこの点でお互いの共通の利益を感じたことが、自主的団体の組織化につながったのである。

労働者による団体結成にはさらに、企業での雇用労働がもたらした条件が背景にあった。第一に工場では、農村や手工業において時間のある程度の自由度が許容されたのとは異なり、労働時間が企業によって一分一秒の規律と透明性をもって明確に固定された。それにより従来あいまいだった労働と非労働とが、はっきりと時間として分離されることになった。また仕事と自分の家族とが結びついていた農業や手工業とはちがって、中央管理された企業での労働では、仕事の場と生活の場は二つの別な世界として空間的にも隔たり、切り離された。このことは、雇用された労働時間が終わり、工場から出た瞬間に、自由に使える時間と空間の余地が発見されることにつながったのである。

第二に、企業の労働の中では、一方で、それまで家族、国家や教会に基盤をもっていた日常的な権威・支配関係が、企業家・資本家にその位置を譲っていった。企業内の支配関係は、警察国家による弾圧と似て、上司による抑圧・追い立てをしばしば伴い、それが労働者の階級的経験として共有されはじめた。他方、賃金を規則的・恒常的に得るようになった人びとは、共通する生活の見通しを持つようになり、また中央管理され、同じような指示・規則で規定された職場で働いたことも、多くの労働者の共通経験となった。つまり企業を通じて多くの人びとは、似

図 4-1　大企業の工場での昼休み（1907 年）

出典：Wolfgang Ruppert, *Die Fabrik.Geschichte von Arbeit und Industrialisierung in Deutschland*. München 1993, S. 57.

通った経験や意識、苦労を共有したのであり、それが人びとの新しい結びつきの基盤になったのである。

そして最後に、十九世紀後半から二十世紀にかけて労働時間の短縮、賃金水準の上昇が徐々に実現されたことがあげられる。労働時間以外に自分の自由になる時間、そのために使える多少の経済的余裕を見いだしたことにより、彼らは、狭い住宅、家父長的な家庭、忙しい仕事のテンポへの不満、変化する社会や人生への不安を抱える中、新しい生活のための新たな人間的・精神的つながりを身の回りで模索していくことになったのである。

こうした背景のもと、十九世紀から二十世紀にかけて急速にドイツ社会に拡大した自主的団体・協会の発展は、人びとの生活やアイデンティティの一つの中心となっただけでなく、ドイツにおける社会団体のあり方を規定し、現在につづく社会経済的・法的制度をもたらすことになる。このような団体がどのように形成され、広がっていったのか、実際どのような活動をしていたのかを、協会の形成過程に即してより具体的に見てみよう。

2　市民の協会から労働者の協会へ

市民による労働者向けの協会設立

国家・貴族・領主に対し、市民が自由主義的に対抗する啓蒙団体として読書サークルなどの自主的団体をつくりはじめたのは、十八世紀末から十九世紀前半にかけてのことである。当時の国家はこれを厳しく監視・規制したが、市民は協会設立の活動を続ける。

一七九四年のプロイセン一般ラント法では「共通の安寧・安全・秩序に反する目的を持つ組織の禁止」が規定され、各地で、協会の結成はもちろん、集会や会合も当局・警察への申請・認可が求められ、協会警察 Vereinpolizei の監視下に置かれた。哲学者のE・カントはそれに反対し、命令・従属関係ではない仲間 Mitgenossenschaft としての市民の組織 bürgerlicher Verein の重要性を当時強調している。

この頃から市民は各地で、読書サークル、サロン、娯楽クラブ、音楽協会、混声・男声合唱協会、射撃協会、体操協会、美化協会などさまざまな種類の市民の団体をつくり、活発な活動を行っていった。こうした市民運動としての協会組織は、町からはじまって徐々に地方名望家層や農村にも浸透していく。

一八三〇〜四〇年代には、資本主義化の進展とともに窮乏化する労働者が増え、一八四四年のシュレージエンの織工蜂起のように、悲惨で不安定な労働状況の改善を求める社会的反抗も生まれた。これらの運動は軍と警察に弾圧されたが、そのことは社会問題解決に市民が乗り出す動きを促し、そのための協会設立につながった。慈善的なフィランソロピー協会から、民主主義協会、労働者協会、労働者福祉協会、労働者読書協会、成人教育協会、共済教育協会、営業協会まで、労働者の置かれた状況を改善し社会的緊張を緩和するためのさまざまな団体がつくられた。これらの協会は労働者に働きかけ、彼らを自由な個人として市民社会へと統合し、協会活動を通じて自らを解放する主体に転換させようと試みたのである。手工業者や労働者の中に協会を導入することは、市民の間で「力強い時代の原則」になったと言われる。

こうした市民の自由主義的運動のもとで、労働者の間にも協会概念が少しずつ広まっていった。一部の手工業職人は一八四八年以前にドイツや外国で汎欧的団体を組織した。ツンフト解体・経済的自由主義の導入のもとで、職人兄弟団や職人金庫などの既存組織が弱体化する中、一八四八年革命後には印刷工や煙草労働者が結社・集会の自由のもとで職業組合（フェアバンド）をつくり、労働組合組織化の先駆けとなる。

一八五〇年代には再び警察権力による統制監視が強まるが、その一方で三月前期から一八六三年の間に大きく進んだのが、労働者教育協会 Arbeiterbildungsverein への労働者の組織化であった。それは労働者の社会的・経済的・道徳的地位を向上させ、尊敬される国家公民に育成することを市民・労働者共通の目的としていた。この時期まで、労働者教育協会の多くは、市民的自由主義の基盤にたち、市民主導で進んでいった。

労働者自身による協会設立

こうした動きを方向転換したのは、一八六三年のフェルディナント・ラサールによる全ドイツ労働者協会 Allgemeine Deutsche Arbeiterverein（ＡＤＡＶ）の結成である。ラサール自身は市民層出身で早く亡くなったが、初めて協会を「働く人 Mann der Arbeit」労働者階級と明確に結びつけ、普通選挙と国家援助による生産組合《アソツィアツィオーン》を要求した。とはいっても、ラサールのいう「働く人」は、労働者だけでなく手工業者や商人なども含み、広く市民層が加盟できる組織になっていた（ただしほぼ男性を前提としていた）。

他方、ヴィルヘルム・リープクネヒトのように、「労働者は社会的な敵と政治的に袂を分かつ必要がある」として労働者と市民の組織の分離を求め、社会主義運動を前面にだす動きも強くなった。路線対立をへて一八七五年に二つの方向は合流し、一八九〇年以降ドイツ社会民主党となるわけだが、この時期に作られた労働者の自発的団体・協会こそ、現在の二大政党の一つであるドイツ社会民主党の歴史的起源であると言える。

一八五〇年の協会法（結社法）により、警察からの干渉・弾圧にさらされる危険性は高かったものの、ＡＤＡＶ結成を機に一八六三〜一八七三年は労働者運動の創成期となった。労働者はこの時期、自分たちの生活向上、社会的・道徳的地位の向上という共通の目的に向けて、自主的団体を形成することを学んでいったと見ることができる。

3　社会主義者鎮圧法の意味

社会主義者鎮圧法を契機とした協会形成

とはいっても、教育協会や労働組合への組織化は、一八七〇年代まで労働者のごく少数に限られていた。協会組織がより一般的な労働者の中に浸透し、新しい労働者文化になるきっかけとなったのは、逆説的にも、一八七八年のビスマルクによる社会主義者鎮圧法の施行を契機としてであった。

この法律によって社会民主党（当時の名称は社会主義労働者党）の政治活動が禁止されたため、同年十月の社会民主党幹事会では、「今後の党活動は娯楽・社交のための協会・サークル（フェライン）の形をとって継続する」ことが決定された。社会民主党は政治活動のカモフラージュとして、続く数カ月のうちに数多くの演劇協会・合唱協会・体操協会を党員によって作り出した。このことは結果的に、市民主導の協会から労働者の協会を引き離し、多くの人びとを社会民主主義の協会に組織することにつながっていく。つまり、労働者独自の協会活動が大きく展開しはじめたのである。

一つの例として、ライプツィヒの体操協会をみてみよう。

ライプツィヒでは一八七〇年代まで、市民と労働者のサークルが連携して共存していた。一八四〇年代から市民による体操協会があり、一八六一年から労働者教育協会の中に体操部と合唱部ができた。社会主義者鎮圧法の施行後、禁止されたライプツィヒ社会民主党支部は、党の代替機関として新たに補習教育協会 Fortbildungsverein を作り、計算、簿記、英語などの講義コースと並んで合唱サークル・体操サークルを改めて組織したが、そのときの様子は次のようなものだった。

体操サークルのメンバーは七一人で、夏は行きつけの居酒屋の奥部屋や庭、冬はコンサートホールの広間で練習をした。鉄棒、鞍馬、平行棒などの器具は、金が足りない中、みなで金をだしあって調達した。また、練習中に怪我をすることが多かったので、当初は治療費の募金を内部で募っていたが、一八八一年には自ら事故保険制度もつくっている。補習教育協会の催しや祭の際は、ザクセンの協会法のもと、警察に事前申込をし、許可を受けて行った。一八七八年にライプツィヒ地区でこうした労働者体操協会には四〇団体四五〇〇人がいたが、この時期はまだ市民と労働者の体操運動の分離は明白ではなく、体操サークルは市民組織である全ドイツ体操協会にも加盟していた。（図4-2）

ところが、一八八二年になって警察は協会・サークルの活動に対する取締を突然強化した。警察は、体操サークルが練習していた居酒屋から、彼らを強制排除する命令をだしたのである。この強硬措置により練習場や会合・催しの場所を失った体操サークルは、日常活動の基盤をなくし、新しい場所が見つかるまで、長い間大変な苦労を味わうこととなった。その中で、それまで所属していた市民組織の全ドイツ体操協会への反対運動が起き、「反対グループ」をつくってそこからの脱退する動きが起きはじめる。この動きはその後、労働者だけの協会である自由体

図 4-2　ライプツィヒ体操協会「フリッツ・フェルケル」での組体操（1902 年）
出典：筆者所蔵

操者の会や、中央組織であるドイツ労働者体操連盟への加盟へと続いてゆき、市民組織との分離の傾向が拡大していったのである。

法の施行中は、会合や練習を密かに黙認してくれた居酒屋だけが、党や協会の活動の生命線となり、そこだけが人びとが自由に議論する場所だったとカール・カウツキーは回想している。

つまり、社会主義者鎮圧法前までは、労働者と市民の活動は、組織の別はあっても大きな心理的境界なく交流していたが、法施行後に、労働者の協会活動だけが警察権力によって弾圧されるようになったため、労働者と市民の協会活動は分離する方向に向かったのである。警察のきびしい処置が、「国家から不当に弾圧される階級」としての労働者意識を人びとに自覚させる効果を持ったと言える。

協会設立ブームの到来

一八九〇年に社会主義者鎮圧法は失効し、社会民主党は合法化した。その結果、これらの協会・サークルは、政治活動の隠れ蓑としては不必要な存在になった。その後、社会民主党と協会との関係は二転三転することとなる。

社会民主党指導部は鎮圧法失効後、労働者の協会やサークルを、社会主義革命のためのプロレタリアートの闘争準備にとって妨げになるものと位置づけた。一八九二年のベルリン党大会では、協会に対して自ら距離を置く、否定的な決議がなされている。急速に会員数を増やしていた労働者体操協会や合唱協会、家庭菜園協会や消費協同組合(ゲノッセンシャフト)を、党はむしろ競合相手と見なすようになった。彼らは「仲の悪い兄弟」になったのである。

しかし、一度自分たちのネットワークを築くことを学んだ労働者たちに、これらの協会をやめろというのは不可能になっていた。労働者の協会活動に対するそれまでの弾圧をはねかえすかのように、一八八〇年代後半から一八九〇年代にかけて、協会設立は多くの労働者の間で大ブームになり、労働者の文化系・スポーツ系サークルの発展の勢いはとまらなくなった。

この背景について、一八八七年に営業監督官の一人は次のように報告している。「一週間ずっと単調な仕事を繰り返し、労働者が精神的にまいっているときに、他の楽しみや娯楽に気持ちの出口を求めようとするのは当然の成り行きだ。気晴らしで酒を飲み、大金を使う労働者は多いが、最近は労働者が三人とかもう少しメンバーを集め、協会・サークルをつくったり、集会を開いてさまざまな楽しみを得ようとする傾向が強くなっている」。

それまで人びとは気晴らしに、居酒屋で常連客とビールや強い蒸留酒シュナップスを飲んだり、タバコやパイプを楽しむのが普通であった(図4-3)。仕事のない日曜日には家族や友人と散歩したり、ときには鉄道に乗って遠出したり、あるいは教会祭・カーニバルの催しを楽しんだりしていた。そういう普通の人びとが、今や、知り合い同士、仲間同士でスポーツや合唱・演劇、チェスやサイクリングなどの協会という自主的団体を結成して活動するようになったのである。とくに地元の居酒屋は「協会専属店 Vereinlokal」となることに大きな経済的利益を感じて、協会づくりを後押しした。

こうしたサークルで週に数回練習する体操、合唱、演劇などは、もはや労働の現場ではなかなか望めなくなった、より完璧なものに近づこうと日々努力し、向上しながら自尊心をはぐくむ、という人生の生き方を実現するチャンスを人びとに与えた。また工場と離れた所で共同体意識・仲間との連帯感を得ることもできた。また多くの人は、自分の死去に際し葬儀を威厳のある形で執り行ってほしいという希望からも協会に入った。「どの協会に属するかが、労働者のアイデンティティを決める主要要素である」と言われるまでになったのである。

図4-3　仕事のあとのビール（1913年）

出典：Ruppert, *Fabrik*, S. 52.

協会が盛んになったのが男性中心だった——女性の協会も徐々に増えるが——ことにより、家庭の主婦からは、「あなたは週に三日も四日も五日も、やれ党だ、協会の活動だ、消費協同組合の会合だといって出て行き、すべてにお金がかかる。私にはまったくお金を使わないのに」と苦情も表明されていた。

一八九〇年代以降、協会活動は多くの男性労働者にとって、率先して参加したい魅力的な自由時間、居心地のいい帰属感や満足感をつくりだすものになっていったと見ることができる。

党の政治方針とは無関係に、社会民主党の支持者・中心的活動家の多くも、これらの協会・サークル組織とすでに強く結びついていた。社会主義者鎮圧法のもとで職業としての党活動から遠ざけられてきた活動家たちは、法が施行されていた十二年の間、協会《フェライン》、協同組合《ゲノッセンシャフト》、労働組合《ゲヴェルクシャフト》などの団体組織の中に、生計と職業の展望を見いだしていた。社会民主主義の活動家たちは地元の地域で、消費協同組合の倉庫業者になったり、労働組合の専従職員になったり、地区疾病金庫の監督委員会メンバーになったり、合唱団や演劇協会・体操サークルの責任者になっていた。そして彼らが草の根の社会民主主義運動を支えていたのである。

社会民主党の方針転換

社会民主党もこうした協会の勢いを無視できなくなり、一八九〇年代末になって方針を転換しはじめた。それは、こうした協会サークルに組織された支持者やメンバーを遠ざけるのではなく、むしろ積極的に協会活動の主導権を握り、社会民主主義的にコントロールしていこうとする方向である。拒否的な姿勢は徐々に活発な文化政策へと転換していったのである。その結果、社会民主党は急速にスポーツ系・文化系協会・サークルや協同組合等の団体に対する影響力を強めていった。

このように社会民主党は、社会主義者鎮圧法を契機に隠れ蓑としてやむをえず作り出した体操・合唱・スポーツなどのサークル組織を、一度は政治方針として突き放したものの、再度あらためて政策的に利用することとなった。その後の社会民主主義運動においては、党・労働組合・体操協会の三つが活動の柱になったと言われる。労働者の大衆的な支持をすでに得つつあった協会・サークル組織と積極的に連動し、それを党の積極的な文化政策として統合・強化したことにより、ドイツ社会民主主義は、より広い大衆的な基盤に依拠する社会的・政治的勢力へと発展することができたのである。

党にとっては予想外の展開だったかもしれないが、それは十九世紀末から二十世紀への世紀転換期の社会改革運動の潮流を生み出す基盤を形成し、社会民主主義的労働運動文化と呼ばれる、労働者階級の新しい生活スタイルを生み出した。それはナチス時代に否定されて異なった形に変質するまで、自由主義的な市民の協会運動とは別個の社会民主主義的な労働者の協会文化 Vereinskultur を、ドイツ社会の重要な独自の歴史として作り出すことになったのである。

4　労働者の協会文化の発展

社会民主主義的労働者協会の発展

一八九〇年代以降、協会設立はドイツ全土で急増した。それは、市民によるドイツ体操連盟に対抗して、一八九三年にドイツ労働者体操連盟が別個につくられたことに象徴されるように、労働者の、労働者による、労働者のための協会の増大を意味していた。市民組織と競合しつつ、労働者スポーツ、労働者音楽、労働者祭をはじめとする新しい労働者文化が展開しはじめたのである。

再びライプツィヒの例を見てみよう。

ライプツィヒでは、一八九〇年代に「雨後の筍」のごとく労働者協会が作られた。一八九三年には労働者体操協会が一五団体、一千人をかかえ、一九〇七年には労働者合唱団が六十の男声コーラス、六つの混声合唱含めて二七三三人のメンバーを持った。こうした傾向はその後第一次大戦後にも続き、一九二六年には子どもの友協会には二三グループ、二千人、ライプツィヒ消費協同組合には七万六千人のメンバー、三八グループの労働者体操・スポーツ協会には一万二千人が参加し、労働者演劇連盟五グループ、労働者マンドリン連合六グループやそれらを結ぶ中央組織も発展した。

社会民主主義系の労働組合員である人が、合唱の練習にも行き、休みにはハイキングに行き、消費協同組合の組合員でもあるなど、複数の組織に同時に属する人びとも多かった。社会民主主義系の協会はその幅広い活動によっ

図 4-4　労働者体操連盟・自由体操者の会

出典：Groschopp, *Bierabend*, S.96-97,

表 4-1　1913/1914 年における社会民主主義系の労働者団体・協会

団体・協会名	メンバー数
労働者体操協会	187000
労働者合唱協会	165000
労働者自転車協会	150000
新自由民衆劇場	50000
自然愛好者協会	30000
青年協会	20000
自由民衆劇場	20000
労働者ハイキング協会	20000
労働者競技者協会	10000
労働者ボート・水泳協会	10000
プロレタリアート自由思想会	6500
労働者ボランティア協会	6000
労働者禁酒協会	5000
労働者速記協会	3000
労働者チェス協会	800
労働者エスペラント・イド協会	600
ベルリン・ヨット協会	300
ドイツ消費協同組合中央会	1700000

出典：Groschopp, *Bierabend,* S.96-97, S.45.

て、人びとの時間、意識、エネルギーを含む生活の大きな領域と包括的にかかわるようになった。こうした協会のネットワークこそが「社会主義的対抗文化」とも呼ばれる労働者文化を形成したのである。

一九〇六年の社会民主党マンハイム党大会で設立された中央労働者教育協会の下に組織された社会民主主義系の協会・団体名と労働者の概数は、ドイツ全土で見ると、一九一三年に表4－1のようだった。この中央団体に属さない協会も数多くあったため、実際の協会参加者はもっと多かったと考えられる。

中央労働者教育協会の傘下組織のうち、最大の勢力は労働者体操協会であった。合唱協会と自転車協会への参加者も多く、体操協会と合わせて三大人気サークルになっている。労働者体操協会には二四〇八支部に一八万七千人が、労働者合唱協会に一六万五千人、労働者自転車協会には一五万人が参加している。ほかにも演劇協会や自然・ハ

図4-5　女子スポーツ協会で活動する女性

出典：Groschopp, *Bierabend*, S.96-97.

イキング関係の協会のメンバーも多い。さらにさまざまなスポーツ・文化団体、相互共済団体、思想団体などがあった。消費協同組合はすでに一一〇〇支部、一七〇万人のメンバー、三万人の従業員を抱える一大経済組織に発展しており、ほかにも建築協同組合や小菜園協会などがあった。

市民系のドイツ体操連盟に対抗し、労働者だけの組織として作られた自由体操者の会（図4－4）やドイツ労働者体操協会のもとには多くの地域の体操協会が参加した。その中で女性は少数派であり、一～二割を占めるだけだったが、活発な活動を行っていた。企業や党・組合幹部が男性で独占され、行きつけの飲み屋もない中、参加した女性――ただし結婚を機にみな辞めた――にとって、こうしたスポーツ活動や自主的活動は、自己実現や息抜きの貴重な機会となったと言われている（図4－5）。

第一次大戦前、体操協会メンバーの半分以上は十六歳から二十六歳の若者だった。彼らは労働者の第二世代であり、農村地帯で育った父親世代とは異なって、都市で

図 4-6　労働者自転車同盟「連帯」－労働者運動の「赤い騎兵隊」
出典：Groschopp, *Bierabend, S.*96-97.

図 4-7　自転車に乗った市民家族 (1900 年)
出典：Ruppert, *Fabrik.* S.119.

生まれ育ち、他の職業をへずに労働者になった初の労働者世代である。彼らの一部は、体操に親しんだ父親世代に反発し、あえてイギリスからの輸入スポーツで「非ドイツ的・ブルジョア的」とも言われたサッカーをはじめた。一八九〇年代に各地に小さなサッカークラブが生まれ、一八九〇年代末に地域別のサッカー協会が、一九〇〇年にドイツサッカー連盟が結成された（これについては事例研究3を参照）。

体操協会とは反対に、自転車協会の場合は、労働者の協会が市民組織に先んじた例である。一八九六年に労働者自転車同盟「連帯」ができ、その支部から市民の自転車協会が分かれていった。図4－6、4－7をみてもわかるように、労働者自転車同盟「連帯」の雰囲気は、市民の自転車生活とは一線を画している。彼らはまたメーデーや労働組合祭などの際、さまざまな技芸を尽くした自転車の行進を行って祭を盛り上げた（図4－9）。

男声合唱の場合は、数多くの市民組織の男声合唱団に対して、一八九二年にドイツ労働者合唱団連合、一九〇八年にドイツ労働者合唱協会ができた。それは一九一四年に全国で二〇万人を組織したと言われる。市民の運動だったワンダーフォーゲルに対しても、対抗して労働者ハイキング協会がつくられた。これ以外にも、労働者ボランティア協会、自然の友運動、労働者水泳同盟、自由ヨット同盟、労働者アスリート同盟、労働者射撃協会、労働者ケーゲル協会（事例研究1・扉写真参照）、労働者禁酒同盟、国民健康同盟等において、労働者の協会が市民のそれと分かれて組織を作っていった。

また労働組合や各サークル・協会ごとに、労働者図書館がしばしば設置され、また催しの企画としてダンスパーティーや遠足（図4－8）、祭が行われた。祭では社会主義者行進曲などの労働歌（「社会主義者よ、隊列を組め／太鼓を鳴らし、旗をかかげよ／労働を解放し／自由を復活させよう」）が歌われた。

一九一一年七月にデュッセルドルフで行われた労働組合祭は、こうした多くの協会の力を総動員した例である。まず、祭の会場に向かうパレードには、音楽隊を先頭にした各組合の列が一四縦隊参加した。祭の会場には三万

図 4-8　社会民主主義労働者の遠足．ビールを片手に（1897 年）

出典：Groschopp. *Bierabend,* S.48-49.

人が集結し、そこでコンサートが行われた。会場には、回転木馬、射的小屋、道化人形芝居、政治的・好色的珍品館、人形投げ、ナイフ投げ、皿投げなど、ありとあらゆる娯楽の催しが行われた。

夕方五時からは労働者体操協会メンバーによる体操と、労働者アスリート協会メンバーによる力わざの演技が披露された。夕方六時からは、「労働者合唱団カルテル」の四〇〇人による合唱がはじまる。続いて七時からは労働者自転車協会の自転車乗りたちによる「芸術的輪舞」が行われた。だんだん暗くなる時間に合わせて、女性体操者と男性体操者の組体操によって「ベンガルの灯のピラミッド」がつくられた。翌日もこの祭は続き、夜には巨大花火が打ち上げられた。怪我人や病人が出た際は、赤白の腕章をつけた労働者ボランティア協会のグループがかけつけた。

このように、社会民主党が十九世紀末から積極的に組織した労働者の協会活動、労働運動文化は、協会の活動の中で人びとのアイデンティティを支え、生活に楽しみや喜び、安心感や充実感を与える社会的ネットワークへと大きく成長していった。また、各地域ごとに同じ活動を行う組織が階級で分離し、労働者協会と市民協会に分かれていったことは、自分たちは労働者階級だという階級意識の基盤をつくりだした。いわゆるブルジョア民主主義とプロレタリアート民主主義の分離が行われたのである。これにより、労働者は市民に対抗して自ら自治を行う組織を運営していかなければならない、という社会的意識・行動規範が、ドイツ社会の中に制度的に埋め込まれることになったのである。

図 4-9　労働者祭における自転車パレード

出典：Groschopp, *Bierabend, S.*96-97.

キリスト教労働者協会の発展

もちろん、労働者の協会設立は、社会民主主義だけの運動ではなかった。カトリック教会は一八七〇年代から、やや遅れてプロテスタント教会も一八八〇年代の終わりから、本格的に労働者の協会設立に乗り出した。協会発展の趨勢は社会民主主義のそれと大きく重なっている。

カトリックの労働者組織は、一八五〇年代から職人協会やルール地方の坑夫たちの坑夫協会としてはじまった。司祭主導のキリスト教社会運動の影響により、社会主義者鎮圧法時代には、カトリック教徒全国大会、カトリック労働者福祉協会《フェアバント》がつくられた。一八九〇年代以降は、より多くの労働者信者を教会に獲得し、カトリックの労働者家族を教会に忠誠をもってひきつけるため、聖職者が代表となり、労働者司祭を中心とした自由な団体の形成が目指された。その結果、一九一〇年までに南ドイツカトリック協会は一〇万人、一九〇四年に創立された西ドイツカトリック労働者・坑夫協会は一九一三年までに二二万人、東ドイツカトリック労働者協会は一三万人へと大きく成長している。

ルール地方の坑夫組合の場合は、とくにカトリック教会の影響が強く残った。仲間の結婚や葬儀の際は、聖人をまつった宗教的行列や儀式が長い間行われた。鉱山祭においても、朝の祝砲の後、鉱山音楽が演奏され、司祭の説教・ミサが行われる。そして揃いの儀式用衣装を着た坑夫たちが、楽団と合唱団によって鉱山音楽が奏でられる中、美しい旗を持ってパレードを行う。午後には、クナップシャフトという職業組合の伝統にのっとり、みなで大きな卓を囲み、食事をして酒を飲み、家族とともにダンスをする。劇や娯楽のイベントも行われ、花火が打ち上げられた。十九世紀末から社会民主主義の労働運動の影響が強くなったあともなお、こうした教会の伝統が完全に姿を消すことはなかった。

カトリック教会が組織した労働者協会は、教会の政治的強化と階級を越えた組織化をめざしたため、社会民主主義が組織化にほとんど力をいれなかった女中、農業労働者、手工業職人、また地方の名士、企業家、手工業マイスター、職員、教師なども組織した点に特徴をもつ。一九〇五年につくられたカトリック女性労働者協会や職人協会は数万人を組織した。キリスト教社会運動からはキリスト教金属労働者組合などの労働組合も生まれた。それらは組合への組織化を進める点では社会民主主義と歩調を合わせたが、運動方針では階級対決ではなく労使協調を押し出しつつ、労働条件の引き上げを求めた。また、プロテスタント同様、労働者協会は各地域ごとに労働者相談窓口をもうけ、労働者相談員を配置して人びとの相談を受け付け、地元密着型の活動を行った。

プロテスタント（エヴァンゲリッシュ・福音主義）労働者協会ができたのは一八八二年と遅い。しかしその後西ドイツの工業地帯に組織化活動を集中し、一九一四年までに一四万人以上を組織した。プロテスタント労働者協会は、二十世紀にはいってから、企業のいわゆる「黄色組合（御用組合）」の形成を支える役割を担った。企業側が社会民主主義系の労働組合に対抗できるような「自由でキリスト教的な」組織を望んだため、プロテスタントが中心となって経済平和的・国民主義的協会を、社会民主主義の労働組合に対して組織したのである。

こうしたキリスト教両派による動きは、社会民主主義運動と同様、一般の労働者の中に一八九〇年代以降、協会への組織化が急速に広がっていったことを示している。それまで政治に無関心だった多くの労働者層も、キリスト教会からの働きかけで労働者協会にはいり、日常生活を協会との関係の中で送るようになった。

事例研究１にあるように、ドイツの企業の中でも世紀転換期以降、労働者のクラブ・サークル活動が協会という形で大きく発展した。人びとは十九世紀末から二十世紀にかけて、身の回りで何らかの協会に関わりはじめ、自分の仲間・居場所や社会的アイデンティティを新たに作っていったと見ることができる。

十九世紀が主に市民のための協会の時代だったとすれば、二十世紀は労働者など一般の人びとのための協会の時代になったと言うことができよう。

5　労働者の協会形成の二重の意味

市民文化の担い手としての労働者文化

このようにして、社会主義者鎮圧法による社会民主党系の団体の弾圧を契機に、労働者のさまざまな協会は、市民の組織と距離を置く形で独立的・対抗的に発展した。それは世紀転換期以降に新しい労働者文化として発展した。その活動は労働者の日常生活に大きな楽しみや充実感を提供しただけでなく、社会民主主義やキリスト教にもとづく労働者文化を、新しい人びとのつながりとして生み出したのである。

しかし、このことは必ずしも労働者が市民とまったく異なった文化をつくりだしたことを意味してはいない。なぜなら、労働者が自ら設立した団体は、もともと市民のつくった協会の原理に従ったものであり、市民による組織文化を受容したものだったからである。

社会民主党初代党首アウグスト・ベーベルが初期の労働者教育協会で活動していたことからもわかるように、労働者は市民の協会のあり方を、労働者教育協会などの経験から学んで団体形成のモデルとし、そこに新しい内容をいれていった。市民の協会同様に、同じ協会法にもとづいて行動し、規制を受けた。市民の協会の規約にならって労働者の協会のそれを定めた。集会の場所をとり、会合を行って議事録をつけ、活動の会計報告を行い、会の次の予定やイベントの企画を考えた。つまり、すでに十九世紀前半から市民が行っていた協会の運営を、世紀転換期以降は労働者自らで自立的に運営するようになったのである。彼らは、市民的組織運営の担い手になる力を身につけたと言ってよい。

とくにこの時期、労働時間が短縮され、夕方に仕事が終わるようになって自由時間が増加したこと、景気回復と経済成長の中で賃金水準が上昇し、生活の余裕がでて協会の会費を無理せず払えるようになったことは、労働者の生活条件自体を市民に近づけることになった。

また、労働者の協会活動の中には、労働者以外の多くの市民も入っていった。体育協会のメンバーは多くが労働者であったが、場所によっては職員や公務員が会員の四割近くを占める所もあった。消費協同組合も三分の一の組合員は労働者以外であり、実際第一次大戦前に社会民主党へ投票した人の三分の一は労働者以外だった。ベルリンのように左派が強力で、市民に対抗するプロレタリアート文化運動が強力に推し進められた地域もあるが、全体としてみると、社会民主主義労働者文化と言われた協会も労働者の一枚岩の組織ではなく、社会的多様性を含むオープンな組織になっていたのである。

表4-2　労働者中央教育協会主催のイベント内容（1912/1913年）

イベント内容	開催回数	訪問人数	平均訪問人数	(人数割合・%)
詩人の夕べ（ハイネ、シラー、ブッシュ、ヘッベル、ケラー、クリレ、リリエンクロン、ロイター、ローゼナウ、トーマ）	28	8556	306	2
音楽会（ベートーヴェン、モーツァルト、ワーグナー）（声楽・オーケストラ、歌の夕べ）	159	84513	532	18
朗読・芸術の夕べ（朗読・朗誦・物語詩・家族の夕べ）	297	104271	351	22
祭・芸術祭（三月祭・五月祭・若者祭・季節の祭・クリスマス祭、復活祭・創立祭・労働組合祭・マルクス祭・ルソー祭）	66	225470	3416	48
子供向け・歌と童話の夕べ	99	33340	337	7
その他	19	10853	571	3
合計	668	467003	−	100

出典：Groschopp. *Bierabend*, S.129-130.

さらに活動自体にも市民的・伝統的要素が多くはいっていた。労働者合唱団は、労働歌・社会主義歌だけを歌ったのではなく、むしろ人気のある伝統的・国民的な楽曲を歌った。労働歌自身も、歌詞は新しく書かれたもの の、メロディーは「ラインの守り」・「すべてに優るドイツ」（現ドイツ国歌）などの祖国歌や酒宴歌・オペレッタの曲などに合わせて歌われた。労働者図書館では確かにベーベルの『婦人と社会主義』などの社会主義関連文献も借り出されたものの、もっとも多く読まれたのは歴史小説などの大衆的読物であった。社会民主党系の中央労働者教育協会が行った催しでさえ、表4－2からわかるように市民的文化の内容が多かったのである。

つまり、労働者は自らの協会活動を市民の組織から分離して活発化させていく中で、逆説的にも、ますます市民の組織原理や運営方法を身につけ、より多くの市民的教養を学んでいったと考えることができる。また、こうした市民化する方向性を内在させていたからこそ、社会民主主義労働運動文化はより多くの人びとの共感を呼び、大衆化していったと見ることができる。

ドイツの労働者は、あくまで労働者として、市民になる道をたどったのである。

労働者の協会が持った歴史的意味

こうした迂回した展開は、その後のドイツ社会を二重に規定することとなった。

一つは、労働者文化がその後徐々にその独立性を失い、社会全体の国民文化の中に同化することになった点である。大衆的な娯楽が発達する中、労働者文化と市民文化の境目は徐々に曖昧化していったのである。

労働者の協会組織が大戦前にまして大きく発達し、労働者文化が広範な労働者の間で大衆的基盤を獲得したヴァイマル期は、同時にその衰退過程のはじまりともなった。労働者文化の独立性は、一つには社会民主党、独立社会民主党、共産党への政党の分裂という労働者運動自身の分裂により、二つ目には、ヴァイマル期における労働者の社会権の承認と生活条件の向上を通じた市民との社会的格差の縮小により、少しずつ弱化していった。さらに映画やラジオ、音楽レコード、さらにテレビのような大衆娯楽産業が発展する中、労働者文化・社会主義文化だけを強調することは必ずしも成功しなくなった。

労働者スポーツと市民スポーツの区別、労働者合唱団と市民合唱団の区別は徐々に大きな意味を持たなくなり、組織の連携や統合がはじまった。市民の消費協同組合と労働者の協同組合での品揃えの差、労働者図書館と一般図書館の貸出本の内容の差も少なくなっていった。こうした流れの中で、第二次大戦後には社会民主党が労働者政党から国民政党へと移行していくことになるのである。

労働者のスポーツ系・文化系の協会組織は、市民的組織の運営と、市民的教養の実践を通じ、十九世紀以来の市民の協会組織の中に溶け込む方向に進んだと言うことができよう。

しかし同時に、社会主義者鎮圧法以来ヴァイマル共和国までの半世紀余の間、労働者による自発的団体・協会があくまで市民団体から分かれて独自に発展しつづけてきたことの意味も重く、その後のドイツ社会を大きく規定し続けている。

このことがとくに重要な意味を持ち続けるのは労働組合運動においてである。あくまでも労働者としての共通経験から出発し、労働者の団結・連帯をもとに自ら作った自主的団体が労働組合であった。この組合活動を通じて、社会的に強い立場の市民と同等の名誉や経済的向上や社会的発言権を勝ち取ろうとする方向性は、労働者の協会文化の歴史によって規定されている。

ドイツにおいて、労働者としての独自性を認識した上で経営者に対する同権を求める動きは、労働組合と経営者団体との団体交渉・協約制度、企業側と同数の労働者代表による労働者委員会・従業員代表委員会制度、また労働者代表と株主代表が同等の権利を持って企業の方針を決定する共同決定制度など、現在もドイツの大きな特徴となっている社会経済システムの形成へとつながっているのである。

労働者による協会形成は、あくまでも労働者としての経験を基盤に労働者として団体をつくることを通じて、市民の組織を実現し、市民の教養を身につけ、市民と同等の発言力を持とうとする、二重の意味を持つ運動であったと言うことができよう。

二十一世紀へと続く協会

現在でもドイツの小さな町では時々、中心の広場に背の高い「協会の木 Vereinsbaum」が見られる。そこには、町にある数十もの協会の名前のプレートが、木の葉のようにつけられている。市民協会、慈善協会、ダンス協会、ケーゲル・クラブ、合唱協会、音楽協会、演劇協会、小菜園協会、歴史研究協会、自然保護協会、断酒協会、青少年施設・幼稚園・市民会館・障がい者施設の運営協会など、現在でも多くのドイツ人は日常生活の楽しみや仲間、社会的支えをこうしたさまざまな協会から得つづけているのである。

協会はまた「登録協会e.V.（eingetragener Verein）」、日本語でいう公益法人・社団法人・NPO法人として、現在も日々新しく結成されている。経済的目的ではなく、社会全体の利益・公益Gemeinwohlのために、7人以上の人で自発的に結成できる法人としての協会は、環境・医療・教育・育児・地域の助け合いなどさまざまな領域で、今も多くの現場の担い手となり、広い社会的ネットワークを形成している。その数はドイツ全体で六〇万近くを数え、住民一〇〇〜一五〇人に一つの協会がある。二十世紀初頭にウェーバーが述べた状況は、百年たった今も変わっていないと言える。

個人の自己責任努力とも、国家の社会政策とも、市場での利潤追求原理とも異なる、こうした自発的団体・協会の存在は、現在もドイツ社会において、人びとの思考・行動様式、社会への関わり方に大きな影響を与えていると考えていいだろう。

十九世紀の工業化の開始に伴う大きな社会変化の中で、伝統的社会から切り離されて都市で孤独になった人びとは、協会という新しい人びとのつながりを作り出した。工業化がほぼ行き着き、経済発展期の家族や企業や地域のあり方が揺らぎ始めている二十一世紀の社会にとっても、協会はまた人びとの新しいつながり方を生み出す役割を持ち得るかもしれない。

参考文献

藤田幸一郎『都市と市民社会－近代ドイツ都市史』青木書店、一九八八年。
田中洋子「企業共同体と社会的労働運動の相剋――世紀転換期のドイツにおける鉄鋼・金属工業の労資関係（4）」東京大学『経済学論集』第五七巻第二号、一九九一年。

田中洋子「「手工業職人」と「プロレタリアート」の間で」増谷英樹・伊藤定良編『越境する文化と国民統合』東京大学出版会、一九九八年。

田中洋子『ドイツ企業社会の形成と変容――クルップ社における労働・生活・統治』ミネルヴァ書房、二〇〇一年。

松本彰「一九世紀ドイツにおける男声合唱運動：ドイツ合唱同盟成立（一八六二年）の過程を中心に」姫岡とし子他編『ジェンダー』ミネルヴァ書房、二〇〇八年。

Gerhard A.Ritter（Hrsg.）, *Arberiterkultur*, Königstein 1979.

Jürgen Kocka（Hrsg.）, *Arbeiterkultur im 19. Jahrhundert: Geschichte und Gesellschaft*, Jg.5, Heft 1, 1979.

Hans-Josef Steinberg, *Sozialismus und deutsche Sozialdemokratie*, Berlin/Bonn 1979. 時永淑・堀川哲訳『社会主義とドイツ社会民主党』（御茶の水書房、一九八三年）

Horst Groschopp, *Zwischen Bierabend und Bildungsverein. Zur Kulturarbeit in der deutschen Arbeiterbewegung vor 1914*, Berlin 1985.

Klaus Schönhoven, *Die deutsche Gewerkschaften*, Frankfurt a.M. 1987.

Wolfgang Hartwig, Verein. Gesellschaft, Assoziation, Genossenschaft, Gewerkschaft, in: *Geschichtliche Grundbegriffe*, Bd.6, Stuttgart 1990.

Stefan Goch, *Sozialdemokratische Arbeiterbewegung und Arbeiterkultur im Ruhrgebiet. Eine Untersuchung am Beispiel Gelsenkirchen 1848-1975*, Düsseldorf 1990.

Gerhard A.Ritter/Klaus Tenfelde, *Arbeiter im Deutschen Kaiserreich 1871 bis 1914*, Bonn 1992.

Dagmar Kift（Hrsg.）, *Kirmes-Kneipe-Kino, Arbeiterkultur im Ruhrgebiet zwischen Kommerz und Kontrolle*（*1850-1904*）, Paderborn 1992.

Jürgen Kocka/Hans Jürgen Puhle/Klaus Tenfelde（Hrsg.）, *Von der Arbeiterbewegung zum modernen Sozialstaat*, München 1994.

（田中洋子）

事例研究1　労働者の日常生活と協会活動

ドイツ経済の発展を支えてきた企業で働く労働者たちは、どのような日常生活を送り、何を楽しみながら生きてきたのだろうか。第一次大戦までドイツの最大企業・コンツェルンであり、現在でもドイツを代表する鉄鋼・機械メーカーであるクルップ社（現・テュッセン・クルップ）の例から、第一次大戦前までのドイツの大企業で働く労働者の生活を垣間見てみよう。

住宅と消費生活

小さな工場で鋳鉄や機械をつくっていた一八三〇・四〇年代、クルップで働く労働者のほとんどは工場の近くに住んでいた。それまで鍛冶屋や農業手伝いをしていた彼らの多くは、小さな農地と家を持ち、数頭の雌牛や鶏を飼っていた。週日は柳で編んだカゴに弁当のパンをいれて工場まで通い、休みの日には畑仕事をした。工場は農村風景の中にあった。

一八五〇・六〇年代に工場が拡大するにつれ、より多くの人手が急速に必要となり、様子は一変する。遠くからやってきた多くの労働者は、工場の中にざこ寝をしたり、新しく作られた寮や簡易住宅にはいった。クルップのあったエッセン市では地価が上がり、市内に土地付きの家を購入することは困難になる。

寮を嫌った労働者は、質の悪い賃貸住宅が集合する特定の通りの労働者街に暮らすようになった。日当たりも造作も悪く、狭いが家賃も高いため、下宿人を置いたり、食費を節約して暮らしていた彼らは、息苦しい部

図 4- 事例 1-1　クルップの社宅での生活

出典：*Illustrierte Zeitung*, Nr.2471. Krupp-Nummer,8.Nov.1890.S.16.

屋から出て居酒屋に行った。飲んで喧嘩をする人びとも多く、一八六六年にはコレラが蔓延して多くの犠牲者もでた。

　コレラの流行後エッセン市長は、「労働者が増大したのは企業のせいであり、企業は責任をもって住宅建設をすべきだ」とクルップに対して住宅建設を要請した。それを受けてクルップは、健康的で居心地のいい住まいを労働者のために社宅として提供する方針を打ち出す。それはまた、労働者街の中で労働者がプロレタリアート化することを防ぎ、「労働者を市民的に守る」ためとも位置づけられた。

　一八七〇年代以降、工場の拡張と平行して、工場の周辺にいくつもの大規模な社宅団地の建設がはじまる。クローネンベルク、シェーダーホーフ等と名付けられた各社宅からは、工場まで一五分前後で歩いて通うことができた。この新しい団地は、労働者街よりも衛生的で、部屋も広かった。

多くの家は二DKの間取りで、それが二軒付いた形の三階建である一棟に六家族がはいった。水は共同の井戸、燃料は炭を使っていたが、のちにクルップの配水所から水道がひかれ、クルップのガス工場からガスが送られるようになっている。トイレは階段のわきにあり、共同で使った。(図4−事例1−1)

入居家族の平均の子ども数は二人前後で、五歳以下の子どもがその半数強を占めるなど、若い家族が多く団地にはいっている。一八七五年当時、社宅のまわりでは山羊・豚・牛・鶏などが飼われ、部屋に間借人を置いていた家もあった。

こうした団地への入居に際しては、長勤続で子どもの多い家族が優先され、また鍛冶工や修理仕上工、機械工やマイスターなど、すぐに工場に駆けつけてほしい人たちが近くの住宅に配置された。一八七五年には、一三カ所の団地に、五〇〇〇人の労働者が住み、子どもたち八〇〇〇人を含む一万七〇〇〇人が居住するようになった。工場で働く者のおよそ三分の一、長期勤続の労働者の六割がこうした社宅に住んでいた。

大規模な団地の中心には、市場広場と公園があり、市場が開かれる。またクルップの消費組合の店舗でも買い物ができた。人びとの生活必需品であるジャガイモ・麦・炭・氷については、独立の販売コーナーがあり、ほかにも肉やハム、パンやチーズ、ケーキ、ビールをはじめ、煙草・食器・筆記用具・学校教本などの生活雑貨が売られていた。パンは消費組合のパン屋・パン工場がつくったもので、また自前のコーヒー焙煎所をへたコーヒー豆が消費組合の数カ所のカフェに提供されていた。

一八七四年に市内にオープンした中央購買店の大きな店舗まで足をのばすと、もっとさまざまなものが手に入る。洋服、生地の販売から注文服への仕上げ、軍手の製造も扱う衣料フロア、自前の革工場を持っていた靴・鞄フロア、洗濯機・ベッド・料理用レンジから子どもの玩具まで、工場と連結して製造・販売する家庭用品フロアなどもあった。クルップの労働者は生活資料のほとんどすべてを、こうした消費組合の店舗で市価より一割安く手に入れることができた。さらに買物ごとにもらえる割引スタンプを集めて、また買物することもできた。

（図4－事例1－2）

社宅の少し先には、会社の提供した家庭菜園が広がっている。クルップ小菜園協会も設立された。「野菜を作ろう!」という当時のパンフレットには、インゲン豆、エンドウ豆、たまねぎ、キュウリ、ニンジン、キャベツ、赤キャベツ、カリフラワー、ほうれん草がお薦め野菜としてあげられている。また、ジャガイモだけは特別扱いで、章が別にたてられていた。

団地の中には、独身の労働者のための、より洗練された寮も新たに建てられた。そこには浴室・食堂・売店はもちろん、労働者が仕事の後や休日を過ごすための図書館、設計・試作ができる作業室、ケーゲル場もついていた。

図4-事例1-2　消費協同組合の大きな店舗

出典：Ruppert, *Fabrik,* S.33.

ビール、シュナップス、そしてケーゲル

社宅団地の敷地内には、会社直営のビアホールがある。熱い鉄や大型機械を相手に一日中肉体労働をしたクルップの労働者が楽しみにしていたのは、仕事のあとのビールだった。クローネンベルクやシェーダーホーフなど、各団地ごとにビアホールが作られ、多くの労働者が訪れた。

「クローネンベルクの人間は、ビール一杯やシュナップス（芋や果物などから作る強い蒸留酒）を飲もうと思ったら、まずクルップのビアホール、グマースバッハに行った」

「クローネンベルクのクルップのビアホールは、夜いつも煌々と輝いていた。とても多くの客が来て、たくさんの金を使っていた」

人びとは仕事のあとにこうしたビアホールで、大ジョッキのビールと、小さなグラスに入った強いシュナップスを交互に飲み、煙草やパイプを吸いながら、仲間・友人たちと歓談するのが常だった。

「グマースバッハ以外にも、みんなのいきつけの飲み屋には、クルップの職員用や混声合唱団用の部屋が専用に用意してあったシュテファニー、飲み屋とは別に森の中の庭とケーゲル場がついていたフスマンなどがあった」

企業内の仲間・サークルでは、行き付けの居酒屋やその部屋を確保していたのである。

親しい数人の仲間と一緒に楽しむ日常的娯楽の一つがケーゲルである。ケーゲルとは、九本の木のピンをころがした球で倒す、ボーリングのようなゲームである。野原にレーンを設置し、倒れたピンを立て直す係を置く場合や、店の中にケーゲル場がある場合もあった。

ケーゲル場とは、数人から十数人入れる居酒屋の個室に、ボーリングのやや短いレーンが直接続いているゲーム場のことである。（図4-事例1-3）九本のピンが並べられ、あるいはひもで上から吊るされ、投げるボールは穴のない、ボーリングよりやや小さめのものを使う。参加者は各自、小さな豚の置物の背中に小銭を立てて幸運を祈り、決まりのかけ声「グート・ホルツ！Gut Holz」を言いあう。そして、ビールとシュナップスを注文して次々飲みながら、一人ずつ順番にレーンに出てボールを投げてピンを倒すのである。（図4-事例1-4）

順番の決め方や点数のつけ方にはさまざまなルールがあり、黒板に書き込みながら計算して順位をつけ、お

図4- 事例1-3　ケーゲルをする人「グート・ホルツ」（1898年）
出典：筆者所蔵。

図4- 事例1-3　ケーゲル場（戦後）
出典：筆者所蔵。

ごったりおごられたりする。ビール・ジョッキを片手に持ち、腕や肩を組みながら、みなで「幸運を祈る（グリュック・アウフ Glück auf）」など古くからある地方の唱歌やその替歌を歌い、大いに盛り上がる。

こうしたケーゲル仲間の組織は無数にあり、複数のケーゲル・クラブに属する人も多かった。クルップ労働者の場合は、クルップ教育協会の中で結成された、合唱団やオーケストラなどのさまざまなサークルの仲間と一緒に、馴染みのケーゲル場に行くことが多かったのである。

クルップ教育協会の発展

クルップ教育協会とは、一八九九年にクルップの職員によって自発的に設立され、会社からも公認された企業内の団体のことである。それは、全従業員に「一般的教養と教育的娯楽」を提供することを目標にした協会であり、活動として講演の夕べ、娯楽の夕べ、連続講義・講義コース、合唱・演奏会などを開催することをうたった。教育協会の月刊誌『仕事のあとで』の創刊号は次のように述べている。

「ハンマーがどよめき、火を吹くとき、人は無口になる。しかし仕事の後、人は言葉に返る。仕事は関節だけでなく精神を疲れさせ、体だけでなく心を飢えさせる。関節の補強と体の慰安に料理と飲み物がいるように、疲れた精神と飢えた心はわれわれの客である」

協会の活動はさまざまな形をとって行われた。講演の夕べでは、世界の民族、市の歴史、外国の紹介、健康管理、地球の科学などの講演が行われた。娯楽の夕べでは、オーケストラ・混声合唱団によるコンサート、クリスマス祭に加え、観劇会、朗読会、子どものための童話劇会が催された。連続講義では、民法、電気と磁気、機械と熱学がテーマとされた。講義コースでは、大人向けの再教育の場として、ドイツ語・代数・製図・物理・電気・フランス語・速記・簿記などの講座が開催された。

それ以外にも、独立したサークルがたくさんできた。オーケストラ部、混成合唱部、チェス部、速記部、文学部、青年部、自然科学部、スポーツ部、婦人部、国民経済部、写真部、ワンダーフォーゲル部、フェンシング部などである。青年部は一九〇一年に約百人で開始されたが、その後、少年団ユング・ローラント、職人青年団ローラント、少女団、ダンスクラブへと拡大した。そのほかに、版画のデューラー展や地方史展などの展覧会も開催されている。一八九九年にはクルップ図書館も建てられ、従業員は自由に本の貸し借りができるようになった。一九一〇年にはクルップ体操協会も設立され、ドイツ体操連盟にも所属した。

仕事を終えた従業員の自由時間に対象をしぼったこの活動は、創立から十五年で会員が六千人を越え、参加労働者が十数倍に増えるなど、急速に大きく発展した。初めて独身労働者寮でクルップの混声合唱団によるコンサートが開かれたときの記事は、人びとの当時の心象をよく表している。

「みんなは頭をふり、『教育協会がわれわれに一体何の用がある？　われわれの仕事に強い腕はいるが、教養はいらない』と言っていた。しかし夕方のコンサートは全席が埋まった。彼らは単調な日常生活から抜け出したいという強い好奇心と憧れを持っており、人びとはベートーヴェンの音楽に大きな拍手を送って心から楽しんだ」

一九〇三年には、シラーの劇や朗読会、ハイドンやベートーヴェンなどのコンサートが一五回、講演会が七回、家族の夕べが四回、さらに旅行ツアーが実行されている。一九〇五年にも合唱・コンサート・劇に毎回一五〇〇～三五〇〇人、講演会で一回千人前後の参加者を記録し、三四回の催しにのべ二万四千人が参加するなど、その影響力は広範囲に及んだ。

こうした教育協会の活動は、それまで市民層の中だけにとどまり、多くの労働者・大衆にとっては馴染みがなかったシラーの劇やベートーヴェンの音楽の世界を知らしめ、市民的文化・教養から刺激を受ける機会を彼らに与えることになった。それはクルップ労働者の次のような回顧によく表れている。

「私はクルップの教育協会ほど大きな効果をあげたものはないと思う。それは人びとをまったく別な人間に教育していった」

クルップ教育協会は、社会民主主義の労働運動文化に対抗しつつ、労働者の自由時間を企業の中で組織化しながら、労働者を市民化することにある程度成功したと考えることができるだろう。

このようにドイツの大企業は、住宅、消費生活からビアホール、日々の娯楽に到るまで、労働者の日常生活に対して積極的に関わり、人びとを企業の中に取り込んでいったと言える。とくに一九〇〇年以降、自発的団体としての教育協会の活動が企業内で促進されたことは、多くの労働者に市民的文化に親しむ機会を提供し、協会・サークルでの親密な人間関係、アイデンティティや帰属感をもたらした。

企業を基盤とした人びとの日常生活・協会活動は、社会民主主義やキリスト教を軸とした協会文化とはまた異なる、もう一つの人びととの新たなつながり、企業における労働者文化を生み出したと言うことができよう。

（田中洋子）

事例研究2　労働者の食生活

産業革命が民衆の生活水準にどう影響を与えたのかをめぐる生活水準論争は今日まだ完全に決着したとはいえないが、ドイツにおいて十九世紀初頭から二十世紀初頭を比較すれば、工業化だけにその原因を求めることはできないとしても、民衆の物質生活が平均的に向上したことはまちがいない。食生活においてもそのことは容易に見てとることができる。ドイツの食生活史研究のパイオニア、H・J・トイテベルクが統計をもとに計算した結果によると、ジャガイモや小麦、肉といった主要食品の一人あたりの平均供給量は、十九世紀中葉から二十世紀初頭の間に二倍から三倍に増加し、ジャガイモと小麦についての数値は一九〇〇年頃がピークとなっている。第一次大戦前のドイツにおける労働者層の食生活も、質はともかく量的にはほぼ満たされるレベルに達していただろうと推測される。

しかし、具体的な食生活の実態はどうであったのか。トイテベルクの数値はあくまでラフな平均値にすぎず、社会階層による食生活格差が反映されていないし、供給量の数値なので流通過程での廃棄分や工業用・飼料用の生産量も含んだ数値である。じっさいの家庭における食物摂取量を把握するためには、家計調査によるミクロの数値が不可欠である。家計調査は、十九世紀後半のヨーロッパ諸国において数多く実施されている。ドイツでも、十九世紀末から二十世紀初頭にかけてさまざまな家計調査がある。この事例研究では、こうした調査を利用して、当時の平均的な労働者の食生活実態を分析してみよう。

家計調査を利用して労働者の食生活の実態を解明するためには、いくつかの条件をクリアしていなければならない。調査方法が信頼できること、調査対象となるサンプル世帯数が統計的に十分であること、消費量の時期的・季節的変動を相殺できるように調査がかなり長期間継続して実施されていること、等々。こうした条件を満たすような家計調査は、この当時のドイツでは、残念ながらあまり多くはない。

その中でわずかな例外といえるのが、ドイツ帝国統計局が一九〇七年に実施した「低所得家庭家計調査」と、ドイツ金属工組合が翌一九〇八年に実施した「金属労働者三二〇家計の調査」である。この二つの家計調査は、全国的調査であり、調査対象となった世帯数もたいへん多かったし、調査方法も、両者とも対象家庭に一年間を通じて家計簿を記入させ、収入と支出をできるだけ正確につかむという方法をとっている。したがって、たんに一時的な家計収支をアンケート調査しただけのそれ以前の調査とくらべ、はるかに信頼のできるデータが得られる。

それぞれの調査方法について、もう少し説明しておこう。帝国統計局の調査（以下ＫＳＡ調査と略する）の方は、全国の約四〇〇〇世帯を対象に各地の自治体に調査の実行が委ねられたが、多くの世帯が脱落し、結局一年間を通じて調査できたのは九六〇世帯にとどまった。さらに、そのうち一〇八世帯が方法上の問題で除外されたため、最終的に調査対象となったのは八五二世帯ということになる。ここではそのうちの労働者世帯五二三を分析対象とする。金属工組合の調査（以下ＤＭＶ調査と略する）の方は、ＫＳＡ調査の種々の欠陥を補うため実施されたものであるが、金属工組合の拠点となる地域ごとに調査対象世帯が選定され、当初四〇〇世帯に調査票が配布された。一年間調査を続けられたのは三二五世帯で、うち五世帯が方法上の問題で除外され、最終的に三二〇世帯が対象となった。どちらも、当時の家計調査の中で最大規模のものである。しかも、一年を通じて記録した家計簿によっているので、季節による相違にも左右されない平均値が得られる。ただし対象が金属工などの熟練労働者中心であるため、ここで得られた数値はあくまで労働者の中でも上層のものであることは確認しておく必要がある。

表 4- 事例 2-1　主要食品の 1 人あたり平均消費量

食品名	ＫＳＡ調査		ＤＭＶ調査	
	年間	一日	年間	一日
肉（ソーセージ除く）	22.7kg	62.2g	25.1kg	68.8g
ソーセージ	6.3kg	17.3g		
バター	5.9kg	16.2g	6.4kg	17.5g
麦粉	15.6kg	42.7g	13.5kg	37.0g
パン	125.0kg	342.5g	160.1kg	438.5g
砂糖	10.9kg	34.6g	12.6kg	34.6g
ジャガイモ	108.1kg	298.6g	129.0kg	353.3g
ミルク	103.9 ℓ	284.7mℓ	115.0 ℓ	315.1mℓ
卵	81.2 個	0.22 個	103 個	0.28 個

出典：南直人「『近代的食生活』の現実――家系調査からみた世紀転換期ドイツの食物摂取量」『西洋史学』第 201 号、2001 年、62-63 頁。

主要八食品の一人あたり平均消費量を筆者が計算すると表４－事例２－１のようになった（ＤＭＶ調査の方にはソーセージの項目がない）。両者を比較してみると、ほとんどの品目でＤＭＶ調査の方がＫＳＡ調査より少し数値が多くなっていることがわかる。肉（ソーセージ除く）の場合、ＤＭＶ調査では年間消費量二五・一キログラム、一日では六八・八グラムであるのに対して、ＫＳＡ調査ではそれぞれ二二・七キログラムと六二・二グラムとなっており、ＤＭＶ調査の方が一割ほど多い。ジャガイモの場合は、同じくＤＭＶ調査で同じく一二九キログラムと三五三グラム、ＫＳＡ調査では一〇八キログラムと三〇〇グラムで、ＤＭＶ調査の方が約二割多くなっている。両調査の対象となる世帯の所得にはほとんど差がないため、これは生活水準の差というより、調査方法の違いによる差と考えられる。いずれにせよ、両者の数値の差は一～二割程度にとどまっており、どちらも現実の食生活の姿をほぼ正確に反映しているとみなしてよいだろう。ここから導き出される一日あたりの食物摂取量は次のようになる。肉は六〇～七九グラム（加えてソーセージ二〇グラム弱）食されている。そして、パンを一日平均三四〇～四四〇グラム、ジャガイモを三〇〇～三五〇グラム食べ、ミルクを約三〇〇ミリリットル飲む。卵はだいたい四〜五日に一個の割合で食べることができる。

では、ここで示された食生活のレベルはどの程度のものと評価するべきであろうか。現在のドイツ人の平均的な食物摂取量をみると、一九八〇年代後半の西ドイツでおこなわれた栄養調査では、肉の摂取が男性で一日九二グラム、女性で七一グラム、ハム・ソーセージ類が男性で九〇グラム、女性で五七グラムとなっている。パン類は男性が一日二四二グラム、女性が一八七グラム、ジャガイモは男性一一六グラム、女性九五グラムとなっている。もちろん、現代は食生活はずっと多様になっており、これらの限られた食品の消費量だけで単純に比較することはできないが、二十世紀初頭の食品消費量の数値は、現代の消費水準とあまり変わらない、というより量的には現代より上回っているのである。二十世紀初頭の時点で、少なくとも労働者の上層の人々は、ジャガイモやパンといった植物性食品をたっぷり食べることができたといえる。明らかにこうした食生活は、飢餓といったレベルではない。ここで描かれた食事風景は、前近代の飢餓にさらされた食生活ではなく、近代化され豊かになった時代の食生活という印象が強い。

もちろん、これらの数値は熟練労働者のものであり、労働者層内部の格差を考慮しなければならない。ただし、どちらの調査でも世帯収入別の数値も計算されており、詳しくは省略するが、それを見ると世帯の収入が増えると食生活のレベルが大幅に上昇するというような明確な傾向は読みとれない。したがって、一般の労働者の食生活が上層の労働者の食生活より大幅に劣悪であるとは考えにくい。平均的な労働者の食生活のレベルは、かならずしも劣悪な状態にあったとはいえないのである。

栄養素レベルで分析してもこのことは当てはまる。この家計調査では八品目の食品の消費量しかわからないため、栄養価の計算は不可能であるが、熟練労働者家族を対象としたトイテベルクの別の研究によると、摂取熱量が一日一人あたり二六〇〇〜二八〇〇キロカロリーとなっている。だいたい十八世紀末や十九世紀初頭の時点では、一日一人あたり二〇〇〇キロカロリーを下回るほどであったのと比べると大幅に上昇しているし、現代ドイツのカロリー摂取量（男が約二七〇〇キロカロリー、女が約二一〇〇キロカロリー）をも上回っているのである。三大栄養素で比較すると、脂肪だけは現代の方が多いが、タンパク質・炭水化物とも二十世紀初頭の方が多い。栄養価の点でみても、この時期の熟練労働者の食生活はほぼ満たされていたということができるだろう。

ただし満たされているといってもあくまで量的にであって、質的にはまだまだであったし、より上の市民層と比べると階層間の差が大きいことも確かである。そもそも食生活の実態はこうした無味乾燥の数値だけで計れるものではない。上記ＤＭＶ調査の方には、アンケート調査の結果だけでなく、調査対象となった労働者世帯が自分たちの生活についてコメントしたケースが、二二例だけだが収録されている。それをみると、アンケート調査の結果の数値だけではわからないような、労働者家庭の生活実態をうかがい知ることができる。紙幅の関係で、若干の例のみ紹介してみよう。

「数字にはわれわれの生活の実態はあらわれていません。二七マルクの週給のうち一・一九マルクは疾病金庫や私的な共済金庫にあてられます。……主な食べ物といえばパンとマーガリン、ジャガイモです。たいていの場合、肉は食卓には登場しませんし、ソーセージを食べるのは私だけです。妻や子どもたちは堅いパンか、せいぜいマーガリンを塗るくらいで満足しなければなりません。ミルクは主として子どもたちのためであり、われわれは節約のためコーヒーをミルクなしで飲みます。」（ルール地方の工業都市ハーゲンの錠前工の世帯）

「今やまったく金がありません。この一年間ずっとそうでした。私の長患いのため、われわれはみじめな状況に追い込まれています。妻は品質の劣る肉や馬肉を買い、クズ肉で作ったソーセージや劣等食品で満足していますが、借金なしでやっていくことは不可能でした。子どもたちが道端に捨てられた木切れなどを拾ってきて燃料にしていますが、それがないと家の中は寒いままです。来年はもっとよい仕事に恵まれますように。」（ベルリンの金属工の世帯）

「われわれの生計について申し上げねばなりませんが、なんとか生活をしていくためにたいへんながまんを強いられています。家計において私はいろいろ工夫をしてきました。たとえば、骨にこびりついた部分の肉を大量に購入しましたし、たまに馬肉を食べたこともあります。通常の値段で肉を買うことは、特別の場合だけでした。ソーセージも、たいてい二級品を食べていました。パンの上に塗るものが無い場合もありました。調査の最後の三ヵ月間、事情があって多くのミルクを購入しました。子どもたちのためにこれでスープを作るのです。子どもの一人が肺の病気に罹っていることを付け加えておきます。われわれの経済力は乏しく、この子に必要な治療を施すことができないのです。」（シャルロッテンブルクの鍛冶工世帯）

このように、病気や失業といった不幸に見舞われると、家計は苦境におちいり、食生活のレベルを切りつめることになる。その手段として、安い代用品に頼るというのが一般的であった。食事のレベルをはかる基準はやはり肉であるらしく、コメントにも肉の質がかならず言及され、品質の劣る肉を安く購入したという記述がひんぱんに見うけられる。その他、バターの代わりにマーガリン、麦芽コーヒーなど、多くの代用品が家計を助けるために利用されたのである。

平均値からはわからないこうした不幸でみじめな食生活のありさま、これも二十世紀初頭ドイツの労働者の生活の真実であった。

参考文献

南直人「『近代的食生活』の現実—家系調査からみた世紀転換期ドイツの食物摂取量」『西洋史学』第二〇一号、二〇〇一年。

Hans J. Teuteberg, Der Verzehr von Nahrungsmitteln in Deutschland pro Kopf und Jahr seit der Industrialisierung (1850-1975), in: *Archiv für Sozialgeschichte*, Bd. 19, 1979, S.331-388.

（南　直人）

事例研究3　サッカー文化——「シャルケ04」の事例から

イングランドからドイツへ

近代サッカーは、十九世紀半ばのイングランドにおいて、無規律の荒々しい民衆フットボールから、パブリック・スクールでルールを持ったスポーツに生まれ変わることで誕生し、早くも一八八〇年代には圧倒的に労働者階級が行い観戦する大衆スポーツとなった。そしてサッカーは、同時に「イギリスのもっとも永続的な輸出品」として、世界各地に広まってゆく。

ドイツにサッカーが輸入された最初は、一八七四年にギムナジウム教師コッホによってだとされている。その後、ベルリンなど大都市の職員層を中心にしてサッカーは広まっていった。ドイツ全体で労働者層にも本格的に普及して爆発的な拡大を見るのは第一次大戦後であるが、二十世紀に入ると、「シャルケ04」が生まれるルール地方にもサッカーは普及し始める。一八九八年にはラインとヴェストファーレンのクラブを糾合して「西ドイツサッカー連盟」が組織され、この地域に階層的なリーグ戦組織が形成された。各地域の連盟の代表者を集めて全ドイツ的な「ドイツサッカー連盟」が結成されるのは一九〇〇年であるが、第二次大戦後の一九六二年にブンデスリーガが形成されるまで全国リーグはなく、各地域の連盟の代表チームがトーナメント戦でドイツ・チャンピオンのクラブを決めていた。「西ドイツサッカー連盟」では、一九一三／一四年には六〇八クラブの九五五チームが加盟し、六一〇五のゲームが開催されていた。そしてこの加盟クラブのうち、ルール地方のかなりでは、クラブのメンバーは圧倒的に労働者であった。ここで注意しておくべきは、イングランドでもドイツでも、労働者層にサッカーが普及する一つの必要条件は、余暇があること、つまり一定の労働時間の短縮、ないし土曜半日休日あるいは日曜休日の導入であった点である。

「シャルケ04」の誕生

「シャルケ04」は、現在でもドイツのブンデスリーガで優勝を争う強力なチームであるが、ここでは、このチームの歴史をめぐる若干のエピソードから、ドイツのサッカー文化について考察を加えてみたい。まずこのチーム名は、このチームが誕生した場所と時を示している。「シャルケ」とは、ゲルゼンキルヒェン、つまり十九世紀後半以降に急成長を遂げた典型的なルールの炭鉱都市、の一地区名で、「04」は一九〇四年ということである。

「シャルケ04」は、十四～十六歳の若い炭坑夫と徒弟によってシャルケで一九〇四年に設立され、当初は恐らくかなり多数のクラブがそうであったように、「野生の」クラブであった。つまり、近隣の若者同士が石ころだらけの空き地でボールを蹴って楽しみ、その後にはクラブの集会所でもある飲み屋に集まったというように、正規の組織を持たない集まりだった。やがて彼らは規則的な試合を望み、「西ドイツサッカー連盟」に加盟申請を何度も行ったが、当時このような存続も不安定な「野生の」サッカークラブが雨後の筍のように多数誕生していたこともあって、いつも却下されていた。彼らは「連盟」指導部の助言にしたがって、すでに「連盟」に加盟していた「シャルケ体操協会77」に加盟してそのサッカー部門として一九一二年に「連盟」に加盟できた。第一次大戦では、メンバーの年齢から容易にわかるように、多くのメンバーが招集されてチームは壊滅状態となる。「シャルケ04」は、招集前年齢の若者を中心に再組織されるが、その中心となったのがシュアマン夫妻で、夫人の父が飲み屋を経営しており、ここがクラブの集会所となった。夫の招集後も、飲み屋の女主人シュアマン夫人を中心としてクラブは維持されたのだった。

以上のように初期の「シャルケ04」の特徴の一つは、メンバーの住所・働く場・サッカーをする場・飲み屋（＝クラブの集会所）が、炭鉱の都市ゲルゼンキルヒェンの一地区シャルケのなかのきわめて狭く限定された場所のなかにあったことである。つまり、きわめてローカルな、近所同士の若者の付き合いの中から「シャルケ04」は生まれたのである。そしてこの点は、ルール地方にこの時期に誕生した他の多くのサッカークラブについても妥当する。

地域の強力チームに成長する「シャルケ04」

第一次世界大戦中に組織が維持されて、戦後に「シャルケ04」は順調に上昇していく。その場合に、第一次世界大戦の偶然的結果とも言えるだろうが、イングランドの影響を直接的に受けることとなった。工場労働者としてイングランドに両親とともに移住してイングランドのクラブでプレーし、第一次大戦中は抑留されていて戦後に退去となって帰国したバルマン兄弟によって、チームに「シャルケのコマ回し」と呼ばれる巧みな素早いショートパス戦法が導入されたのである。兄弟がシャルケのプレーヤーの一人と抑留中に知り合ったのが縁であった。これは、技術輸入の一つの形とも言えよう。彼らの加入とともに「シャルケ04」の本格的な上昇が始まる。一九一九／二〇年には「西ドイツサッカー連盟」のゲルゼンキルヒェン－ボーフム地区B級（下から二番目のリーグ）であったのが、同A級、エムシャー地域リーグ（上から二番目のリーグ）と、年毎にとんとん拍子に昇格していった。

すでに述べたように、「シャルケ04」は体操クラブに軒下を借りる形で「西ドイツサッカー連盟」に加盟していた。しかし、一九二四年に「ドイツ体操協会」は傘下の組織に他のスポーツ組織への同時平行的加盟を禁止し、これを受けて「シャルケ04」は独立の組織となった。ドイツで、サッカーと体操の組織的な関係は、必ずしも友好的なものではなかった。ヤーン以来のドイツ体操は、十九世紀後半にはナショナリズムの色彩を強く帯びてドイツ市民層に広まっていた。このドイツ体操、少なくともその指導者にとっては、イギリス伝来の新興のサッカーは、「非ドイツ的」な「ふざけスポーツ」にすぎないものであった。「シャルケ04」の場合に、この分裂の具体的な経過やその中でのメンバーの動向は不明である。しかし、後のクラブの発展に明らかにプラスであったのは、もともとこの体操クラブのメンバーだったが、分裂に際して「シャルケ04」に移り、その理事長を務めることとなったフリッツ・ウンケルの存在である。彼はクラブでは「ウンケル父さん」と呼ばれて親しまれ、一九三九年まで理事長を務めその後は名誉理事長となった。彼はゲルゼンキルヒェンの中核企業の一つでシャルケにあるコンゾリダツィオーン炭鉱の倉庫・資材管理人で、父がこの炭鉱企業の初期の経営に参画していたこともあって、トップとも人脈を持っていた。この企業との結びつきは、チームにとって後の新スタジアム建設を始めとして重要であった。

当時のクラブ代表チームのメンバーの職業は、商業職員二名、不熟練労働者二名、熟練錠前工と熟練溶接工各一名、そして五名が炭坑夫であった。これは住民の中で労働者が圧倒的で、その中では炭鉱と重工業で八〇%以上を占めるという当時のゲルゼンキルヒェン住民の職業構成をよく反映している、といえる。そしてさらにメンバー構成で興味深いのが、多くのポーランド系（マズール人を含む）と推測されるメンバーが含まれていることである。たとえばこの時期のメンバーだとゴットシェフスキ、さらにレックマン（レゲルスキから改名）、ツルナー（ツラウスキから改名）がそうで、他にチェコ系と思われるソボトカがいる。そしてこの後の一九二〇年代半ば以降だと、誰よりもまず挙げるべきが、後にドイツのナショナルチームでも中軸選手として活躍したクッツォーラとセパンである。ドイツのナショナルチームでポーランド系の選手が活躍するのは、現在のクローゼやポドルスキが最初なのではないわけだ。キャプテンを務めてチームのシンボル的存在となったクッツォーラは、マズール人労働移民二世でシャルケで一九〇五年に生まれ、父と同様に炭坑夫となり、コンゾリダツィオーン炭鉱で働いていた。彼は「シャルケ04」でサッカー選手として有名になると、理事長ウンケルの口利きで危険の少ない地上の仕事で働くことができた。

ルール地方の炭鉱業では、ポーランド系の労働移民が重要な役割を果たしていたことはよく知られている。コンゾリダツィオーン炭鉱では、当時労働者の五五％が労働移民であった。だから、この点でも「シャルケ04」は、ゲルゼンキルヒェン住民の状況をよく反映している、いやそれどころかさらに、ポーランドを始めとする移住民たちが、ゲルゼンキルヒェンのサッカークラブでは十分に統合されていた、と考えられるのである。

より上のリーグに順調に昇格していった「シャルケ04」にとって、一九二三年に「西ドイツサッカー連盟」がゲームの過熱化・暴力化を理由に二年間のリーグ昇降格ストップの措置を採ったのは打撃であった。これは「シャルケ04」の側から見れば、「連盟」の中の「ブルジョア的なクラブ」はゲルゼンキルヒェン郊外の「ポラッケン［ポーランド人に対する蔑称］とプロレタリアのクラブ」とは一緒にプレーしたくないんだ、ということであった。ここで注意しておきたいのは、この「ポラッケン」や「プロレタリア」は蔑称であるが、クラブの代表チームを「炭坑夫たち」と呼ぶのは、むしろ自尊心を持って、応援のサポーターを含めて自らであった点である。これはシャルケの労働者街に位置し一九二八年に完成したチームの新しい拠点が、「グリュックアウフ［＝炭坑夫が坑内へ降りるときの挨拶で「ご無事で」の意味］サッカー場」と命名されたことからも理解できる。

このように「炭坑夫」の誇りを持ち続け抜群の地元観客動員力を持つようになった「シャルケ04」だが、その活動や主張から見ると決して当時の労働者運動に近かったわけではない。「シャルケ04」を始めとするクラブは、たとえばクッツォーラが、「俺たちは仕事とサッカーを知っていただけだ。他は何も」「俺たちのクラブでは政治と宗教は何の役割も果たしていなかった」と述べているように、自らの意識では「政治的に中立」だが、労働者運動の側から見ると「ブルジョア的」であった。これらのクラブは、ルール地方の「赤の牙城」において、しっかりとプロレタリア的・社会主義的ミリューに食い込んでいた、ということになる。この時期に

「労働者体操・スポーツ同盟」やそれに結集したクラブのように、労働者運動が担い手となったサッカーの全国組織やその傘下のクラブがなかったわけではない。それどころか必死に労働者を獲得しようと努力していた。しかし結論的にいえば、少なくともサッカーでは、これらクラブはまったくの少数派にとどまった。つまり、この時期の労働者の文化を考える場合に、通常の労働者政党・運動の側からの考察ではこぼれ落ちてしまう側面を、サッカーを中心とするスポーツの文化は垣間見せている、といえるだろう。

ドイツ・チャンピオンへの道

一九二五年の昇降格禁止の解除後には、「シャルケ04」は順調に勝利を重ね、一九二六年に「西ドイツ連盟」で一番上のルール地域リーグに昇格、一九二七年にルール・チャンピオン・「連盟」大会第二位、一九二九年にはついに西ドイツ・チャンピオンと着々と強くなっていく。

チームが強くなるにつれて、観客動員も多数となっていった。一九二七年のルール・チャンピオンを目指すホームゲームは、それまでのサッカー場では小さすぎ、シャルケの隣の地区の競技場を借りて行わざるをえなかった。このときにすでに一万五〇〇〇人の観衆が集まった。大規模の観客を収容できるスタジアム建設はクラブにとって焦眉の急となっており、これが一九二八年に完成する新スタジアム「グリュックアウフ・サッカー場」建設の背景であった。この新サッカー場は、敷地はコンゾリダツィオーン炭鉱から借り、建設費も借入で賄わざるをえず、当時のクラブ員が全部で約八〇〇名、そのほとんどが炭坑夫と労働者であった「シャルケ04」にとっては、かなりリスクの大きい事業であった。新スタジアムは、たとえば世界経済大恐慌の最中である一九三一年の対「フォルトゥナ・デュッセルドルフ」戦では七万人の観衆、三〇年代には毎年数回は三万五〇〇〇人以上の観衆、というように結果的には成功であった。ここが一九七二年まで「シャルケ04」のホームスタジアムとなった。

その後一九三〇年のアマチュア規定違反事件で代表チームのほとんどの選手が出場停止処分を受けるという大打撃を乗り切った「シャルケ04」は、一九三四年にチーム史上初めてドイツ・チャンピオンとなり、ナチス期には合計で六回ドイツ・チャンピオンとなって黄金時代を迎えるが、この大恐慌期からナチス期の「炭坑夫たち」については、さらに別の視角からの考察が必要だろう。

参考文献

小倉純二・大住良之・後藤健生日本語版監修『フットボールの歴史　ＦＩＦＡ創立一〇〇周年記念出版』講談社、二〇〇四年。
Siegfried Gehrmann, *Fußball・Vereine・Politik. Zur Sportgeschichte des Reviers 1900-1940*, Essen 1988.
James Walvin, *The People's Game. The History of Football revisited*, Revised ed., Edinburgh / London 1994.
Georg Rowekamp, *Der Mythos lebt. Die Geschichte des FC Schalke 04*, Göttingen 1996.
Christiane Eisenberg, *„English Sports" und deutsche Bürger: Eine Gesellschaftsgeschichte 1800-1939*, Paderborn 1999.

（八林秀一）

第5章　大衆化時代の国民文化

ニーダーヴァルトの国民記念碑（1883年完成）
上段は女神ゲルマニア像、中段の左は「戦争」、右は「平和」の擬人像、その間に皇帝・諸邦君主・将軍の群像レリーフ、下段はラインとモーゼルの擬人像。
出典：http://en.wikipedia.org/wiki/File:Niederwald_memorial_1.JPG，閲覧日 2011 年 2 月 27 日，撮影者 Moguntiner, 2006 年。

1 ビジュアルな国民意識

ドイツ・ナショナリズムの覚醒

「初めにナポレオンがいた」──これは、ドイツでベストセラーになった、トーマス・ニッパーダイの十九世紀ドイツ史三部作の冒頭の言葉である。フランス革命の影響がナポレオン戦争によって、政治的・軍事的圧力として入ってきて、ドイツは体制変革を余儀なくされた。その状況を言い表した言葉だ。研究者ヤイスマンは、「敵が祖国を作る」と言ったが、ドイツの国民意識はフランスとの対抗意識の中で形成されたといってよい。フランスへの対抗意識と言えば、すでに十八世紀の啓蒙時代にも、フランスの貴族文化やそれに傾倒しているドイツの君主・貴族層に対抗して、ドイツの市民文化を作り上げようとする、いわゆるドイツ運動が生まれていた。しかし、このドイツ運動は、観念論哲学を大成したカントや、二大文豪ゲーテ、シラー、古典派音楽を完成させたベートーヴェンの活動に見られるように、世界市民的な普遍性も持つ、知識人たちの文化運動であった。

十九世紀初頭のナポレオン戦争で、それが一変する。「フランスからの解放」を合い言葉に、ドイツの変革と統一を求める政治的な国民運動が巻き起こった。ドイツ・ナショナリズムの覚醒である。フランスへの屈辱的な敗北の中で、市民層のとくに若者に火が付いた。学生を中心に愛国主義が高まり、ドイツ各地で義勇軍が組織された。彼らはフランスからの解放戦争に参戦し、一八一三年十月のライプツィヒ諸国民戦争でフランスに勝利した。ナポレオンが失脚した後も、この国民運動はさめず、とくに体操協会・射撃協会・合唱協会（男声合唱）は、ドイツ・ナショナリズムの重要な担い手となった。

十九世紀のドイツの国民運動には、絶対主義のドイツ諸邦を憲法制定や選挙による議会制度によって変革しようとする方向性と、ドイツ人の統一国家を求める方向性とが、渾然一体としていた。どちらも、ドイツはフランスのような国民国家に生まれ変わらなければならない、という点は同じであり、「統一と自由」というスローガンが唱えられた。しかし、一八四八年の三月革命が失敗し、政治的反動期の五〇年代以降、政治体制の変革は遅々として進まなかった。他方、ドイツ統一は、多民族国家のオーストリアを排除しプロイセンを中心とする小ドイツ主義的統一が、六〇年代に急速に進展した。ドイツ統一は、プロイセンの外交力・軍事力を駆使した、ドイツ諸邦君主の連合による「上からの統一」という形で実現した。ドイツの国民運動は、その下支えをしたことはまちがいない。

一八七一年のドイツ帝国成立以後は、ドイツ・ナショナリズムの担い手は市民層だけでなく、次第に民衆まで拡大してゆくことになる。大衆政治の時代が十九世紀末に始まりつつあったからである。この章では、ドイツ人の中の各社会層の文化ではなく、「ドイツ人」をひとくくりに考えようとする「国民意識」と「国民文化」を考察する。そうした発想は必ずしも国民各層から同じような形で出てきたわけではない。名望家政治の時代から大衆政治の時代になっていく十九世紀から二十世紀前半に、ドイツの国民意識や国民文化はどのような軌跡を描いたのかを、帝政期からナチ時代までの社会現象のなかから探ってみたい。この問題は、ナショナリズムの問題と私たちはどう対峙するのかという点で、示唆に富んでいる（事例研究1参照）。

国民記念碑の建設

フランスからの解放戦争の勝利を記念して、ドイツ統一前からさまざまな国民記念碑が作られた。国民記念碑はフランス革命でモードとなり、ナショナリズムをビジュアルに表現するものとして、ドイツでも盛んになった。経費がかさむので、ドイツ統一前には、注文主は諸邦君主が多かったが、民間の寄付によるものもあった。

一八一七年から二六年に建設されたベルリンのクロイツベルク記念碑は、プロイセン王フリードリヒ・ヴィルヘ

図 5-1　ヘルマン記念碑（1875 年完成）

出典：http://en.wikipedia.org/wiki/File:Arminius1.jpg，閲覧日 2011 年 2 月 27 日，撮影者 Nawil12, 2008 年。

ルム三世が発注した。戦勝擬人像を兼ねた王侯・将軍の肖像を含む一二体の人物像を含み、国王が国民に感謝する記念碑と言いながら、かなり軍事色が強い。一方、バイエルン王ルートヴィヒ一世は、ナポレオン戦争さなかの一八〇七年に、ドイツの偉人たちの殿堂「ヴァルハラ」の建立を着想し、レーゲンスブルク郊外での建設を開始した。定礎式は一八三〇年、落成式は一八四二年、ともにライプツィヒ諸国民戦争の記念日（十月十八日）に行い、解放戦争を強く意識させた。同国王はひき続きレーゲンスブルク郊外の別の丘に、解放記念堂を作らせ、資金をやりくりして、ライプツィヒ諸国民戦争五〇周年の一八六三年に完成した。この記念堂は、解放戦争で活躍したドイツ諸邦の将軍一八名の名札を堂内に掲げていたが、優美な内部空間や大理石の勝利の女神像三四体が印象的で、戦勝記念碑にありがちな勇ましく男性的な造形を取っていない。

一方、一民間人がほぼ一生をかけて作り上げた国民記念碑として、デトモルト郊外のヘルマン記念碑がある（図5－1）。ヘルマンとは古代ゲルマンの一部族長アルミニウスのことで、ローマ軍をトイトブルクの戦いで撃退したゲルマニアの英雄である。ドイツ史上、外部からの圧力に屈せずドイツ人を解放する人はヘルマンに重ね合わされた。ナポレオン戦争時にヘルマン熱が高まったのはもちろんのことである。しかし、ウィーン体制下では、ヘルマン神話が体制転覆のエネルギーとなることが懸念され、諸侯からのヘルマン像建設の動きは進まなかった。この時期に彫刻家バンデルが私財を投げ打って建設計画を始めた。ヘルマン記念碑設立協会が一八三八年に設立され、各地から寄付が集まるようになった。寄付の主力は教養市民層だったが、貴族から農民まで、また在外ドイツ人からも寄付が集まり、一大民間プロジェクトとなった。しかし、一八四〇年代に計画は頓挫する。四六年に資金が尽き、三月革命の革命派のシンボルにされて危険視されたからだ。一八六二年になって新たな記念碑設立協会が組織され、建設が再開された。一八六九年にプロイセン王ヴィルヘルム一世（のちのドイツ皇帝）がアトリエ訪問して、この像の性格が変化する。プロイセン王はこの像をドイツ統一のてこ入れに利用したからである。ドイツ統一後は、帝国議会や皇帝個人からも資金が出され、記念碑設立は新帝国の公式事業のようになった。一八七五年の献像式には、ドイツ皇帝がヘルマンと重ね合わされ、ドイツ・フランス戦争の勝利がこの像の意義に付け加わった。式典には軍事パレードも行われ、主導権はすっかり市民から国家にとられた形になった。とはいえドイツ全土から集まった二万人の群衆は、民衆祭的な雰囲気を楽しんだという。

ドイツ統一後は、統一記念碑ブームが起こり、統一後十年間に各地で記念碑が作られた。その中で「国民記念碑」として全国レベルで企画されたのが、リューデスハイム郊外のニーダーヴァルト記念碑である（章扉の写真参照）。計画は一八七一年に上がり、記念碑設立委員会が結成されて募金が集められ、デザインも公募された。ゲルマニア（ドイツを象徴する女性像）が最上段に据えられ、「戦争」と「平和」の擬人像が中段にあり、壁面には普仏戦争時の

図 5-2　キフホイザー皇帝記念碑（1897 年完成）
上段がヴィルヘルム 1 世騎馬像、下段が中世の皇帝フリードリヒ 1 世（バルバロッサ）。
出典：若尾・井上（編）『近代ドイツの歴史』84 頁。

「諸邦の君主と軍人たち」、「兵士たちの出征」、「兵士たちの帰還」のレリーフ、最下段にはラインとモーゼルの擬人像が据えられた。「国民」と「平和」に捧げたいというのが「国民記念碑」の当初の目標だった。だが、募金の主力は民衆ではなく上層市民で、資金不足から国の支出も仰ぐことになった。帝国政府は、男性的でも好戦的でもなく、皇帝が群像の一部でしかないデザインには不満だった。結局、さまざまな要素が入り込んだ記念碑になった。一八八三年の除幕式は、体制反対派のテロを警戒して厳戒下で行われた。それは国内のカトリック教徒やポーランド人、社会主義者を次々に「帝国の敵」としたビスマルク時代の抑圧的世相を反映している。式典参加者の顔ぶれにはプロイセン色や軍事色が際立ち、「国民記念碑」として始まったものの、帝政ナショナリズムに回収されていった様子がわかる。

　ドイツ帝国の正統性を示す国民記念碑も作られた。皇帝ヴィルヘルム一世が亡くなった一八八八年以後、この皇帝の記念像は、帝国や邦国による「上から」の計画と、民間からの「下から」の計画で、計四〇〇も作られた。そのうち十九・二十世紀転換期の記念碑として特徴的なものは、在郷軍人協会によるキフホイザー記念碑である（図5-2）。一八九七年にハルツ山地に建てられた。この場所は中世のシュタウフェン朝ゆかりの地であり、ハプスブルクよりも古い中世盛期とのつながりを示して、ドイツ帝国のホーエンツォレルン家を権威づける意味があった。

記念碑は遠くからでもよく見えるように、全体は三重テラスの上に塔をつけた形をとり、塔の正面に軍服姿の皇帝ヴィルヘルム一世の騎馬像、その足元に「戦争と武力」の男性擬人像と「歴史」の女性擬人像、台座に中世の皇帝フリードリヒ一世（バルバロッサ）像が据えられた。ドイツ帝国が統一戦争によって作られたこと、軍隊がドイツ帝国で大きな意味を持っていることがよくわかる記念碑である。

世紀転換期には、国民記念碑の造形に新しい傾向が出現する。ひとつは、「ビスマルク柱」という灯火台群で、各地に同類の物が作られた。美しさや複雑さを廃した単純な造形であり、写実的な記念碑ではなくなっている。もうひとつの新しい造形傾向は、集会場という空間を提供する記念碑で、大衆の祭典参加用の建造物であった。

解放戦争から百周年の一九一三年に完成したライプツィヒの諸国民戦争記念碑は、ドイツの国民記念碑建築のクライマックスであった。一八九四年にドイツ愛国者連盟が組織され、国民運動の担い手だった種々の協会が組み込まれて、精力的な募金活動（寄付と富くじ）が行われた。巨大な塔の形をとっており、解放戦争から百年もたっているので、彫像も特定の個人像と言うより無名戦士像に近くなり、戦没者哀悼を通じた「犠牲の美化」の現象が見られる。また、落成式の演説や募金宣伝を見ると、「体制反対派」を排除する姿勢が強く、帝政期の国民統合が、一定の反対派を排除した統合であったことが見てとれる。

軍隊の威信

ドイツ統一が、三つの統一戦争によって達成されたため、ドイツ帝国において軍隊の威信はいやがおうでも高まった。そもそも軍隊は、統帥権の独立によって、議会のコントロールもあまりきかない特別な地位を占めていた。軍隊の将校は、伝統的に貴族がなっていたためにエリート意識が強く、軍隊の中で兵隊を指揮するだけではなく、一般社会でも優遇された。年齢が若くとも丁寧な扱いを受けたし、総じて他の職業よりも、若くして高い位に就くことが可能だった。参謀将校などは軍隊の頭脳として社交界の花になった。十九世紀末ごろからさまざまな大衆組織ができたが、その指導的な役割を握ったのも将校だった。将校が社会の顔になった。

工業化の進展とともに、貴族だけだった将校団に、市民層も参入してくるようになった。貴族専用の「幼年学校→士官学校」というルート以外に、市民にも可能なルートがあったからである。「九年制中等学校修了のアビトゥア（大学入学資格を兼ねる）→士官候補生試験」というルートである。その結果、将校団内の貴族と市民層の比率が逆転する。一八六〇年代には六五％が貴族だったが、第一次世界大戦直前には三〇％となった。もっとも高級将校では貴族優位のままだった。

しかしながら、この将校団の数字上の「市民化」は、将校団の貴族的文化の崩壊を示すものではなく、むしろ逆であった。中世以来、将校は貴族で、兵士は庶民だった軍隊では、将校団は独特の世界を形成しており、将校団に参入した市民層の方が逆に「貴族化」した。というのは、市民の中でも九年制中等学校に通ってアビトゥアをとれる者は、上層市民であり、彼らは貴族に同化しやすかったからである。貴族的行動の例を挙げれば、名誉を傷つけられたら決闘を申し込む、決闘は拒否しない、拒否すれば名誉審査会にかけられる、などがある。「名誉を保持する者が将校」だったのである。そういう将校に市民層の人々は憧れた。

将校気質が市民層に浸透していくルートとして、一年志願兵と予備役将校制度がある。徴兵制のドイツでは二十歳の青年は現役を三年（のち二年に短縮）勤めなくてはならなかった。他方、一年志願兵制度では兵役は一年で済み、勤務地も選ぶことができ、兵営外から通うこともできた。特別の剣と胸の飾り帯によって一般兵士と区別されることも魅力であった。なにより人気だったのは、一年兵役修了後に予備役将校に昇進できる可能性があった点である。予備役は、戦時には現役とともに出勤し、平時には市民生活を送りつつ現役将校団の統制下におかれる。予備役将校のステイタスは、軍隊の威信の高いドイツでは人気があった。この一年志願兵になるには、二つの条件があった。

一つは、勤務中の衣服・装備・給養を自弁できること、第二に中等学校の六年を修了していることである。これが可能なのは上層市民だった。一年志願兵修了後の進路は、官僚・大学生・実業家が八〇％を占めた。公職・教養・財産のエリートが一年志願兵に結びついていたことがわかる。予備役将校まで実際に昇進できた者は、一年志願兵の中で約半数にすぎず、その最多は官僚であり、次に商工業者であった。全員がなれないからこそ、ステイタス・シンボルの価値があった。

大衆組織における右翼ナショナリストの台頭

ヴィルヘルム二世時代の一八九〇年代後半から、ドイツは「陽の当たる場所を求めて」海外進出に積極的になる。この「世界政策」実行のためには、ドイツの貧弱な海軍力を増強する必要があり、建艦政策が推進された。この政策で直接的な利益を得るのは重工業界だった。そこで、外国からの農産物へ高関税をかけ、その関税収益を建艦政策に回すという方法で、政府は農業エリート（大土地所有者）を取り込み、一八九八年に第一次艦隊法を成立させた。十九世紀末は大衆政治への過渡期であり、いろいろな大衆組織が結成され、大衆運動が盛んになっていた。建艦政策を盛り上げる世論を作るために、重工業界は一八九八年、ドイツ艦隊協会という大衆組織を組織し、建艦政策は国民全体の益になると宣伝した。ドイツが強い海軍力をもって、世界で諸列強と同等の地位を得れば、輸出工業や漁業の益にもなり、海外植民地を獲得でき、労働者の生活水準も向上するというのである。

第一次艦隊法のときに組織された艦隊協会は、大衆組織として急成長する。当初八万人弱の会員であったが、二年後、第二次艦隊法成立の一九〇〇年には五〇万人を超え、修正艦隊法成立の一九〇六年には九〇万人を超えるほど急速に拡大した。大衆組織として成功すると、創立母体である重工業界や政府の言うなりにはならない急進派が、大衆宣伝で成果を上げて実権を握るようになる。彼ら急進派ナショナリストは、自己利益のみを引き出そうとして

図 5-3 ドイツ艦隊協会の宣伝用絵葉書、1902 年

出典：http://de.wikipedia.org/wiki/Datei:Deutscher_Flottenverein_Postkarte_1902.jpg, 閲覧日 2011 年 2 月 27 日。

いる重工業界や、上から運動を操作しようとしている政府を批判し、イギリスとの競争で後れを取っているドイツの建艦政策を加速せよと要求した。建艦政策に反対している左翼や中道政党の支持者が多い労働者や農民も取り込むため、入会条件や会費額を緩め、協会内人事も一新した。その結果、一九〇八年には会員は百万人弱に膨れ上がった。ポスター、パンフレットなどが、学校、役所、病院や医者や弁護士の待合室に配布され、各地で講演会が開かれ、そこでスライドや歌唱・ダンス、映画上映も行われた。労働者や農民向けのリーフレットが数万〜数十万部印刷され、物語風パンフレットも数千〜数万部印刷された（図5－3）。

艦隊協会の急進派ナショナリストは、従来のドイツ国民運動の主流派であるエリート層や教養市民層とは異なる社会層から台頭した。たとえば、艦隊協会中央指導部の実権を握った退役軍人アウグスト・カイムは、貴族でもプロイセン人でもない職業軍人で、軍トップ層の一歩手前で挫折した人物であった。彼にとっては、政府や海軍省の艦隊政策は生ぬるいものにしか見えず、海軍増強の急進的アジテーターとなった。また、艦隊協会の中央指導部は政・財・軍・官のエリート層で占められていたものの、地方組織の指導部には、高級官僚や工業家・銀行家・大商人といった地方の名士と同程度に、中・下級官吏や教師などの小市民層が進出していた。そして一般会員の多くは、手工業者、小店主、中・下級官吏、教師などの小市民層だった。彼らは、建艦政策の直接の利益者ではないのに、建艦政策を支持した。「世界に雄飛するドイツ」や「ドイツ国民の繁栄」という夢やスローガンが、彼らには魅力的だったからである。地域・宗派・党派・階層の違いによって陣営が分断されているドイツにおいて、艦隊協会はそうした差違を超えて「国民共同体」を感じさせてくれるものだった。つまり、ナショナリズムの担い手の大衆化と平行して、「国外領域の獲得」が国民的結集をはかる共通目標になっていった。

しかし、海軍大国への道は、イギリスの軍拡に太刀打ちできなくなり、実現不可能となった。艦隊協会を辞したカイムは、海軍増強から陸軍増強へと転身する。世論も、一九一一年のアガディール事件（第二次モロッコ事件）でフランスから思ったような譲歩が得られないとわかると、「海への夢」から覚め、陸軍国ドイツはヨーロッパの支配権の方に目を向けるべきだとの声が大きくなった。当時、帝国主義政策を推進する列強の衝突が各地で起こっており、近いうちに大戦争が起こりそうだと人々は感じ、国防力の増強を叫ぶ声が大きくなっていた。しかし、陸軍増強が将校団や兵士の質を下げることを恐れた陸軍省は消極的だった。業を煮やした右翼ナショナリストは、一九一二年、ドイツ国防協会を設立し、政府や軍から独立した活動を行った。

国防協会の中央組織は、艦隊協会よりもエリート度が低く、王侯や大物貴族をトップに担いでいない。また、指導層にいる退役軍人たちはカイムと同様に、現役時代に軍トップ層になれなかった実務派で、彼らは軍首脳部の消極的で保守的体質に不満をもっていた。地方組織の指導者は、地方の名士が圧倒的に多く、軍人の比率が高かった。創立直後の一般会員は七千名程度だったが、二年後の第一次大戦勃発時には三六万人に達し、地域的には北東ドイツの農業地域を地盤とした。ヨーロッパにおけるドイツの支配権を確立すれば、東方への領土拡大や辺境への農業植民という彼らの「夢」が実現可能になるからだ。一九一〇年代には陸軍増強の波があり、その裏には国防協会の圧力が働いていた。ここには十年余り前の建艦政策と艦隊協会の関係と共通する構造が見て取れる。大衆組織の方が急進的で政府や軍当局を突き上げて軍拡を推進すること、その担い手は、軍トップ層になれなかった実務派軍人の右翼ナショナリストであること、彼らに夢を託した大衆は、帝国外の領域の獲得によって国民共通の夢を果たそうと夢見た小市民層であったこと、である。

2　総力戦の経験

実際の体験と言説上の表現

一九一四年八月の第一次世界大戦の勃発時、ドイツは開戦の熱狂に包まれ、国民の一致団結が出現したといわれる。もっとも、経済社会の閉塞状況からの脱出として戦争を歓迎したのは教養市民層や市民層青年であって、労働者層や農民層は戦争熱に浮かれておらず、むしろ不安を感じていた、と研究では指摘されている。しかし、社会民主党の主流派が戦争公債に賛成票を投じ、初期の戦勝の報が届くころには、労働者層にも戦争協力の姿勢が出るようになっていた。そして、開戦時には労働者だけでなく、生活の悪化を予想して戦争に不安を感じていた農民や女性の間にも、積極的抵抗はなかった。そして、言説の中で、開戦時の状況が「八月の体験」あるいは「一九一四年の理念」として表現されるようになると、戦争の長期化とともに、西欧に対するドイツの優秀性の論拠に使われるようになった。すなわち、西欧は「文明」「利益社会」「個人主義」を特徴とするが、ドイツはそれよりも価値のある「文化」「共同体」「秩序」「全体への考慮」を特徴とし、それは開戦時の状況で実証済みだ、というのである。

実際の戦争は、機関銃・戦車・毒ガス・火炎放射器などの新兵器が次々と投入されて、人間がモノのように破壊されてゆく過酷な現場だった。破壊力が飛躍的に向上した兵器は多くの死傷者を生み出し、塹壕戦での長く苦しい戦いは戦争神経症（シェル・ショック）を引き起こした。また、将校と兵士との間にはきびしい階級差があり、戦争後半の食事の悪化においても将校・兵士の格差が拡大した。若い下級将校は勤務に慣れないうちに過度の要求に応えねばならず、兵士の扱いが過酷になりがちであった。大戦末期、ドイツ革命の導火線となった兵士の革命の端緒は、理不尽な将兵格差への不満であった。

一方、言説の中では、犠牲の多い戦闘（それは不十分な装備や無謀な作戦が原因であることが多かった）が戦死者を悼むプロセスを通じて神聖視され、志願兵の愛国心と犠牲的精神だけが強調されていくようになる。いつ死ぬかもしれない戦場経験は、将校と兵士の間にも運命共同体的感覚を生み出すかもしれないが、それは将校が模範的に振る舞い、それに応える勇敢な兵士がいるときに限られていた。しかし、言説の中では現実の将兵格差の厳しさは取り上げられず、「強靭な精神」と「男らしさ」と「攻撃性」を兼ね備えた「新しい人間」が称揚された。「戦友愛の神話」を唱道するのは、一般兵士というよりもむしろ前線将校だった。ヴァイマル時代に戦場体験を題材にした文学を発表したエルンスト・ユンガーもその一人である。将校から見た戦場と兵士の目から見た戦場は、同じではなかった。

「ドイツ国民」になること—女性運動家とユダヤ人

異なった角度から、国民全体を考えていたのが、女性運動家である。帝政期に女性の学校教育の拡充や福祉領域での女性の職業進出に乗り出していた市民女性運動は、開戦時すぐ婦人祖国奉仕団を結成し、「銃後での愛国的活動」に女性を動員するシステムを作り上げた。彼女たちの活動は、①食料の確保と配給、②稼ぎ手が出征・失業中の家族の世話、②稼ぎ手を失った女性の就労斡旋、④戦時の情報提供、といった福祉的活動である。その遂行精神は、女性が国家に必要不可欠な「ドイツ国民」であることを戦時の活動で示そうとするものであり、「国民の福祉」を通じた女性版ナショナリズムであった。

大戦のなかで「ドイツ国民」になろうとした別のグループがあった。それはドイツのユダヤ人である。彼らは、キリスト教に改宗した者もユダヤ教の者もいたが、母語はドイツ語で、ドイツの哲学・文学・音楽に心酔し、一般のドイツ人以上にドイツ文化の神髄を理解していると自覚していた。ドイツにおけるユダヤ教徒解放は法的には進んでいたが、社会的には差別があった。しかし、工業化の進展の中で、新しい産業分野にいち早く進出したユダヤ人は、商業・金融業・出版業で、また医師や弁護士として頭角を現していた。十九世紀末の大不況期には、「工業化で割を食った」と感じている社会層を中心に、反ユダヤ主義が蔓延するようになり、反ユダヤ主義政党も成立した。とはいえ、ヨーロッパ全体でみればドイツはユダヤ人との共生関係がうまくいっている方であり、ユダヤ人は一般のドイツ人以上に愛国主義者だった。開戦時には、教養市民層のユダヤ人の青年の多くが志願兵になり、一般のドイツ人とともに戦うことや、ユダヤ人迫害をするロシアとの戦争に積極的意味を見出した。戦場で勇敢に戦って勲章を授与されたユダヤ人も多い。そこには、愛国的精神を示すことによって反ユダヤ主義者の攻撃に備える予防的意図もあっただろうし、勲功者を尊重するドイツの社会風潮も反映していた。

しかし、ユダヤ人が期待するほど、ドイツ人の態度は好意的なものではなかった。一九一六年秋に、ユダヤ人兵士の統計調査（ユダヤ人センサス）がプロイセン陸軍省で指令された。理由は、ユダヤ人兵士が前線を忌避して後方の基地でサボっているという風評に対応するためであった。たしかに、「ドイツ人性」を証明するために出征したものの、軍隊社会になじめず、部隊の中で陰湿な差別をされたユダヤ人もいた。また西部戦線でフランスのユダヤ人と戦うことが次第に苦痛になった者もいた。東部占領地域で、伝統的宗教儀式や独特の生活習慣を守っている東欧ユダヤ人に接すると、彼らがドイツに流入してくることに不安や戸惑いを感じた者も多かった。ユダヤ人は自分のことをドイツ人だと思い、ドイツの国民文化を担っていると思っていた。しかし、一般のドイツ人はユダヤ人のことを、そうは思っていなかったことがわかる。この感覚の食い違いは、ナチ時代にホロコーストという悲劇的な結末を迎えることになる。

3　生活の現代化の中で

女性の進出

第一次世界大戦の敗戦、帝政の終焉、共和制の樹立によってヴァイマル時代という本格的な大衆政治の時代に入る。大戦によって今までの秩序が崩壊したことから、今までは主流派でなかった社会層の発言や言動が耳目を引くようになり、呼応して保守派の反発も顕著になった。種々の意見が飛び交い、「国民の団結」どころか、「社会の分裂」が意識される時代となった。

その中で物議をかもしたのが「新しい女」である。ヴァイマル憲法第一〇九条で男女平等の原則が記され、女性は参政権も獲得した。しかし、急にクローズアップされるようになったのは、家父長制的で性的に保守的な戦前の家族の価値観に逆らうような「新しい女性」が出現したように見えたからである。そう見える社会背景もあった。

まず、大戦と敗戦によって家族観が変化した。戦争中に出征した夫に代わって銃後を支えた妻の発言力が強まり、子どもは父親のいうことを昔ほど聞かなくなった。家族内の以前の調和が破れ、離婚が増え婚姻が減った。大ベルリンで見ると、大戦直前には一〇〇組の夫婦のうち離婚数は九・九組に過ぎなかったが、一九二〇〜二三年には、一四・八〜一七・二組の間を推移し、二四年には二四・一組、つまりほぼ四組に一組が離婚していた。一方、婚姻数は同地域で、一九年、二〇年こそ年五万件以上あったが、それ以後は年三万〜四万件台に減少した。もはや「一生添い遂げる」という結婚観は崩れつつあった。産児制限も普及し、子ども数を減らしてよく教育する傾向が、市民層だけでなく労働者層にも定着した。性問題相談所や結婚相談所が各地に設置され、性に対する態度の変化が生じていた。

さらに、産業構造の変化から、第二次産業（製造業）から第三次産業（サービス業）への重点移動が始まり、一九二〇年代には事務や販売のホワイトカラーが急増して、そこに進出する女性が目を引いた。たしかに、女性就業者の職種を多い順にあげれば、①家族従業員、②労働者、③家事使用人、④ホワイトカラー、とホワイトカラーは女性就業者の一割強にすぎなかった。しかし、大都市に集中した職種であること、もっぱら二〇歳前後の未婚女性が雇用されたことから、若い女性のあこがれの職となり、世間の注目を引いた。

このような全般的な社会情勢の中で、従来の淑女像とは異なる「新しい女性」像が出来あがった。大都市に住む若い女性で、美しくおしゃれで、仕事にも恋にも精力的で、経済的・精神的に自立し、自分で人生を切り開く当世風の女性が、映画や文学、マスコミでもてはやされた。これはドイツだけではなく、欧米各国でみられた現象である。実際には、そのような革新的で強い女性は、ごく一部の芸術家や革新的な知識人に限られた。たいていの女性ホワイトカラーは家族や親戚の家に住み、家計を援助し、一九二〇年代の合理化運動の中で単調な仕事のみをあてがわれ、男女分業の職場で昇進のチャンスがほとんどない下級職にとどまっていた。しかしイメージの力は大きい。ヴァイマル時代における従来の家族の崩壊を嘆く人は、「新しい女性」に家族制崩壊の責任があると非難した。

パフォーマンス文化

大戦末期に革命で帝政を倒し、社会主義国家を作ったソ連では、一九二〇年代に前衛的な芸術運動が起こった。

ドイツでもヴァイマル時代、美術・演劇・舞踊・文学などに前衛的な芸術が花開いた。ここで特徴的なのは、従来の美的なものへの挑戦、心の内面をえぐり出す、時として過激な表現、そして観客を巻き込むような参加の芸術の確立である。

ドイツ革命のときに、爆発的なダンス熱がドイツを襲った。レストランや酒場の営業時間を無視してダンス集会が行われ、終戦の解放感もあって人々は踊り狂った。それは大衆の参加行為である。各地のストライキを発端とするドイツ革命そのものも、大衆の参加行為だった。革命もダンスも、大衆のエネルギー発露である。

二十世紀初頭の表現芸術の中にも、大衆の参加を組み込むものが登場した。表現芸術はそもそも、演劇・舞踊・演奏ともに、「訓練した演者の技を観客が鑑賞する」ことが前提であった。新しい表現芸術はそれを疑う。舞踊の場合、古典バレエでは、幾何学的で規則的な空間・身体把握に基づき、美しいポーズを重視し、幼少期からのきびしい肉体訓練を積んだダンサーのみができる高等な技術を披露する。しかし、このような古典バレエの手法では表現できない、もっと流動的で自然で自由な身体表現を求める動きが、十九世紀末からアメリカのイサドラ・ダンカンによって始められた。彼女の主張は、とくにロシアとドイツに影響を及ぼした。ディアギレフ率いるロシア・バレエ団は古典バレエの技法を用いながら、より自由な身体表現を作品に表現し、モダン・バレエの傑作を生みだした。一方、ドイツでは、ルードルフ・フォン・ラーバンが民俗舞踊も取り入れながら空間芸術としての新しい舞踊の理論を打ち立て、マリー・ヴィグマンやクルト・ヨースは、すぐれた作品を制作し、舞踊学校や研究所を開設して後進を教育し、新しい舞踊を世界に広めた（図5－4）。現在モダン・ダンスといわれる流派である。そこには、高度で人工的になってしまった踊りを、自然で現実的なものに、自分たちの手に取り戻したいという願いが込められていた。調和的な古典的表現ではもはや表せない、現代社会の躍動感を表現する身体表現が必要とされていた。

参加型演劇の祖形も形成されつつあった。ヴァイマル時代には、「合唱動作演劇」が創案され、音楽と身体動作（し

図 5-4　クルト・ヨースの「緑のテーブル」（1932 年初演）

出典：Otto Friedrich Regner/Heinz-Ludwig Schneiders (Hrsg.), *Reclams Ballettführer*, Stuttgart 1980, 折り込み写真より。

ぐさやダンス）のコンビネーションによって劇的効果を狙った合唱音楽の舞台化が行われた。前節で集会場としての記念碑建設の新傾向を述べたが、この種の演劇の上演空間として利用された。すでに、大戦前から青年運動では、内部の共同体意識を高めるために素人演劇が行われており、素人にも参加しやすい舞台合唱やシュプレヒコール（団体による唱和）が多用されていた。ヴァイマル時代にはこの傾向が進展し、素人演劇の振興を目的とした多くの協会が設立された。題材は中世的主題から現代的なものに及んだが、いずれにしても祝祭劇向きの国民主義的なものだった。

階層文化か国民文化か

ヴァイマル時代は、市民と労働者の間にある階層の壁や、マルクス主義とブルジョワ諸派の間にあるイデオロギーの壁が、流動化する兆しが見えてきた時期でもあった。労働者の協会と市民層の協会とは合同はしないが、活動内容はほぼ同じであった。関心は共通していたのである。また左翼の中の社会民主党系と共産党系の各種協会は、政治的には対立しながらも、参加する労働者はうまく使い分けており、相互交流の場面もあった。ナショナリズムや国民文化の担い手は、十九世紀初頭、上層市民で教養市民層だったが、十九・二十世紀転換期になると、参加する社会層が下方に拡大し、帝政末期には小市民層の方がナショナリズムの急進派を担うようになっていた。労働者層は、帝政末期まで政治の主流から排除されていたことと、マルクス主義の理論的影響（民族差よりも階級差が本質的だと考え、ナショナリズムよりもインターナショナリズム志向だった）から、ドイツ・ナショナリズムにそれほど染まってはいなかった。しかし、第一次世界大戦を契機に、労働者にもナショナリズムは浸透していった。社会民主党がヴァイマル初期に与党連合に入り、「国民文化を担う」という意識も徐々に生まれていた。

さて、両大戦間期、欧米において大衆文化を担うニューメディアが発達した。映画とラジオである。ラジオは受信機が高価だったので、その大衆化は次のナチ時代だったが、ドイツの映画産業はヴァイマル時代に世界の最先端にいた。ドキュメンタリー的なローベルト・ジオドマークの「日曜日の人びと」や、ベルリンの下町を描いた一連の「ツィレ映画」（ハインリヒ・ツィレというベルリンの下町風景を描いた郷土画家にちなんでこう言われた）、世界的にもヒットした娯楽映画（「嘆きの天使」や「会議は踊る」など）、根強い人気の時代物（老いたフリードリヒ大王を題材にしたシリーズは二〇作以上続いた）、そして映像技術の粋を尽くしたフリッツ・ラングの「ドクトル・マブゼ」「メトロポリス」「M」等々、ドイツは優れた映画を続々と産み出した（図5－5）。

映画という新しい映像文化は、観客の階層差を減少させた。映画館の座席の階層差はオペラハウスのそれとは比べ物にならないほど小さかったし、真っ暗な館内の中で、観客は個人単位で映画に見入った。また、映像の迫力は観客の興味を等しく引きつけた。つまり、映画は視聴者の均質化をもたらした。ここで進行したのは、市民層と労働者層が、同一の大衆文化へと接近しつつあるプロセスである。階層による趣味の違いから好きな映画の差があっ

図 5-5 「メトロポリス」(1927 年初演)

出典：DVD 版「メトロポリス（クリティカル・エディション）」パンフレット，13 頁。

たかもしれない。しかし、映画による「視聴者共同体」の形成は、ナチ時代の「国民共同体」建設に対して、一つの先駆的な形を示していた。

4 ナチズムの時代

あたらしい「ドイツ人」づくり

ヒトラー政権が誕生したとき、この政権は長続きしないだろうと国の内外で予想されていた。しかし、瞬く間に政敵は排除され、国民の多数もナチ支配を容認していった。その謎については、数多くの研究がなされ、以下の点があげられている。

第一に、敵対グループおよびその予備軍をすばやく一掃した。初期のうちに、左翼（共産党と社会民主党）を弾圧して組織的抵抗の芽をつぶし、ナチ党以外の中道・右翼政党を解散に追い込み、軍・財・官界の指導層と提携した。第二に、「ナチ体制の功績」と多くの国民に思わせる政策を成功させた。まず、再軍備を利用して四年弱で大量失業状態を克服した。また、強気の外交政策によってドイツ人が屈辱的に感じていたヴェルサイユ体制から脱却した。さらに、保守的なドイツ人には「行き過ぎ」としか見えなかったヴァイマルの社会世相を、保守的なものに逆転した。たとえば、「女性は家に」とか「女性解放からの解放」を主張し、かなりの男女に支持された。また、「犯罪者」や「反社会的分子」の取り締まりを行ったことは、「清潔で秩序ある社会」の再建だと好意的に解釈された。第三に、「ドイツ国民＝民族（Deutsches Volk）」（フォルクには民族・国民・民衆の三通りの意味がある）を再定義し、新しい「ドイツ人」による「共同体」（Volksgemeinschaft　国民共同体とも民族共同体とも訳せる）を樹立しようとした。

第三点は説明が必要である。たとえば、ナチ政権は積極的な労働者取り込み政策を行った。労働者の利害を代表する社会民主党は、帝政期に決して与党になれず、ヴァイマル時代に与党連合の中に入っても、初期と中盤の一時期にすぎなかった。このことからわかるように、労働者は政治の主導権をなかなか握れず、国民文化の中心的担い手になれなかった。しかし、就業人口の約半数を占める労働者をマルクス主義陣営から引き離して体制内に取り込むことは、ナチ政権にとって重要な課題であった。ナチ党の正式名称は「国民社会主義ドイツ労働者党」である。ナチ党は、マルクス主義の唱えるインターナショナルな社会主義を、ナショナルな社会主義、つまり「ドイツ的な社会主義」（機会の平等・業績主義・社会的連帯・勤労精神を重視するもの）によって、克服しようとした。加えて、ナチ政権は「労働者」の概念を拡大した。働く者をすべて「労働者」と解釈し、今まで肉体労働者のイメージしかなかった労働者の中に、自由業や経営者も含ませて、「労働者」を格上げした。たとえば、ナチ時代最大の大衆組織「ドイツ労働戦線」は、労働者・職員だけでなく経営者・自由業者も含む就業者組織であり、余暇活動などで会員に均一待遇をした（図5-6）。ナチ党はドイツ国民の中の階層差を打破し、「ドイツ人」を結束しようとした。ナショナリズムに流れやすい市民層右派や青少年は、この政策に共鳴した。

しかし、この新しい「ドイツ人」の中に、従来のドイツ人がすべて含まれたわけではない。まず、人種的理由から「ユダヤ人」が排除された。「人種的」という意味は、本人がユダヤ教徒であるかどうかより、祖父母まで調査された「血統」で判断されたからである。この排除が最終的に大量殺害にまでエスカレートした（事例研究3参照）。

図 5-6　ドイツ労働戦線の余暇組織「歓喜力行団」が主催したマデイラ島旅行

出典：Christian Zentner/Friedemann Bedürftig (Hrsg.), *Das Große Lexikon des Dritten Reiches*, München 1985, S.328

同じく人種的に「ドイツ人」ではないシンティ・ロマ（いわゆるジプシー）も排除され、大量殺害の対象となった。そればかりでなく、「ドイツ人」は人種的に優秀でなくてはならないため、不治の病人や遺伝的疾患を持つ者が排除され、第二次世界大戦前には断種・不妊化手術の、戦時には「安楽死」殺人の対象にもされた。同性愛者、常習的犯罪者も「反社会的分子」として排除された。

一方で、ドイツ民族であれば国境の枠を超えて優遇された。ナチ・ドイツは民族自決権を主張して、ドイツ民族の住むオーストリアやチェコのズデーテン地域を、ドイツに合併し、直後の国民投票でこの行動は圧倒的賛意を得た。第二次世界大戦期には、ドイツ国籍をもつドイツ人は「帝国ドイツ人」、国籍が異なる在外ドイツ民族は「民族ドイツ人」と称され、人種ランクの最高位に据えられた。ドイツの支配地が拡大すると、上から下に、ゲルマン系→ラテン系→スラヴ系→ユダヤ系、という民族階層制が成立し、その内部でさらにドイツとの関係性によって序列化され（たとえばスラヴ系の中では、チェコ人→ポーランド人→ロシア人）、待遇が差別された。労働力が不足すると、外国人労働者が大量にドイツに連行され、強制労働を強いられた。こうして、民族階層制で優遇された「ドイツ人」は構造的受益者となり、ナチ体制の政策に反対することが困難になっていった。他国民・他民族を犠牲にした統合であった。

ニュースタイルの政治文化

ナチ党のイデオロギーはそんなに新規なものではない。反ユダヤ主義にしても、女性解放反対にしても、他の右翼政党と大差はない。しかし、ナチ党は従来の政党にはない魅力があった。

第一に、指導者・党員が若く、現状変革の実行力があった。「指導者原理」に基づくナチ組織は民主的ではなかったが、議論と合意に時間を要する民主的組織には不可能な、迅速な取り組みを可能にした。ヒトラーは課題を達成するのに、既存の省庁に任せるよりも、個人に全権委任することを好んだので、同一の分野を担当する複数の機関や担当者が並立した。その結果、担当者の権限争いと業績競争が生じ、政策は急進化し、唯一の裁定者であるヒトラーの権威が上昇した。

第二に、ヒトラーは新しい機械技術（映画・ラジオ・自動車・飛行機など）を宣伝に活用した。また、ナチ運動はパレードや集会で、リズム・音楽・動作をうまく調和させた演出を施して、大衆参加型の表現芸術の技術を取り込んだ。つまり、ナチ運動はスタイルが新しく、即興性と活力にあふれていた。たとえば、ナチ時代に誕生したティングシュピール（民会劇）を見てみよう。ティングとは古代ゲルマンの民会を意味する。この劇は、グループに分かれ、先唱者に続いて一同がシュプヒコールで盛り上げる。ティングシュピールこそが国民共同体を人びとの参加によって体現する芸術とされ、民会広場が建設されて、この新種の劇が上演された（図5-7）。そもそも、ナチ時代の各種のパレードや党大会自体が、指導者が先唱して党員が唱和する、一種のティングシュピールだった。

図 5-7 1935 年ハイデルベルクで上演されたティングシュピール『帝国への道』
出典：モッセ『大衆の国民化』184 頁。

第三に、「公益は私益に優先する」というナチ党綱領の一句にあるように、ナチ・ドイツは社会奉仕を制度化し、人々の社会参加の意識を高めた。有名な例は労働奉仕制度である。一九三五年六月の帝国労働奉仕法によって、二十歳前後の青少年が半年間の労働奉仕を義務づけられた。当初は男子が対象だったが、三九年九月には女子にも拡大された。彼らは、労働力不足の深刻な農業や工場などに労働奉仕に行った。ちなみに、ヒトラーユーゲントも、余暇活動と並んで各種の奉仕活動を行った。従来の青年組織は、階層別・宗派別に組織されていたが、ナチ時代にヒトラーユーゲントに一元化されたので、階層・宗派による分断のない国民共同体の実地教育が、青少年に施されたのである。社会奉仕の成人版は、ナチ国民福祉団という福祉組織であり、経済的弱者の援助のために、冬季救済事業などを主催した。大衆参加による社会奉仕は、新鮮で力強い印象を与えた。

ナチ時代の文化

ナチ時代の国民文化は何であろうか。ヴァイマル時代の前衛芸術を退廃的で不健康だと嫌ったナチ党は、それを否定した。

世界的に有名な芸術家や科学者には「ユダヤ人」の比率が高く、彼らは次々と亡命していった。先端的芸術や科学の世界では、ナチ時代の排除政策はマイナスに作用した（事例研究2参照）。しかし、ナチ時代にドイツで文化が廃れたわけではなく、優れた芸術は存在した。とくに、第一次大戦の戦争体験を肯定的に描いた「戦士の文学」の作家は、ナチ文学の中心的担い手になった。彼らは軍隊の腐敗や戦場の悲惨さをリアルに描きつつも、「祖国への信念」や「前線兵士の勇敢さ」という戦場での実感を文学に結晶化した。ハンス・ツェーバーライン（ナチ党員）は、ヴァイマル時代から反戦文学者よりも多くの読者をとらえていた。また、ナチ運動の独特の躍動感を「動きの美」で表現した映画監督レーニ・リーフェンシュタール（ナチ党員ではない）も、国際的に評価された。

しかし、ナチ時代の国民文化は、先端的芸術よりもむしろ娯楽文化にあった。国民啓蒙宣伝大臣ゲッベルスは、帝国文化院を一九三三年に創設し、すべての文化活動従事者を統制した。しかし、市民生活の全てを取り締まるよりも、自由な領域を残しておく方が効果的であることを理解していた。一九四二年二月にもゲッベルスは日記の中で、「国民を良い気分にさせておくこともまた戦時には重要」と記している。たとえば映画産業をみると、ユダヤ系の映画人は亡命したものの、映画人の多くは国内に残り、映画が量産され、人々は頻繁に映画館に通った。ドイツ人が一年間に映画館に行く回数は、ベルリンで一九三三年には一一・五回、三八年に一五・六回、四三年には二一・四回である。他の都市でも映画館に行く回数は十年間で倍増した。中小都市では大都市よりも頻繁で、四三年に四一・七回（メッツ）という数字もある（図5－8）。

政治宣伝の映画は映画全体の一割程度に過ぎない。直接的な政治的メッセージを含まない娯楽映画を主軸とすることが文化行政の既定路線だった。参加を要請されるナチ時代の政治文化のなかで、人々が逃げ込む非政治的な場も必要だったからだ。今見ても完成度が高い娯楽映画が量産され、人々を楽しませた。娯楽映画の中でドイツ人が好んだものには、歌あり踊りありのレビュー映画、ＳＦ・ファンタジー映画、ドイツ独特の山岳映画や郷土映画、

図 5-8 1945 年初頭、ベルリンの映画館前の行列
出典：瀬川『ナチ娯楽映画の世界』27 頁。

娯楽映画の約半数を占める喜劇映画、ハンス・アルバース主演の冒険映画、人気の高かった恋愛映画や歴史映画があった。一方で、犯罪映画や反乱物、パニック映画、明確な社会批判を含む映画は消えていったし、現代物の場合、どの国のどの時期を描いたものか明確でなく、召集令状やユダヤ人迫害、空襲の場面はまずなかった。人々に息抜きと夢や憧れを提供する「無害な映画」ということは確かだ。しかし、そこに描かれた人物像は多彩で自由奔放であり、当局の逆鱗にふれないようなコミカルな味付けや波乱万丈の筋立てなど、さまざまな工夫が施されていた。

さて、ナチ時代のグラビア雑誌を見ると、モノが豊かである。戦後の消費社会の先取りのようだ。一般にナチ時代は、消費文明を否定せず、むしろモノの豊かさによって国民の合意を確保しようとしていた。大戦中も「ドイツ人」への物資供給は豊かだった。それは「非ドイツ人」からの収奪によって可能になったことである。これは食料やモノが不足して革命が起こった第一次世界大戦の教訓だった。こうして、ナチ時代の娯楽文化や豊かな消費生活は、ナチ時代の政治文化に同調できない「ドイツ人」を受容する社会的機能を果たしていた。

ナチ時代以降のドイツ人

第二次世界大戦の完敗と、戦後の戦犯裁判等であきらかになったナチ・ドイツの非人道的犯罪は、ドイツ人にナショナリズムの怖さを痛感させるものとなった。戦後のドイツは、ナショナリズムを非常に抑制する姿勢で政治や文化行政を行ってきた。たとえば、地方分権の西ドイツの政治システム、東欧社会主義諸国との連帯を西ドイツとの繋がりよりも重視した東ドイツの姿勢などに、それが見られる。ドイツ至上主義的な発言はタブーである。おなじドイツ民族であり、ドイツに対して複雑な感情をもち、ナチ時代にはドイツと合併したオーストリアでも、ドイツとは異なる「オーストリア国民意識」を戦後に定着させ、ドイツ・ナショナリズムと一線を画すことになった。国民を一つにまとめるのは他国・他民族の排除や対外膨張によってではなく、プラスの価値観（たとえば経済的繁栄・福祉システム・社会倫理や人道性）によってでなくてはならない、という教訓をドイツ人は自らの歴史から学んだのだと言えよう。

参考文献

望田幸男『軍服を着る市民たち―ドイツ軍国主義の社会史』有斐閣選書、一九八三年。

平井正・岩村行雄・木村靖二『ワイマール文化―早熟な〈大衆文化〉のゆくえ』有斐閣、一九八七年。

姫岡とし子『近代ドイツの母性主義フェミニズム』勁草書房、一九九三年。

ジョージ・L・モッセ、佐藤卓己・佐藤八寿子訳『大衆の国民化―ナチズムに至る政治シンボルと大衆文化』柏書房、一九九四年。

瀬川裕司『ナチ娯楽映画の世界』平凡社、二〇〇〇年。

池田浩士『虚構のナチズム―「第三帝国」と表現文化』人文書院、二〇〇四年。

若尾祐司・井上茂子（編著）『近代ドイツの歴史―18世紀から現代まで』ミネルヴァ書房、二〇〇五年。

大原まゆみ『ドイツの国民記念碑　一八一三年－一九一三年―解放戦争からドイツ帝国の終焉まで』東信堂、二〇〇三年。

ミヒャエル・ヤイスマン、木村靖二編『国民とその敵』山川出版社、二〇〇七年。

田野大輔『魅惑する帝国―政治の美学化とナチズム』名古屋大学出版会、二〇〇七年。

Thomas Nipperdey, *Deutsche Geschichte 1800-1866. Bürgerwelt und starker Staat*, München 1983.

Dieter Fricke (Hrsg.), *Lexikon zur Parteiengeschichte,* 4 Bde., Leipzig 1983-86.
August Nitschke/Gerhard A. Ritter/Detlef J. K. Peukert/Rüdiger vom Bruch (Hrsg.), *Jahrhundertwende. Der Aufbruch in die Moderne 1880-1930,* 2 Bde., Reinbek 1990.

（井上茂子）

事例研究1　国旗・国歌

ある国がどのような国旗や国歌を選ぶのかという問題は、「国民形成」の問題と深く関わっている。十九世紀に王政と共和政のあいだを激しく揺れ動いたフランスでは、十九世紀後半、フランス革命の継承者を自認する第三共和政の時期になって、「ラマルセイエーズ」（革命期の軍歌）が国歌に定められた（「青・白・赤」の三色旗の方は、復古王政期を除いて、十八世紀末のフランス革命期から国旗である）。

この時期にようやく「国民国家」の創設を成し遂げたドイツでは、その後、帝政から共和政、ナチ独裁、そして西ドイツと東ドイツの分裂国家、さらに統一ドイツへと政治体制が目まぐるしくかわり、そのたびに国旗や国歌も変更された。国歌の場合には、二十一世紀の現在になっても、明確な国民的合意は得られていない。まず、国旗の歴史から辿ってみよう。

国旗の変遷

一八七一年に成立したドイツ帝国（第二帝政）は、「黒・白・赤」の三色旗を国旗に採用した。これは、「黒・白」というプロイセンの色に、北ドイツ諸邦の多くの旗に使われていた「赤」を配して作られたものである。これ以降、ドイツでは、「黒・白・赤」は保守派のシンボルになっていく。というのは、すでに当時、国民運動や自由主義運動のシンボルとなっていた「黒・赤・金」の旗が存在したからである。

「黒・赤・金」の三色はもともとナポレオンに対する解放戦争の際に、義勇軍が着ていた制服の色から取られたものだと言われている。一八一七年十月には、「自由と統一」を求めるブルシェンシャフトが、解放戦争勝利の四周年を記念して開いた集会でこの色の旗を用いた。また、一八三二年五月には、三万人以上の自由主義者や民主主義者を結集してハンバッハ祭が開催され、この集会でも「黒・赤・金」の旗がはためいた。こうして、この旗（色）は「自由と統一」を求める運動のシンボルとなっていった。

このような「黒・赤・金」の旗の歴史と、第二帝政において「黒・白・赤」の旗が国旗として採用されたことを考え合わせれば、ドイツで初めて成立した「国民国家」の性格が明らかとなる。それは、国民運動のイニシアティブによってではなく、まさにビスマルクによる「上からの」統一として達成されたのであった。

ドイツ革命によって誕生したヴァイマル共和国もまた、国旗に関してドイツ人の明確なアイデンティティを築き上げることはできなかった。たしかに、一九一九年の憲法制定国民議会において「黒・赤・金」が国旗に定められたが（賛成二一一票、反対九〇票）、商船が掲げる旗は「黒・白・赤」（上部に「黒・赤・金」を小さく配する）とされたのである。このような措置は、保守陣営がこの旗に固執したためにとられた妥協の産物であった。しかも、一九二五年四月に第一次世界大戦の国民的英雄ヒンデンブルクが共和国大統領になると、「黒・赤・金」と「黒・白・赤」の綱引きは後者に有利なように変化していく。

一九二六年にヒンデンブルクが出した政令によって、ヨーロッパ以外の在外公館では、国旗（「黒・赤・金」）と商船旗（「黒・白・赤」）の両方が掲揚されることになった。この命令を左派が批判し、「国旗論争」が生じた。このような国旗をめぐる激しい論争は、当時の政治的分裂を反映したものであり、相対立する政治的党派の「代理戦争」（オットー・ダン）であった。

すでに一九二五年の大統領選挙でも、ヒンデンブルク支持派は選挙キャンペーンで「黒・白・赤」の旗を使用し、自分たちの家にもこの旗を掲げるようになっていたが、その後毎年十月の大統領の誕生日には、二五年の選挙キャンペーンに匹敵するような祝祭が行われ、支持者の家々には「黒・白・赤」の旗がはためいたという。しかも、三〇年代に入ってナチ党の躍進が始まると、これら二つの旗に「ハーケンクロイツ」旗が加わり、旗をめぐる争いは三つ巴の様相を呈するようになっていく。

そして、一九三三年、ヒトラーが政権を掌握すると、まず「黒・白・赤」旗と「ハーケンクロイツ」旗を並べて掲揚するようにとの命令が出され、三五年には、「帝国国旗法」によって「ハーケンクロイツ」を国旗とすることが明確に定められた。ちなみに、「ハーケンクロイツ」旗の図案を見ると、赤地に白い丸を描き、そのなかに黒い鉤十字が配されており、色としては「黒・白・赤」を継承していることがわかる。この法律によって、祝日には「ハーケンクロイツ」旗を掲げないと処罰されることになった。

国旗をめぐる国民の合意は、戦後になってようやく形成された。西ドイツでは、正式に国家が誕生する前から「黒・赤・金」の旗が事実上の国旗として扱われており、基本法において明確に規定された。東ドイツの国旗も、西ドイツと区別するために旗の真ん中に国章が入れられてはいたが、基本的には「黒・赤・金」であった。西ドイツと東ドイツが共同の選手団を結成して参加した一九五六年から六八年までの四回におよぶオリンピックでは、独自に考案された旗が用いられた（国歌として演奏されたのは、ベートーヴェンの「歓びの歌」である）。

以上のような国旗の歴史を振り返れば、国旗をめぐる対立は、単純化すると帝政か共和政かをめぐる対立であったと言えるだろう。ナチズム期の凄惨な歴史を経てようやく、国旗に関しては、国民的合意が形成されたのである。だが、国歌の場合はそうはならなかった。

国歌をめぐって

一九二二年八月の憲法記念日に、ヴァイマル共和国大統領エーベルトは「ドイツの歌」を国歌にすると宣言した。ドイツが正式に国歌を定めたのは、このときが最初であった。第二帝政期には国歌は正式には決められず、外交儀礼上必要なときには、プロイセンの国歌が演奏されていたのである。むしろこの時期には、それぞれの邦（ドイツ帝国はプロイセンをはじめとする二二の邦国と三自由市からなる連邦国家であった）の邦国歌が好まれたという。

さて、この「ドイツの歌」は現在でもなお、論議の対象になっている。それはなぜなのだろうか。「ドイツの歌」は、ホフマン・フォン・ファラースレーベンという自由主義者が一八四一年に作った詩をハイドンの「皇帝四重奏」のメロディにのせたものである。まず、その内容（第1節と第3節）を紹介しておこう。

1　ドイツ、なによりもドイツ／この世界でなによりもドイツ
護り助けるためにいつも／兄弟のようにひとつになれば
マース川からメーメル川まで／エッチュ川からベルト海峡まで
ドイツ、なによりもドイツ／この世界でなによりもドイツ

3　統一と正義、そして自由を／祖国ドイツのために
これこそ我等みなの求めるもの／兄弟のように全身全霊をこめ
統一、正義、そして自由／これこそ幸福の礎
栄えよ、この幸の輝きに包まれ／栄えよ、祖国ドイツよ

この詩は、「黒・赤・金」旗と同様、国民運動の潮流の中で生まれたもので、「自由と統一」を求める熱い思いを伝えている。だが、第1節の最初の章句（Deutschland, Deutschland über alles, über alles in der Welt）を「世界に冠たるドイツ」と訳すこともできるように、第1節は大ドイツ主義的志向を吐露したものと読むことも可能である。実際、第二帝政期には右派のグループに好んで歌われるようになった。反ユダヤ主義の政党や団体が、この歌を党歌や団歌にしたのである。

戦争中には、ランゲマルクの戦いで志願兵たちが「ドイツの歌」を歌いながらイギリス軍に突撃したという神話が生まれた（ヒトラーも『わが闘争』の中で、「すると遠くの方から歌声がわれわれの耳に押し寄せてきた」と書いている）。ヴァイマル期には、一九二〇年三月の右派によるカップ一揆の際に、エーアハルト旅団がこの歌を歌いながらベルリンに進撃した。このような歌を社会民主主義者のエーベルトがなぜ国歌にしたのかは不明であるが、オットー・ダンによれば、彼はこうすることによってヴァイマル期ドイツ人の修正主義的な基本的コンセンサスを承認したのだという。このコンセンサスだけが、政治的に分裂したヴァイマル期のドイツ国民を一つにまとめることができたのである。

ナチズム期には、ナチ党の党歌（「ホルスト・ヴェッセルの歌」）と並んで「ドイツの歌」が歌われた。このこともあって、戦後、連合軍管理委員会は「ドイツの歌」を禁止した。その後、東ドイツでは、J・R・ベッヒャーの詩から新たに国歌が作られたが、西ドイツは国歌を決めることができなかった。

西ドイツの初代大統領ホイスは、新しい国歌を作成すべくある詩人に作詞を依頼し、一九五〇年の大晦日に、この曲がラジオで流された。だが、首相のアデナウアーは「ドイツの歌」に固執し、ホイスと対立した。結局、五二年五月に両者の間で妥協が成立して、公の場では第3節の歌詞のみが歌われることになった（ただし、法制化はされなかった）。人々の間でも国歌に関するコンセンサスは形成されていないようである。たとえば、八六年に行われた世論調査によれば、三節すべてを国歌として教えるべきだという意見はおよそ四割、これに反対の意見は三割、態度を決められない人が三割となっている。このように、法的にも、国民的合意という点でも曖昧な状況は、九〇年に東西ドイツの統一が実現して以降も続いている。

こうした状況の中で、すでに八〇年代から、保守的な人物が文部大臣となった州では、学校で第3節だけではなく、第1節も生徒に歌わせようとする試みがなされ、これに対して教員労組が猛然と反発するという事態も起こっている。日本における「日の丸・君が代」の問題と同じように、「ドイツの歌」をめぐっても教育の現場での対立は激しく、この対立は現在もなお解消されていない。

冒頭でも触れたように、国旗や国歌というシンボルは「国民形成」、「国民統合」の問題と深く関わっている。結局のところ、ある国がどのような国旗や国歌を採用するのかという問題は、その国が過去の歴史をどのように評価し、そして将来どのような国(国民)を作ろうとするのかという問題なのである。


(原田一美)

参考文献

永井清彦『ヴァイツゼッカー演説の精神――過去を刻む』岩波書店、一九九一年。

オットー・ダン(末川清・姫岡とし子・高橋秀寿訳)『ドイツ国民とナショナリズム一七七〇-一九九〇』名古屋大学出版会、一九九九年。

松本彰「ドイツ近代における自由と兄弟愛、そして友愛」早稲田大学アジア太平洋研究センター編『ヨーロッパの市民と自由―その歴史的解明』早稲田大学アジア太平洋研究センター、一九九九年所収。

Benjamin Ortmeyer, *Argumente gegen das Deutschlandlied. Geschichte und Gegenwart eines Lobleides auf die deutsche Nation*, Köln 1991.

事例研究2　亡命者

ナチスによる政権掌握は、大量の人々の国外脱出を引き起こした。オーストリア、チェコスロヴァキアを含めたドイツ語圏の亡命者は、五〇万人にものぼると言われている。これらの亡命者が向かった国としては、まずはフランス、ベルギー、オランダ、スイス、チェコスロヴァキアなどの近隣諸国が多かったが、その後彼らの亡命先は、ヨーロッパばかりか世界中に拡大していった。ドイツからの亡命者を受け入れた国は、アフリカ大陸、オーストラリアやニュージーランド、アルゼンチン・チリ・ブラジルなどの南アメリカ大陸、北アメリカ大陸（アメリカ合衆国やカナダ）、インドや東アジアにも及んでいる。

亡命者は老若男女、高名な作家や学者から無名の人々まで多様な人々を含んでいたが、大きく分ければ三つのグループに分けることができる。①ユダヤ人、②政治的反対者、③学者、作家、ジャーナリスト、芸術家などの文化人である。もちろん、これらの分類はあくまでも便宜上のもので、重なり合っている場合も多かった。たとえば、ユダヤ人の作家でナチスの反対者であるB・ブレヒトやW・ベンヤミンなどのように。

ユダヤ人の亡命

亡命者の人数がもっとも多かったのは、言うまでもなくユダヤ人である。ナチスが権力を掌握した一九三三年にドイツを離れたユダヤ人は、三万七〇〇〇人から三万八〇〇〇人であったが、ユダヤ人亡命者の数は、その後一九三七年までは毎年二万人台に減少した。だが、一九三八年十一月九日のいわゆる「水晶の夜」以降、ユダヤ人亡命者は急増した（一九三九年は、七万五〇〇〇人から八万人）。このような急増の理由は、ユダヤ人がこの事件によって事態の深刻さを認識したことだけではなかった。ナチスは、このときおよそ三万人のユダヤ人男性を強制収容所に収容し、具体的な国外移住の可能性を提示できた者だけを釈放したのである。この時期ナチスはまだ、ユダヤ人を国外移住させることによって、「ユダヤ人問題」を解決しようとしていた。

ナチスが政策を転換し、ユダヤ人の国外移住を禁止する一九四一年十月までに、およそ二七万八五〇〇人が亡命したと見積もられている。一九三三年の時点のドイツのユダヤ人人口は約五三万人だったので、ほぼ半数が亡命したことになる。だが、後の出来事を知っている私たちには、むしろ半数近くがナチス・ドイツに留まったことの方が不思議に思える。それはなぜだったのだろうか。

それには、経済的困難、ドイツで築き上げた経済的・社会的地位を喪失することへの恐れ、他の国が簡単には受け入れてくれなかったことなど、さまざまな原因が考えられるが、ユダヤ人自身がドイツ（文化）に強く同化していたことも重要な原因であろう。たしかにナチスは、ニュルンベルク諸法など反ユダヤ的政策を推し進めたが、それでも、多くのユダヤ人は、ナチ政府が暴力的に「ユダヤ人問題」を解決することになるとは、夢にも考えなかったのである。また、ヴォルフガング・ベンツによれば、他のドイツ人と同様、ユダヤ人市民層の多くも、ヴェルサイユ体制の打破などナチスの対外政策的要求を強く支持していたという。

さて、ドイツを逃れたユダヤ人亡命者たちは、すぐに安住の地を見いだしたわけではなかった。とくに戦争勃発後、ナチスの支配がヨーロッパ中に拡大していくと、彼らは、オランダ、ベルギー、フランスなどから再び逃げ出さざるをえなくなった。しかも、戦争のために、大西洋を渡って南北アメリカに逃れる道も、イタリアやギリシアの港から船に乗る道も、さらにシベリア鉄道を利用して東アジアに逃れる道もどんどん狭められていった。またナチスは、一九四一年十一月二十一日の法令によってすべてのユダヤ人の国籍を奪ったので、無国籍者となったユダヤ人を他の国が受け入れてくれる可能性も狭められた。亡命先で捕まり、東方の絶滅収容所に送られて殺されたユダヤ人も多かったのである。

「キンダートランスポート」と呼ばれる、ユダヤ人の子どもたちを救おうとする試みも行われた。子どもを優先的に救おうとするユダヤ人組織の努力によって親と別れて出国した子どもたちの数は、少なくとも一万八〇〇〇人になるという。このうち「水晶の夜」以降、三九年九月初めの戦争勃発までに一万人近くの子どもたちがイギリスに受け入れられた。

政治的亡命者

ナチスによる政権掌握から七月十四日の一党支配体制の確立にいたる半年足らずの過程で、多数の政治的反対者が逮捕・拘束され、逮捕を免れた者たちは亡命した。共産主義者や社会民主主義者ばかりでなく、自由主義者、カトリック中央党の政治家たち、保守主義者、「同盟青年」運動の指導者たち、さらには「黒色戦線」に結集した、オットー・シュトラッサーのような元ナチ党員の反対者たち――このようにナチスの政治的反対者には、左から右まで、ヴァイマル期のすべての政治的党派が含まれていた。

国際連盟高等弁務官の報告によれば、一九三五年における亡命者の数は、社会民主主義者が五〇〇〇人から六〇〇〇人、共産主義者が六〇〇〇人から八〇〇〇人、そしてその他の政治的反対者がほぼ五〇〇〇人だったという。

多くの政治的反対者は、それぞれの亡命先にあってナチスに対する抵抗運動を続けた。社会民主党執行部はすでに一九三三年五月二十一日に、活動の本拠地をプラハに移すことを決定している。亡命社会民主党は、新しい機関紙『新前進』を発行し、多数のビラやパンフレットとともに、非合法のルートを用いてドイツ国内に持ち込んだ。また逆に、このルートを通じて、ドイツ国内の経済、政治、社会状況に関するできるだけ詳細な情報を手に入れ、これを『ドイツ報告』として定期的に発行した。

亡命社会民主党執行部は、一九三八年には本部をパリに移したが、戦争勃発後は、このパリからも逃げ出さざるをえなくなり、活動の中心はロンドンとスウェーデンに置かれることになった。他の国を亡命先に選んだ社会民主党員もいた。たとえば、アメリカでは、亡命社会民主党員の機関紙として『新国民新聞』が発行されている。

共産党指導部は、当初はパリに活動の拠点をおいていたが、一九三五年以降は、政治局のメンバーすべてがモスクワに移り、ここからヨーロッパ中に張り巡らされた組織網を指導するようになった。亡命共産党幹部とソ連共産党との強い結びつきは、亡命共産党員の反ナチズム運動に強力な後ろ盾を与えると同時に、他方で彼らの活動に大きな混乱ももたらした。ソ連で始まったスターリンによる粛清の嵐は、ドイツの亡命者たちをも巻き込み、多くの犠牲者を出した。ドイツとオーストリアからの亡命者のおよそ三分の二が逮捕され、一〇〇〇人以上が死刑判決を受けたり、強制収容所で命を落としたりしたという。さらに、一九三九年八月の独ソ不可侵条約の締結は、混迷をいっそう深めた。

他方で、社会民主党員や自由主義者たちの間では、西側の民主主義への接近も見られ、政治的亡命者は戦争末期にははっきりと二つの陣営に分かれるようになった。戦後の東西ドイツへの分裂の基礎は、ある意味では、この亡命の時期に形成されていたと言えるのかもしれない。

文化人亡命者

多数のユダヤ人を含む亡命文化人は、一万人をはるかに超えていた。たとえば、大学や研究所に所属していた学者のうち、約三分の一の人々が亡命したという（約二〇〇〇人、ドイツ語圏全体ではおよそ三〇〇〇人）。しかも、彼らのうち終戦後に帰国したのは、一〇％にも満たなかったと言われるので、ドイツは多数の「頭脳」を失ったことになる。

文学・芸術関係者は、トーマス・マンのようなノーベル賞受賞者から無名の俳優やダンサー、音楽家などじつに多様な人々が含まれていた。ブレヒト、E・ブロッホ、A・デーブリーン、K・ヴァイル、P・ヒンデミート、E・ピスカートル、P・クレー、W・カンディンスキー、G・グロス、J・ハートフィールドといったヴァイマル文化の「黄金の二十年代」を彩った多数の芸術家が亡命した。

このときの大量亡命によっておそらく致命的とも言える打撃を受けたのは、映画産業である。黄金時代にあったドイツ映画界からは、F・ラングなどの映画監督、脚本家、プロデューサー、俳優、映画音楽作曲家、カメラマン、編集者などおよそ二〇〇〇人が亡命したと見積もられている。当初はウィーンに向かう亡命者が多かったが、パリやロンドン、アムステルダム、そしてハリウッドに亡命する人々もいた。ハリウッドは、とくに戦争勃発後は多くの映画関係者を引きつけるようになり、最終的にはおよそ八〇〇人を数えた。

各国に亡命した映画関係者の最大の問題は言語の壁であり、さらに国ごとに異なる映画製作システムも大きな障害となったが、それでも、多くの国で亡命者が監督やプロデューサーとして関与した映画が多数製作されている。とくに言語の相違に煩わされない技術者は、ドイツ映画産業の高い技術的水準のおかげもあって、ヨーロッパ各国で引っ張りだことなり、それぞれの国の映画の発展に刻印を残した。

ドイツからの亡命者によって映画産業がとくに大きな影響を受けたのは、オランダであった。この産業がまだ発展途上の状態にあったオランダでは、一九三四年から一九四〇年に製作された三七本の映画のうち三六本に亡命者が関与していた。三〇年代におけるオランダ映画の繁栄は、ドイツからの亡命者がいなければ不可能だったであろう。

亡命者による影響は、ハリウッドでも見て取ることができる。多くの監督や脚本家は、ドイツにおける映画の製作とは異なる慣習——たとえば映画製作会社の優越的地位——に順応していき、多数の映画を製作した。とくにドイツからの亡命者の影響が色濃く見られるのは、ミュージカルやコメディ映画、三〇、四〇年代のホラー映画であった。映画のことを長々と書いてしまったが、文化人の亡命者に関しては、彼らが亡命先の国の学問や文化にどのような影響を与えたのか、あるいは彼らの作品やパフォーマンスが、亡命先の国の文化や慣習によって、さらに亡命という不安定な状況のためにどのような変化を被ったのか等々、さまざまな問題について考えることができる。

亡命者による異文化への適応という問題については、ジェンダーによる比較も興味深い。もちろん、簡単に一般化することはできないが、異なった言語への適応という点では、女性の方がより早く新しい言語を使いこなすようになるのではないか、と推測されている。たとえば、トーマス・マンの娘エーリカは、弟のクラウスよりも早く英語で記事を書き、講演をこなすようになった。H・アーレントは、最初はパリに亡命し、その後アメリカに渡ったが、驚くほど早く英語で書かれた本を出版している。

亡命という体験が、著名人にとってすら（あるいは著名人ゆえに）過酷なものであったことは、自殺者がかなりいたことからも推察できる（たとえば、K・トゥホルスキー、E・トラー、E・ヴァイス、ベンヤミン、S・ツヴァイク夫妻）。この時期の亡命体験の光と影の問題、五〇万人もの亡命者のその後の人生は、国境の壁が低くなったと言われる二十一世紀の現在になってもなお、私たちの興味を引きつけてやまない。

（原田一美）

参考文献

山口知三『ドイツを追われた人々―反ナチス亡命者の系譜』人文書院、一九九一年。
木畑和子『キンダートランスポート―ナチス・ドイツからイギリスに渡ったユダヤ人の子供たち』成文堂、一九九二年。
C.-D. Krohn u.a. (Hrsg.). *Handbuch der deutschsprachigen Emigration 1933-1945*, Darmstadt 1998.

事例研究3　ユダヤ文化の記憶——施設の建設と復権

ユダヤ文化復興の兆し

二〇一一年現在、ドイツには一〇万人を越えるユダヤ教徒が生活し、一〇〇以上の都市にその信徒共同体（ゲマインデ）が存在する。ベルリンやフランクフルト、ミュンヘンといった大都市には、立派なシナゴーグ（ユダヤ教会堂）があり、そのコミュニティ・センターはユダヤ教徒だけでなく、すべての市民に開かれている。近年では、戦後はほとんど見られなかった、黒い帽子に髭を長く伸ばした正統派ユダヤ教徒の姿も見かけるようになった。ドイツにユダヤ人が暮らす風景は、ドイツの一部となりつつある。

ドイツでユダヤ人社会の存在感が増した理由の一つに、一九九〇年代末から各地でシナゴーグやコミュニティ・センターなどの改修や新設が続いてきたことがある。東西ドイツの統一以前は、西ドイツに二万五〇〇〇〜三万人、東ドイツに数百人のユダヤ人が暮らすのみで、シナゴーグの新設はむしろ珍しかった。しかし、統一後、旧ソ連から移住してきたロシア系ユダヤ人一〇万人弱がゲマインデに加わり、人口増加に見合うだけの施設が必要となった。施設の拡充は人を呼び、ゲマインデを活性化し、これが戦後六十年を経たドイツで、ユダヤ文化復興の息吹を感じさせる要因となっている。

しかし、ナチ支配が終わったとき、ドイツでユダヤ人社会が復活すると信じた人はいなかった。したがって、彼らの宗教施設も、シナゴーグや墓地などの必要最低限を除いて必要ないと考えられた。では、ドイツ連邦共和国（旧西ドイツ）において、ユダヤ人の公共施設はどのような歴史をたどり、それはユダヤ人社会の可視性とどのように関わっているのだろう。

公共財産の処分

一九三三年に五〇万人を数えたドイツ・ユダヤ人社会は、一九四五年五月には約二万人にまで縮小していた。これは、歴史あるドイツ・ユダヤ人社会の文化や伝統が失われたことを意味したのみならず、物的な問題も突きつけた。それは、もはや使用されることのない宗教施設をどう処分するかという問題であった。国内には、シナゴーグの他にも、コミュニティ・センター、学校、老人ホームなど多くのゲマインデ公共財産が点在していた。

この点に関し、アメリカやパレスチナなどのユダヤ人社会は、ドイツにおけるユダヤ人の歴史は終わったという認識から出発した。「ヒトラーの国」ドイツでユダヤ人社会は再建されるべきではなく、国内に残る者もできるだけ早く移住せねばならない。したがって、不動産は早急に売却するという方針が打ち出された。その売却益を、世界中に散らばったホロコースト犠牲者の援助に回そうというのである。

このため、後に西ドイツとなる地域では、英・米・仏連合軍占領地区でユダヤ人継承組織（Jewish Successor Organizations）と呼ばれる信託団体が設立された。継承組織は、ナチ時代に安く買い上げられたり、没収されたりしたユダヤ人公共財産の返還を申請し、返還された不動産を管理・売却して、その収益をホロコースト生存者を援助する団体に分配した。

財産の売却と収益の分配という信託業務は、勝者である連合軍が制定した返還法に基づいている。ここにおいて継承組織は、ゲマインデ財産の「唯一」の継承者としての法的地位を認められていた。したがって、シナゴーグなどが返還される場合、その所有権は戦後に再結成された現地のゲマインデではなく、継承組織にある。つまり、戦後ドイツには迫害を生き残ったユダヤ人や、ドイツに帰国してきたユダヤ人が住んでいたにもかかわらず、ドイツ・ユダヤ人社会の「残骸」の解体・清算を請け負った団体に公共財産の所有権が認められたということだ。

このような状況に、戦後ドイツに暮らすユダヤ人たちは大きな不満を抱いていた。ドイツで生まれ育った者にとって、シナゴーグなどの売却は、共同体の歴史と記憶に対する攻撃にほかならなかった。しかし彼らの抗議は、当時のユダヤ世界が直面していた重大な危機の前に黙殺された。世界中でホロコースト犠牲者が生活に窮している状況では、崩壊したユダヤ人社会が残した富は、困窮者を援助する資金源にほかならなかった。ただ、ゲマインデにも最低限の宗教施設は必要であったので、実際に使用されるもの――主にシナゴーグ、事務所、墓地など――はゲマインデに所有権が譲渡された。だが、小さなゲマインデには有り余る施設と、消滅したゲマインデの公共財産は、継承組織が売却した。

こうして、かつての豊かなドイツ・ユダヤ文化をしのばせる施設は、その痕跡を消していった。逆に、多く残されたのは墓地であった。ユダヤ教の教えでは、墓地は永久に維持されねばならない。遺骨の移転も原則としては認められないので、売るわけにはいかない。しかし、戦後のゲマインデには、全国に点在する墓地を維持管理するような資力も人材もないので、墓地は国と州の公的資金で維持されている。ユダヤ人がいなくなった町にもきちんと手入れされたユダヤ人墓地があるのは、このような理由による。

ユダヤ人社会の庇護者としての西ドイツ政府

さて、ドイツ人社会は、ユダヤ人の宗教施設が処分され、彼らの歴史の痕跡が消えてゆくのをどのように認識していたのだろうか。

ユダヤ人自身がドイツでのユダヤ人社会の存続に懐疑的であったのとは反対に、西ドイツ政府は、国内におけるユダヤ人ゲマインデの再建を強く希望していた。ヒトラー後のドイツにおけるユダヤ人社会の復活こそ、ドイツの民主主義的な再生の証となり、国際社会に対するアピールとなるからだ。同時に、国内のユダヤ人社会の存在は、西ドイツをファシスト国家であると非難する東ドイツに対する有効な反論になりえた。このような観点からは、宗教施設の処分はユダヤ人社会復活の可能性の芽を摘むものであった。なぜなら、信仰心の篤い者なら、シナゴーグのない場所に住もうとはしないだろう。

経済的な観点からも、ユダヤ人公共財産の売却益が海外のユダヤ人の援助に使われる状況は、「ドイツ資産」の海外流出に他ならなかった。しかし、一九四九年に連邦共和国が成立する際に合意された「占領規定」では、「賠償・補償に関しては、連合軍高等弁務府がその権限を留保する」とあり、財産の返還補償に関してドイツ側に決定権はなかった。ドイツ政府は、継承組織によるユダヤ人公共財産の売却と収益の移転を止めることはできなかったのである。

大半の宗教施設を失ったゲマインデの不利益を埋め合わせるわけではないが、政府は弱小ユダヤ人共同体の政治的・経済的な庇護者としての役割を引き受けた。破壊された公共財産の損害を補償し、施設の改修や文化活動に対して補助金を支給した。政府は、国民が必ずしも反ユダヤ主義と決別できていないことを知っていたからこそ、ドイツを少なくとも経済的な面では、ユダヤ人が暮らしやすい場所にしようと試みたのである。

市民運動と「想起する文化」

政治的な理由からユダヤ人社会の復興を望んだ政府に対し、当初、失われたユダヤ人社会とその文化に対するドイツ市民の関心は薄かった。継承組織によりシナゴーグや学校などの不動産が処分されたのは主に一九四〇～一九五〇年代であるが、それは同時にユダヤ人の公共財産が不動産市場に出回ることを意味した。つまり、ナチ時代にユダヤ人ゲマインデが失った不動産は、いったんユダヤ人側へ返還された後、再びドイツ人の手に渡っていったのである。購入者であるドイツ人は、これが合法的な売買契約である以上、その歴史的背景に関心はなかった。ヒトラーの時代を歴史と見なすには日が浅すぎたし、ドイツ社会でホロコーストに対する関心が生まれくるのは、一九六〇年代に入ってからのことである。

だが、一九六〇年代末の学生運動がもたらした社会変革は、過去とより真摯に向き合うという新しい政治文化の誕生ももたらした。これは、後に見るナチズムやホロコーストへの広い関心を用意し、一九八〇年代に入ると、郷土史家やアマチュア歴史家などが、自分の町のユダヤ人の歴史を掘り起こすようになった。ところが、こうした市民運動家たちは、ユダヤ人の歴史の物的痕跡があまり残されていないという現実に突き当たった。かつての宗教施設が戦後の再開発で正確な場所さえ分からなくなっていたり、仮に建物が残っていても、その歴史を示すものがないため、使っている本人がその由来を知らないこともあった。市民らはこのような状況を記憶の「冒涜」であるとして、行政は「記憶する義務」を怠ってきたと批判した。当時、ユダヤ人の宗教施設がユダヤ人自身の手で、何十年も前に売却されていたことを知る者は少なかったのである。

それでもこうした市民運動が推進力となって、一九八〇～九〇年代にさまざまな場所に記念碑が建てられ、ユダヤ人迫害の歴史を記したプレートがつけられた。死者にもう一度、顔と名前が与えられ、したがってユダヤ人に歴史が「返還」されたのである。ただ、こうした記憶・追悼への試みは、加害者であったドイツ人が、加害者としての記憶を保持するためのものであっただろう。なぜなら犠牲者の側は、亡くなった同胞のために、終戦直後より自ら各地で追悼碑を立てていたからだ。それは、国家的な「記憶政策」といったものとは無縁な、内輪の弔いであり、加害者側の参加を求めてはいなかった。

ゲマインデ拡大と施設の拡充

ホロコーストやユダヤ文化に対するドイツ人の関心は、一九九〇年代に入るとさらに強まるが、これはむしろホロコーストとともに終焉したと考えられたドイツ・ユダヤ人社会の「過去」に対する関心であって、必ずしも現在隣人として暮らすユダヤ人に対する関心を伴ってはいなかった。現にユダヤ人の方も、ドイツ社会の中で努めて目立たないように暮らしてきたのである。潜在的な反ユダヤ主義がくすぶる社会において、目立たないことは自己防衛でもあった。このため、ドイツの小さなユダヤ人社会が有する政治的象徴性は高かったが、日常レベルで個々人のユダヤ人は可視的な存在ではなかった。

このような状況を一変させたのが、東西ドイツ統一後のロシア系ユダヤ人の受け入れであった。連邦政府は、ドイツにおけるユダヤ人社会の復興を望むという立場から、ユダヤの出自であることが証明できる人を対象に、特別な枠で移住を許可したのである。二〇〇四年末に特別枠が廃止されるまでに入国したユダヤ人の数が約一九万人、その約半数がゲマインデに加わった。こうして、戦後ユダヤ人がまったく住んでいなかったような小さな町々に次々とゲマインデが誕生する事態となった

もちろん、ロシア系ユダヤ人の受け入れには多大な経済負担が生じた。公的援助と並んで、この急激な人口の増加に対処する資金を提供したのが、旧東ドイツのユダヤ人公共財産の返還による収益である。東ドイツでは、西側と異なり、ユダヤ人財産の返還はほとんどなされなかった。使い手のないユダヤ人施設は、みな「人民所有」として国有化されていた。しかし、統一後、共産主義体制下で国有化された財産を再私有化する過程で、ユダヤ人財産も返還されることとなり、これがゲマインデに思わぬ収入をもたらしたのである。（もっとも、ゲマインデが返還された公共財産をすべて手にしたわけではなく、売却益の七割はドイツ外でホロコースト生存者の援助に使われ、残りの三割がゲマインデの再建に使われた）。さらに国やラントからの大規模な補助もあり、新しいユダヤ教施設の建設が続いた。これがメディアにも大きく取り上げられることで、相乗的にゲマインデがドイツ社会で可視的なものへと変わっていった。

ドイツ・ユダヤ文化の復興に向けて

ユダヤ人人口の増加と施設拡充は、ゲマインデの宗教・文化活動を活発化した。人が集まったから施設ができたのか、施設が人を呼んだのか、どちらともいえないが、宗教を実践し文化を発信できる環境の整備が、近年の変化の背景にあることは間違いない。なぜなら、大きく新しいシナゴーグがオープンすれば、そのゲマインデは常勤のラビを雇うであろう。また、コミュニティ・センターができれば、そこではヘブライ語などを学ぶ機会も増え、ユダヤ人同士の交流の機会も増える。ユダヤ教徒を対象とした小中学校に通った子どもたちは、やはりユダヤ教徒としての自覚を持った成人となり、アイデンティティが強化される。今では、宗教的な潮流も、女性のラビがいる改革派から、ルバヴィッチ派のような超正統派まで存在する。このような多様性は、統一前には想像すらできなかった。

こういったユダヤ文化の復興は、やはり国の関与なしではありえなかったであろう。それが政治的動機を持つものであれ、資金の注入による文化振興策は成果を挙げ、ドイツの対外的評価を高める結果となった。同時にそれは、外国人排斥や反ユダヤ主義が完全にはなくならないドイツの負の側面を中和する役割をも担ってきたのである。

最後に、国策としてのユダヤ文化振興策を示すよい例として、二〇〇六年にミュンヒェンに完成した新しいシナゴーグについて紹介したい。

二〇〇六年十一月九日、ザンクト＝ヤーコプス＝プラッツに新しい大シナゴーグとコミュニティー・センターが完成し、連邦大統領以下、政府要人の参加のもと落成式が挙行された。かつて、ミュンヒェンにはここからさほど離れていない場所に大シナゴーグが建っていたが、これはヒトラーの「目に障る」という理由で一九三八年六月に解体され、完全に撤去された歴史がある。

落成式が開かれた十一月九日とは、全国でシナゴーグが燃えた一九三八年十一月の「帝国水晶の夜」の記念日である。「ナチ運動の発祥地」であるこの街で、あえてこの日に落成式が開かれた事実は何を示すだろうか。それは、ユダヤ人共同体とともに歩むドイツの姿を内外に示す、国家的な意図である。同時に、ホロコーストでも潰えることはなかったドイツ・ユダヤ人社会の復興へ向けた、ユダヤ人たちの強い意思である。

参考文献

石田勇治『過去の克服　ヒトラー後のドイツ』白水社、二〇〇二年。

武井彩佳『戦後ドイツのユダヤ人』白水社、二〇〇五年。

武井彩佳『ユダヤ人財産はだれのものか　ホロコーストからパレスチナ問題へ』白水社、二〇〇八年。
M. Brenner, *Nach dem Holocaust: Juden in Detuschalnd 1945-1950*, München 1995.

（武井彩佳）

第6章　戦後ドイツの文化

破壊されたベルリン中心部で野菜の自給自足、1947 年
後景にブランデンブルグ門、戦後の焼け野原の跡が残り、まだベルリンの壁はなかった。その後、冷戦下の戦後復興は、東西固有の文化も生み出した

出典：Gisela Müller（Hrsg.）, *Ein Jahrhundert wird besichtigt. Momentaufnahmen aus Deutschland. Bilder aus dem Bundesarchiv,* Koblenz 2004, S.57.

1　アデナウアー時代（一九四九〜一九六三年）の大衆文化

戦後復興にみる文化の生成

一九四五年五月七日・九日に休戦協定が結ばれ、事実上ドイツは無条件降伏した。それは戦場での戦い、防空壕での避難生活、強制収容所での虐待の終わりを意味するとともに、新しい時代への希望のはじまりでもあった（図6-1）。アメリカ・イギリス・フランス・ソ連による分割占領が開始されるなか、人々は生き残りをかけて、交通手段がない生活、電気・水道・ガスを使えない生活、深刻な住宅難と食糧難といった「今」直面している問題に立ち向かった。

一五八〇万の家屋のうち約四分の一が戦争により全壊あるいはほぼ全壊するなか、避難・国外追放・移住などで約一二〇〇万人以上のドイツ人が東部地域から帰還した。そのため、四六年時点で約六〇〇万もの住宅が不足していたといわれる。また終戦後も食料品や日常品の配給制がつづいていたため闇市が横行し、人々は不法な行為と知りつつも、これまで大切にしてきたものを闇市で売って食糧を調達した。さらに戦争で父親をなくした一二五万人の子どもたちは――うち二五万人は両親を失った――、十分な戦後保障を受けられずに生きていかなければならなかった。

図6-1　1945年夏、兵士の墓を後ろに、エルベ川の支流ハーフェルで水浴を楽しむ人たち

出典：Glaser, *Kulturgeschichte*, S. 10.

そして終戦時に人口の六五%を占めていた女性たちはといえば、強姦の脅威にさらされつつも――ベルリンでは一九四五年の秋までに、一四〇万人の女性のうち一一万人以上が強姦され、一万一〇〇〇人が妊娠中絶をしている――、崩壊した建物の瓦礫の片付けや工場で重労働を行い、夫や息子の帰還を待ちつづけた。こうしたきびしい状況を出発点にしつつも、非ナチ、反ファシズム、民主主義の確立をめざした社会づくりが徐々に進められていったのである（図６－２）。

図6-2　ニュルンベルク裁判（ドイツ人戦争犯罪者に対する国際軍事裁判）に関する記事に群がる人びと（1945年10月1日）

出典：Schildt, *Kulturgeschichte,* S.47.

人々が新しい時代の到来をいち早く実感することができたのは、とりわけ文化面においてであった。終戦直後の五月二十六日にベルリン・フィルが演奏した曲目が、ドイツ人作曲家ベートーヴェンとワーグナーではなく、ユダヤ人作曲家メンデルスゾーンと同性愛者であったチャイコフスキーの曲であったこと、ナチ時代アメリカに亡命していた作家トーマス・マンやユダヤ人作家ヘルマン・ブロッホの本を読めるようになったこと、街ではアメリカのニューオーリンズを発祥とするジャズが流れはじめたこと、一九四八年の通貨改革後に多くの劇場やオーケストラが設立されたことは、戦争の終わりを意味していた。

また、紙不足や技術的・組織的な問題があるにもかかわらず、『南ドイツ新聞』、『フランクフルト評論』といった新聞の発行が再認可され、『ツァイト』紙（一九四六年創刊）、『シュピーゲル』誌（一九四七年創刊）、『シュテルン』誌（一九四八年創刊）などの週刊紙・週刊誌が刊行された。さらに一九四九年に西側連合国が出版の際に認可を受ける義務を廃止したことにより、一九五〇年末には発行雑誌の数は約六三〇へと急増している。これらの雑誌・新聞の執筆者あるいは編集者の多くは、ナチ体制に対して抵抗し続けた人たちであり、彼らはナチ時代の十二年間に培ってきた思想や考えをこれらの雑誌や新聞を通じて、一挙に公開するようになった。また一九五二年には、現在もっとも多くの発行部数を誇るシュプリンガー社発行の日刊大衆紙『ビルト』（タブロイド紙）が発刊されている。

一九四九年には、地方のラジオ放送がドイツ全域で発信されるようになり、一九五二年になるとＡＲＤ（ドイツ放送協会）が、一九六一年からはＺＤＦ（ドイツ・テレビ第二放送）がテレビ放送を開始する。これにともない、一九五五年のテレビの受信加入者数は一〇万人、一九六三年には八〇〇万人に達した。

こうした音楽、文学、マス・メディアといった文化的な充足が支えとなり、人々は新しい時代への希望を失うことなく窮地に耐えることができたのである。

映画にみる世代間闘争の萌芽と「過去の克服」

一九四八年の通貨改革、一九五〇年の朝鮮戦争の勃発による輸出の増大、さらには労働力（被追放民・移住者・外国人労働者・東ドイツからの逃亡者）の確保により、およそ一九六〇年代後半まで、西ドイツ（ドイツ連邦共和国、一九四九年成立）の経済は順調な発展を遂げていく（「経済の奇跡」）。この経済復興・経済成長の影響は文化面においても顕著にみられ、一九五〇年代になると、とりわけ映画産業がアメリカ映画をしのぐ勢いで発展していった。

一九五〇年代に上映された映画のうちもっとも多かったジャンルは、戦争映画と郷土映画である。戦争映画のストーリーは、義務に忠実な兵士が上官からの無謀な命令の犠牲になるという内容が多く、一般兵士は戦争の責任者としてよりも被害者として描かれた。また郷土映画のなかで、祖国（＝父）は戦いに敗れて荒廃したけれども人々の故郷（＝母）は美しく、誇るべき場所として描かれ、それは救いと安らぎの場、再出発ができる場、ナチの犯した罪過とは無縁の場を意味した。それゆえ、人々は郷土映画をみることにより、一時的であれ現実から目を背けることができた。

しかし実際は、この郷土映画が映し出す「夫＝父親＝一家の大黒柱」、「妻＝母親＝家事・育児の責任者」という伝統的な性別役割分担を基礎とする家庭像、アデナウアー時代に推奨されたジェンダー秩序は、あるべき秩序であり、それは現実と鋭く対立するものであった。というのは戦争の結果、多くの家庭で一家の大黒柱を失ったこと、戦争寡婦や未婚の母の存在、家族の生活一切に責任を負ったのは復員して疲弊しきった男性ではなく女性であることも珍しくなかったからである。

このように戦争映画と郷土映画は、戦争を体験した世代の価値観にもとづいて制作されていた。それゆえこれら映画のなかに権威主義的な親世代の圧力やナチ時代と変わらぬ精神的状況、伝統的な価値観や行動規範、あるべき秩序をみた若者たち（十五～二十五歳）は、一九五〇年代半ばになるとこのようなドイツ映画を拒絶し、西部劇をはじめとするアメリカ映画に熱中するようになった。一九五五年から一九七八年にかけて、映画市場に占めるドイツ映画の割合は四七・三％から八％へと急激に低下し、残り九〇％のほとんどをアメリカ映画が占めることになる。そして一九六〇年代になると、若手映画監督たちもまた古いタイプの映画を強く批判しはじめ、妊娠中絶・産児制限・世代間闘争・社会的アウトサイダー・離婚・プチブル的な家族生活・少年愛・女性解放のような社会的に無視される傾向にあったテーマを題材に映画を制作するようになった。この若手芸術家たちの多くは、のちに学生たちとともに「六八年運動」に参加することになる。

こうした若者たちの行動を後押しした要因の一つとして、一九五六年七月に導入された徴兵制が考えられる。この兵役義務の導入に関する世論調査によると、市民の五五％が兵役と軍隊は教育面で意味があると答えている。しかし年齢層別に比べてみると、三十歳以下の男性の四七％が兵役義務に反対しており、それに対して、六十歳以上の年長者の約六〇％が若者の規律化にとって徴兵制が有効であると回答していた。ちなみに四十五～五十九歳の女性のうち、約七〇％が徴兵制に肯定的であった。一九四九年に七十三歳で首相に就任したコンラート・アデナウアーの政権下、若者たちは分別のない教育されるべき存在として考えられた。しかしこの世論調査の結果にみられるように、若者たちは親世代あるいはそれ以上の世代が考える秩序に反発する傾向にあり、こうした若者特有の価値観は、「六八年世代」へと受け継がれていく。

「経済の奇跡」とアメリカ的消費文化・若者文化の受容

メディアから伝わってくるアメリカ的な豊かな生活を営むこと、それは戦後のきびしい状況下を生き抜いてきた人たちの「夢」であった。経済復興の兆しが顕著にみえはじめる一九五〇年から一九六〇年の間に労働者の実質所得は四分の三上昇し、平均労働時間も一九五七年の週四八時間から一九六〇年代前半には週四〇時間へと短縮された。こうした金銭的・時間的なゆとりにより「夢」を実現する可能性がでてくると、消費生活は必需品の充足だけではなく、欲しいものを購入し消費することへと変化した。生活費のうち、ビールやシャンパンなどのアルコール類、菓子類、バナナやオレンジのような果物といった嗜好品の占める割合が徐々に増加する一方、冷蔵庫・洗濯機・テレビなどの家電製品、住宅や自家用車のような耐久消費財を近い将来購入するために、親世代は節約をはじめた（図６－３）。

それに対して一九四〇年以降に生まれた若者世代は、親世代とは異なった価値観でもってアメリカ的消費生活を歓迎した。将来のための節約をほとんど試みず、「今、欲しいもの」を購入するという独自の消費文化をつくり出していったのである。一九五三年から一九六〇年の間に若者たちの収入は二倍に増加したにもかかわらず、十四歳から十九歳までの若者のうち家に生活費を入れていたのは半数のみであり、多くの若者たちは自分の稼ぎを自由に

図 6-3　物不足の時代は終わった！食料が詰まった冷蔵庫を開けるカップル（1963 年頃）

出典：Schildt, *Kulturgeschichte,* S.186.

図 6-4　ダンスカフェに入るオシャレした若者たち。16-25 歳の若者たちのみ入店が許された

出典：Maase, *BRAVO Amerika,* S.174.（出所元：Keystone Pressedienst, Hamburg）

使える状況にあった。それゆえ性差や階級に関係なく、若者たちはチューインガムやコカ・コーラ、ジーンズ、Tシャツ、革ジャン、ナイロン・ストッキング——一九五〇年に生産が開始され、価格は標準的な労働者の月収の二・五％に相当した——、ポータブルラジオやカメラ、オートバイやスクーターといったアメリカ的消費文化を代表する製品を時には節約を試みながら購入した。他方では、映画を観たり、ジュークボックスから流れる音楽を聴いたり、ダンス・カフェでロックン・ロールを踊ったりしながら、仲間と時間を楽しく過ごした。アメリカ南部の労働者階級出身であるエルヴィス・プレスリーが、労働者層のみならず中・上層市民の若者たちから熱烈な支持を得て若者文化の代表格となったのは、まさにこの一九五〇年代後半であった（図６-４）（図６-５）（図６-６）。

　一九六〇年代になると、若者たちの新しいアイディアや精神、苦悩や葛藤はポップ芸術や音

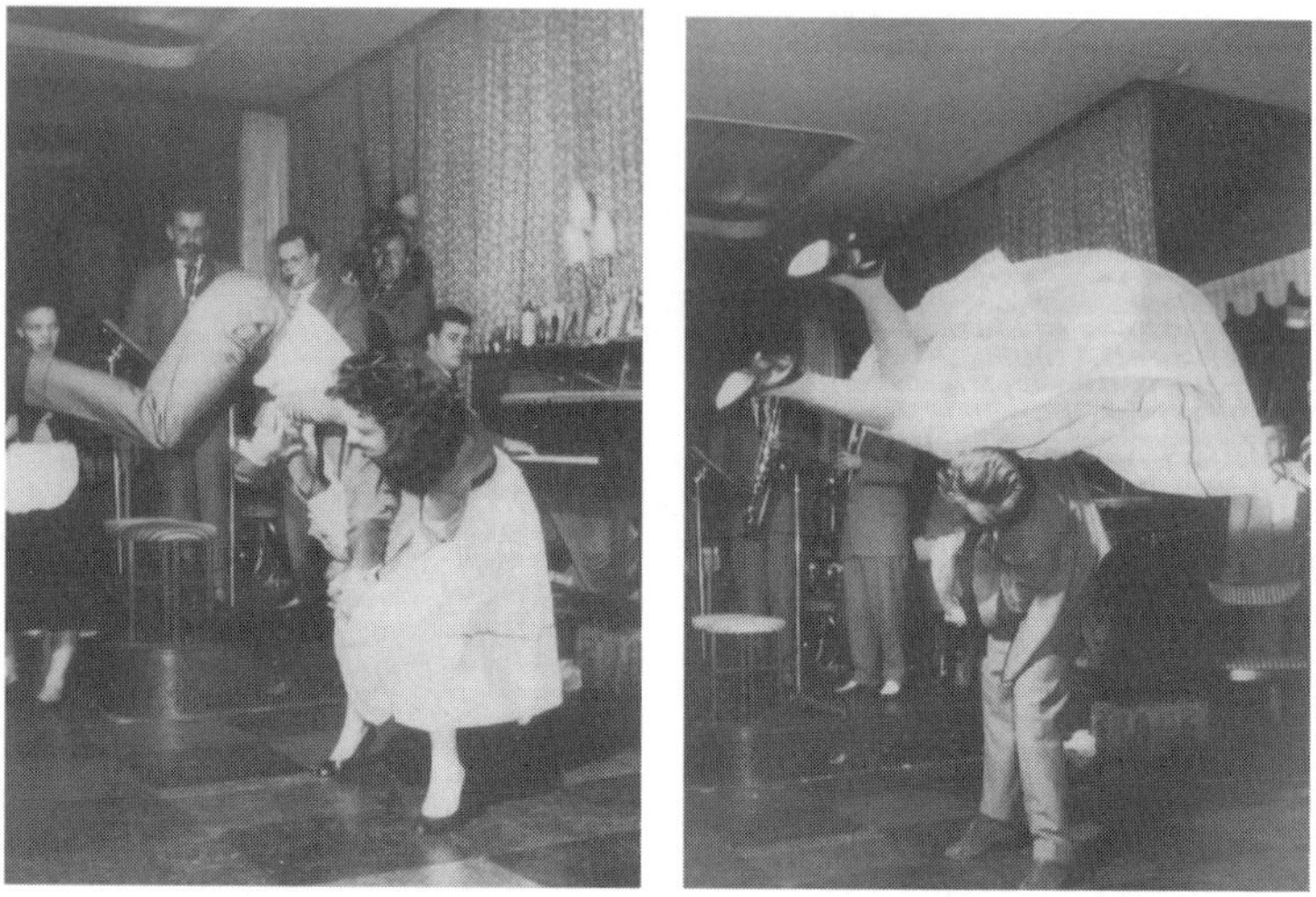

図 6-5　フランクフルトで開催されたロックン・ロール競技会（1956 年）

出典：Maase, *BRAVO Amerika*, S.138, 139.（出所元：Pressebildarchiv Wolff & Tritschler, Offenburg）

図 6-6　「不良」

出典：Maase, *BRAVO Amerika*, S.123.（出所元：Keystone Pressedienst, Hamburg）

楽を通じてますます表現されるようになった。たとえば爆発的な人気を博したビートルズは、一九六二年にハンブルク・スタークラブに六週間連続で登場して以来、一九六七年までに二三〇曲を作曲し、二〇〇万枚以上のレコードを売り上げている。

こうした消費行動や生活スタイルを好む若者たちは、親世代から「不良」と呼ばれるようになり、一九五六年から翌年にかけて「不良」は社会問題化した。「豊かな生活」に憧れ、保守的・権威主義的な志向をもち、伝統的なジェンダー秩序を好むリベラリストや中産階級の親世代は、「きちんとした」男女関係や性規範が崩れていくのではないかとの危惧を抱き、若者を何とかして「正常」な市民に立ち直らせようとした。彼らはモード産業に対しては、若い女性の性行動を煽っていると攻撃し、またロックン・ロールに対しては、「黒人の歌」「ユダヤ人の作った歌」といったナチ時代の表現を使い、プレスリーを黒人の血が混じっているミュージシャンといって非難した。

しかしまさに若者たちの反抗は、こうした親世代の価値観に対するものであった。それは「経済の奇跡」のなかで消費生活を楽しむことにより「過去の罪責」に目を閉ざす一方、兵役を導入し、ナチ期と同様の秩序を維持しようとする親世代に対する反発であった。そしてこのような世代間闘争は、その後「六八年運動」となって現れるのである。

2　世代間闘争としての「六八年運動」

「六八年運動」と「六八年世代」

『六八年運動』とは、一九六〇年代後半に起こり、一九六七年から一九六八年にかけて激化した、既存の政治体制に対する左派学生らによる抗議運動を意味し、この時代は『六八年』と呼ばれている。『六八年世代』とは、一九三〇年代後半から四〇年代後半に生まれた最初の戦後世代で、反権威主義の思想や社会主義革命の理想を抱きながら、この運動にかかわった人々を指している」（井関正久『ドイツを変えた六八年運動』九頁：以下の叙述の多くは井関氏の研究に依拠している）。

「六八年運動」は、ナチ時代も戦後社会の建て直しも経験していない世代によって展開された運動であり、それはナチスの過去やそれと密接に関わる「権威主義的」伝統、従来の確立された秩序（規範・規則・タブー・ステレオタイプ）に対する抵抗運動であった。その点で一九五〇年代の若者たちがもった親世代への反発を引き継いでいた。

一九五〇年代後半から一九六〇年代の初めにかけて、ナチの過去をめぐる議論が高まるきっかけとなったのは、ユダヤ教のシナゴーグ（教会堂）に鍵十字が落書きされた事件、ナチについてのドキュメンタリー映画シリーズ『第三帝国』がテレビ放映されたこと、旧帝国保安部ユダヤ人担当課長であったアドルフ・アイヒマン裁判をはじめとするナチ犯罪に関する裁判であった。その際、アデナウアーがナチ犯罪を「真に罪のある人間」だけに還元したのに対し、カール・ヤスパースのいう「ドイツ人の罪責」、すなわち、ナチと関わりをもった、ナチを支持したドイツ国民へと責任が追及されたことにより、「六八年世代」とそれ以前の世代とのナチ犯罪に対する見解の違いが露呈した。そしてナチの過去をめぐるこの論争の先頭に立った学生たちは、学生組織ＳＤＳ（社会主義ドイツ学生同盟）に結集した。彼らはソ連や社会民主党から距離をとる「新左翼」として自らを位置づけ、「過去の克服」に真剣に取り組むよう国家に要求したのである。西ドイツの学生運動は、大学改革とベトナム反戦という点では他国の学生運動と共通していた反面、ナチの過去をめぐる議論がそのベースになっていた点で独自の課題を抱えていた。

戦後世代の学生の多くは、自分たちの父親に対してナチ時代に何をしていたのかを問いつめるとともに、親世代が「過去の罪責」にほとんど言及せずに経済回復ばかりに関心を傾けてきた態度を非難し、社会のあらゆる分野での民主的な改革を要求した。一九六六年にルートヴィヒ・エーアハルトが退陣し、元ナチ党員であったキリスト教民主同盟のクルト・ゲオルク・キージンガー首相とドイツ社会民主党のヴィリー・ブラント副首相兼外相率いる大連立政権が成立したこと、また極右勢力であるドイツ国民民主党が州議会進出を果たしたことに対抗するため、学生たちは平和運動家や、一部労働組合も加わった非常事態法反対勢力と連帯し、機能しない議会内野党に代わる「議会外反対派」を結成した（図6－7）（図6－8）。

一九六七年に入ると学生運動はエスカレートし、キャンパス内にとどまらず、街頭で警官隊との衝突を繰り返した。その契機となったのは、一九六七年六月二日に、独裁体制のもとでアメリカと密接なつながりをもつイラン国王夫妻の訪独に対する抗議デモが行なわれた際、学生ベノ・オーネゾルクが警官によって射殺された事件である。この事件を契機に、連日、西ドイツ全土で学生による大学占拠や街頭デモが行なわれ、警官隊と激しく衝突した。

また一九六八年一月にアメリカのベトナム戦争における計画の破綻が露呈すると、学生たちはベトナム反戦を訴え、国内のアメリカの施設を標的に抗議運動を展開し、大型百貨店や株式

図6-7 ミュンヒェンでの学生運動（1968年5月）

出典：Müller, *Ein Jahrhundert,* S.69.

図6-8 フランクフルトで開催されたSDS会議（1968年）

出典：*Hart und Zart. Frauenleben 1920-1970,* Berlin 1990, S.483.

図6-9　ベトナム反戦デモへの呼びかけ（ハイデルベルク，1966年）
出典：Schildt, *Kulturgeschichte,* S.282.

取引所といった資本主義を象徴するあらゆる建物を攻撃した（図6－9）。

さらにこの年、西ドイツにおいて大規模な抗議運動を招く出来事が二つ起こっている。一つは右翼の反学生運動的な宣伝に影響を受けた一青年によるSDS指導者ルーディ・ドゥチュケの襲撃事件であり、もう一つは非常事態法案が大連立政権から提出されたことであった。この非常事態法案は、自然災害・内乱・戦争などの非常事態の際に国民の基本的人権を部分的に制限し、連邦軍の投入も認めるとするもので、それは人びとに、ヴァイマル憲法第四八条に則して大統領が緊急命令を乱発したことがヴァイマル共和国の崩壊とナチによる権力奪取を招いた過去を想起させた。

以上のような抗議運動は決してドイツに限定されたことではない。たとえば同時期のフランスでは、学生と労働者により「パリ五月闘争」と呼ばれる反政府運動が展開され、それは戦後最大の内政危機を引き起こすこととなった。

しかし非常事態法が一九六八年五月三〇日に成立すると「議会外反対派」は分裂し、学生運動自体も衰退していく。一九七〇年の「議会外反対派」解散以降、SDSのメンバーたちは、共産主義グループや政治団体、社会民主党の青少年組織（ユーゾー）といった政治諸団体、赤軍派へと枝分かれしていった。

この学生運動の意義としては、教育やメディアにおいて批判的な理論がみられるようになったこと、行動的・参加的な民主主義といった新しい政治文化が育ったことがあげられよう。たとえばナチ時代に政府に対して抵抗し亡命していたブラントが一九六九年の首相就任後、ワルシャワのユダヤ人犠牲者追悼碑の前にひざまずいた姿は「六八年運動」家たちに感銘を与え、一九七三年の退任までの間に一〇万人がユーゾーのメンバーになっている（図6-10）。また一九八〇年代以降「六八年世代」は、「新しい社会運動」の政治組織である「緑の党」を基盤に、議会活動という新たな地平を開いていった。「緑の党」は一九八〇年に設立され、一九八三年三月の選挙以降（得票率五・六%、二七議席）、連邦議会に参入していく。

図6-10　ワルシャワのユダヤ人ゲットー蜂起犠牲者記念碑の前で跪くヴィリー・ブラント首相（1970年12月7日）
出典：Müller, *Ein Jahrhundert,* S.70.

「新しい社会運動」と新しい価値観

学生運動の勢いが弱まると、教育・社会保障・メディアなどの制度改革、それと平行して、反原発運動・環境運動・平和運動・女性運動といった「新しい社会運動」が、研究機関や教育機関、マス・メディア、政治機関へと進出した「六八年世代」によって展開された。

反原発運動は一九七〇年代半ばに、原発立地予定地や核廃棄物処理施設の候補地での大衆デモや建設現場占拠というかたちで起こった。こうした直接抗議は、その後反原子力運動へと発展した。環境運動では、居住環境の改善を求める住民運動、自然的・社会的な生活空間の破壊に対する取り組みが各地で行なわれた。一九七一年になると連邦環境プログラムが公表され、その翌年にはゴミの除去、大気清浄維持、騒

図6-11　核兵器反対キャンペーン（ベルリンの皇帝ヴィルヘルム記念教会，1958 年）

出典：Burns, *German Cultural Studies*, S.234.（出所元：Deutsche Presse-Agentur, Stuttgart）

音防止を競合的立法の対象に加える基本法改正がなされ、環境政策は連邦の立法活動領域となる。また一九七五年には全国的な環境保護組織、ドイツ環境自然保護同盟が結成され、同同盟はグリーンピースや世界自然保護基金などとともに協力しながら環境運動を展開した。

　戦後の平和運動は、一九五〇年代初頭以降、とりわけ女性たちを中心に行なわれた再軍備反対運動にさかのぼる。アデナウアーは首相に就任した当初、再軍備反対を表明していたが、わずかその半年後、強力な防衛力の必要性を説くとともに連合国に対して防衛部隊の設立を承認するよう要請した。このことは、国民に危機感を募らせた。一九七九年のＮＡＴＯ二重決定（ＮＡＴＯがソ連との軍縮交渉に取り組む一方で、西ドイツを含む西側諸国に中距離核兵器の配備を進めること）以降、核戦争に対する脅威は、政党、労働組合、教会組織、女性団体といったあらゆるグループを平和運動へと向かわせた。一九八一年と一九八二年にボンで行われた平和デモには三〇～四〇万人もの人たちが参加し、建国以来もっとも規模の大きい抗議運動へと発展した（図６－11）（図６－12）。

　これら「新しい社会運動」の原動力となったのは、「六八年運動」ではみられなかったような若者たちの新しい価値観、生きる喜び、人と自然・モノとの感覚的なつながり、といった新しい世界観であった。たとえば食文化でいえば、化学調味料を使用していない食品を購入する、環境面でいえば、地球に優しいものを好む、労働でいえば、定職に就かないことは恥ではない、社会的上昇やキャリアを積むのを諦めるのも愚かなことではない、といった新しい価値観が誕生した。

また、社会的な弱者や逸脱者に対して寛容に接するようになり、競争相手としてではなく対等な関係にある相手同士の人間関係が築かれるようになった。これは反権威主義という「六八年世代」の要求を反映している。たとえば、同性愛への理解が徐々に広がり、また、年齢差はあまり障害とはならず、伝統的な男女の役割分業はもはや絶対的なものとはみなされなくなった。その他、恋愛関係にある男女間の性的に自由な関係、妊娠中絶の合法化にみられるように、生殖という圧力からの解放も実現した。これまで社会は、労働による自己実現を信じ、幸福を物質的な豊かさとして理解し、産業化にともなう精神的な貧しさについてはさしあたり考慮しない市民的な価値観にもとづいて発展してきたが、一九七〇年代初頭になると、市民権の拡大や社会の民主化の促進という試みにより、こうした価値観

図6-12　上：ヘルムート・コール首相のNATOの増備に関する演説の際、緑の党の連邦議員たちは戦争の写真を掲げながらそれに反発した（1983年11月）。下：アメリカの中距離ミサイル配備反対デモに制服姿で参加する連邦国防軍の兵士たち。制服を着用してデモに参加することは禁じられていた（1983年11月）。

出典：Hans Georg Lehmann, *Deutschland Chronik 1945-1995*, Bonn, 1995, S.326.（出所元：左 Ullstein Bilderdienst, Berlin　右 Deutsche Presse-Agentur, Frankfurt am Main）

は薄れていった。別の言い方をすれば、この時代までに労働者階級は消滅し、いわば中・上層の人たちも「ネクタイ」だけでなく「タートルネックのセーターとジーンズ」姿を好むようになり、文化は一部の人ではなく、女性を含めすべての人が共有するものであるべきと考えられるようになったのである。

この文化的な社会の進歩を支えたのは、主として所得の上昇と戦後進められた教育の平準化である。一人当たりの年間の実収入は、一九六〇年に四三〇一マルクだったのが一九七〇年には八七九〇マルク、一九七八年には一万六二八一マルクへと上昇する。教育については、建国当初は初等教育修了後に中・高等教育へ進学する子どもの割合は一〇%にも満たなかったが、一九七〇年から一九八〇年にかけて、十六歳まで学校へ行く学生の割合は六九%に達し、二七・三万人から四六・一万人へと増加した。一九六三年から一九七六年の間にギムナジウム（九年制高等学校）に通う学生は八六万人から約二〇〇万人へ、大学生の数は女性の大学進学率が高まったこともあり、二九万人から七〇万人へと増加した。

また国や州の文化面における公的支出をみてみると、教育に関しては一九六〇年から一九七六年の間に約四・九倍増加し、文化に関しては、一九七五年に三五億マルク、一九八〇年には五九億マルク、そして一九八〇年代末には九七億マルクと約一七七%増加している。

「六八年運動」後の女性たち

女性抜きでは収拾することのできなかった終戦直後の混乱がひとまず落ち着いた一九五〇年代初頭になると、女性は家事・育児の責任者であるという見方が復活するとともに、女性の文化的・知的生活への参加に対する抵抗が強まっていく。こうした風潮に合わせるかのように、女性雑誌では洋服・化粧品・家具・キッチン・子ども・恋愛・結婚などについて多く誌面がさかれ、政治や時事に関する記事は避けられる傾向にあった。そして女性たちはといえば、こうした女性に向けられた期待を自ら受け入れたのである。

しかし一九六〇年代以降、ジェンダー役割に変化がみえはじめた。多くの女性たちが就労を自己実現・自己表現のための機会と理解し、経済的自立をめざすようになったのである。一九五〇年から一九六一年にかけて既婚女性の就業率は二六・四％から三六・五％へと上昇し、一九七二年になると四一％にも達した。他方で、離婚率が上昇し、結婚・出生率が低下したことは、自分を主婦・母と定義しなくなった女性が増大したことを示している。彼女たちは「結婚後に母親になり子育てをする」以外の生活に人生の意味を見出しはじめたのである。「六八年運動」直後に高まった女性運動は、こうした女性たちの要望を反映するものであった。

一九六〇年代末以降になると、女性たちは権威主義的伝統を保持しようとするナチ世代への異議申し立てとしての「六八年運動」が、女性に対して権威主義的で家父長的であったことに異議を唱えはじめた。躾を重視する市民的な教育ではなく反権威主義的な集団教育にもとづく共同保育所の設置を求め、その一方で、世界的に広がりをみせたスローガン「個人的なものは政治的なもの（The Personal is the Political）」を掲げながら、政治、国家行政機関、司法、大学、メディア、職場、家族における男女平等を求めて女性たちは立ち上がった。これまで個人的・私的な領域の問題とされてきたこともじつは社会的につくりだされたもので政治や権力の問題である、という意味をもつこの言葉が向かった先は、「性」の領域における権利の取得であり、「女性の性に対するタブーをなくすこと」であった。その代表的な一例が妊娠中絶の自由化である（事例研究1を参照）。

（水戸部由枝）

3　東ドイツの生活文化

日常生活の場としての企業

東ドイツ（Deutsche Demokratische Republik, ドイツ民主共和国、一九四九－九〇年）の生活文化を語る場合、視点を企業に置くことが有効である。社会主義体制にあった同国の企業はほとんどすべてが国有企業であったが、そこで働く「労働者階級（東ドイツの統計では、肉体労働者だけでなく事務員などの職員層も含まれた）」の割合は、一九八〇年に就労者全体の八九・四％であり、そのうち工業部門労働者が五二％を占めていた。つまり国民のかなりの部分が、工業企業で働く労働者とその家族で占められていたことになる。

企業に視点を置く理由はそればかりではない。東ドイツにおける企業は、労働の場であるだけではなく、労働者の住まいの多くは社員住宅として与えられ、保養施設・幼稚園・託児所などのサービスも企業を通じて提供されていた。また余暇生活の中心は、のちに見るように職場の共同作業チームである作業班（Brigade）という組織が担っていた。東ドイツの多くの人々にとって、企業こそがまさに日常生活の場だったのである。

ただし、その企業現場の状況は、われわれ市場経済におけるものとはかなり異なっていたことに注意しておく必要がある。なぜなら東ドイツは、本書対象の他のどの時代・地域にもなかった社会主義計画経済というシステムの下にあったからである。東ドイツの生活文化は、このシステムの特徴に影響されていた部分が大きく、ドイツ文化からだけでは説明できない独特の要素を含むものであった。それゆえ、まずは計画経済下の企業（とくに工業企業）およびそこで働く労働者はいかなる実態にあったのかを見ておくこととしよう。

計画経済下の企業現場

計画経済というと、中央当局で立てられた計画が各企業へ指令され、企業はその計画に従って整然と生産するというイメージがあるかもしれない。だが実際は、企業現場の実態が、中央当局の意図通りにならないことの方が普通であった。

図6－13は、生産計画の作成・伝達の手順を示すものである。中央当局（国家計画委員会）で作成された生産計画案は、各省を通じて企業へ伝達されるが、計画は一度上から下へ指令されて終わりという性格のものではなかった。この計画案については、企業においても現場の状況を勘案しつつ検討され、何らかの提案があれば、逆に省を通じて国家計画委員会まで提出された。こうした調整を繰り返したのち、最終的な生産計画が確定されるという仕組みになっていたのである。これは、現場の情報というものはきわめて複雑なものであり、それが中央当局に完全に伝達・集約されることはありえないため、計画作成にあたっては各企業から提示される情報に依存せざるをえなかったからであった。

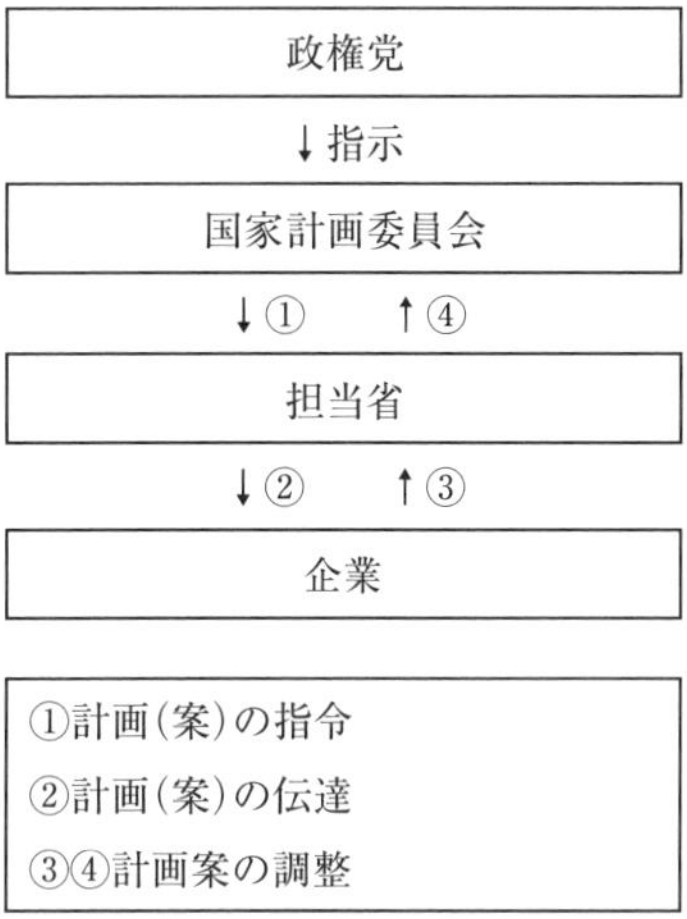

図6-13　生産計画作成・伝達の基本構造

ところが計画当局から企業指導部、労働者に至るまで、各部署の利害は異なっている。社会主義計画経済下では、中央当局は、当然効率最大化による最大の生産を目標としていたものの、生産計画の達成に責任をもつ企業指導部は、少しでも低い計画を受け取った方が有利であり、企業の生産能力を隠しておこうとする傾向をもった。労働者にとっても楽に達成できる仕事量が望ましい。これら各部署間で利害が異なるなかでは、それぞれに都合のよい情報のみが上位部署へ伝達されがちとなる。その結果、必然的に「歪んだ」情報に基づいて中央で作成される計画は、経済全体を厳密に制御するものとはなりえなかった。

そうした厳密でない計画に従って生産する現場は、とても効率的とは呼べない状況だった。原材料・部品は納期を遅れがちとなったが、それを使って生産する企業の責任はますます問われないことになった。生産計画は総生産高の達成のみを要求するものだったので、製品品質は問われなかった。情報の「歪み」から生産計画は企業の能力を十分に発揮しなくても達成できる水準に設定され、また一旦高い生産高を達成してしまうと翌年のノルマが高くなるため、企業指導部はさほど高い生産達成を望まなかった。こうした条件の下では、労働者は厳しく管理されることはなく、あくせく働く必要はなかった。計画達成のための期末の突貫作業期は忙しかったものの、それ以外の時期は、適度に働く一方で、遅刻、早退、仮病による欠勤、仕事中のおしゃべり・飲酒なども、珍しい光景ではなかったのである。

作業班の意義

しかし、東ドイツの労働者にとって、労働が意味を持たないものだったわけではない。現代の市場経済下に比べれば厳格な労働が要求される職場でなかったとはいえ、むしろだからこそ管理されず自由のきく部分があり、労働や職場の仲間との交流を誇りとするような伝統的な労働者文化が再生されていた。そうした彼らの生活において大きな役割を果たしたのが、作業班であった。

作業班とは、一九五〇~九〇年の四十年間、企業管理構造の最下層をなし、同じ職場の労働者十数名により構成された組織である。一九八八年には、全就労者の六三%、工業労働者では八四%が作業班に所属し、国民の大部分にとって、その日常生活に根ざした存在であった。そもそもは、班を最小の単位として生産の集権的な管理を進め、また「社会主義的に労働し、学習し、生活する」人間を教育するために、政府が「上から」導入した組織であった。

だが、上述のような管理が弛緩した職場の状況下で、班はかなり自律的な活動をするようになり、労働ノルマの設定などについて利害代表組織的な役割も果たした。労働者は、班で一緒に働き、仕事を教えあったりした。さらに「社会主義的に学習し、生活する」ためとして、班は、職場だけでなく、余暇生活にも活動を広げていった。余暇活動としては、作業班による旅行、ハイキング、登山、「作業班の午後」や「作業班の夕べ」（内容は、観劇や映画鑑賞、作家の朗読会、読書会、スポーツ、ダンス、おしゃべり、ボウリング等）が開催された。これら催しには、班員の家族も一緒に参加した。作業班の余暇活動は、家族ぐるみでの班員同士の付き合いを深めることのできる場となっていったのである。

労働の場であるだけでなく、余暇とも深く関わる場となった作業班は、労働者の人間関係の基盤となり、相互の家族も含めたコミュニケーションの場となっていった。班では、仕事中に話したり酒を飲む。子どもが風邪をひくと誰かが仕事を代わってくれる。こうしたことは職場の管理が弛緩していたからこそ可能であった。誕生日は皆でお祝いをする。一緒にぶらっと小旅行に出かける。パーティーも開く。病気になった班員の所へは定期的にお見舞いに行く。家族についての相談にも班員が相互に乗った。買い物は、班の代表が全員分の食料やビールを委託されて買ってきた。「われわれは一つの大家族だった。お互いが相手のことを思いやる、真の意味での完全な集団だった。班の雰囲気はじつに快適だった」。「誰もが、従属しているのではなく、そこに溶け込んでいました」（労働者の回顧より）。

こうした仲間内では、果物や衣料品などの消費財不足や企業食堂のまずさに関する愚痴をこぼしあったり、公に行うことはタブーであった政治的議論もできた。「人々は、いつも班のなかで不平を言っていました。労働者は、企業の内部で圧力を行使されないですむ自由な空間を持っていたのです」。このように、作業班の内部では、自分

図6-14　社会主義的競争で最優秀班に選ばれた青年作業班の仲間たち

出典：*Chronik zur Geschichte der Kreisparteiorganisation der SED Seeverkehr und Hafenwirtschaft,* Rostock 1985, S.78.

の存在が認められ、思うことを話すことができ、理解してもらえる空間である「親密圏」が成立していた（図6－14）。

生活を支えた人のつながり

人のつながりは、ほかの場所でも形成されていた。東ドイツは、前述のような生産状況から、基本的に物不足の社会であった。ただし、あらゆる品物が不足する飢餓社会というほどではなく、今欲しい物が必ずしも店頭に並んでいるとは限らないといった性格の不足であった。そのため国民は、商店の前に行列があれば、とりあえずそこに並んで買っておくという特殊な消費文化を有していた。この買い物のための行列が、また一つの人のつながりの源となった。長時間行列をする間に、並んでいる者同士で人間関係が深まり、どこに何が売っているか、よりよい品物をどこで手に入れることができるかなど、互いに情報を交換する場となったのである。そうしたネットワークは、困った状況下でお互いが助け合うという共助の精神を発達させることにつながった。

計画経済体制にあった東ドイツは、確かに西ドイツに比べ経済発展度はかなり低く、所得や消費の向上、メディアの発達、モータリゼーションの進行などが遅れた社会であった。だが、だからこそ、作業班を通じた職場・余暇生活が意味を持ち、そのなかで濃密な人間関係が醸成されていた。物不足のなか、誰かが代表して皆の分を買ってきたり、買い物の情報を交換したり、あるいは病気になるなど困ったときにはお互いが助け合うという精神が存在した。こうした状況から、人々には一種の「いごこちの良さ」が生まれており、ドイツ統一（一九九〇年）後の旧東独国民からは、「昔はよかった」という思いが漏れることもある。もちろんその「いごこちの良さ」があっても、東ドイツという国は最終的に崩壊したのであって、同国は、経済停滞をはじめ、秘密警察の存在や、政治活動・西側国への旅行の自由の欠如など多くの問題を有していた。そうしたさまざまな問題を有した東ドイツの国民生活を支えていたのが、人のつながりだったのである。

（石井　聡）

4　ドイツへの移住者と文化の問題

「経済の奇跡」の労働力補充源

西ドイツがいち早く「経済の奇跡」という好況期に入り、六〇年代後半まで維持できた要因の一つは、労働力の補充源を次々に確保できたからである。当初は、東欧諸地域からのドイツ人引き上げ者や、東ドイツからの逃亡者が大量に流入した。次に、国家間協定に基づく南欧・地中海地域からの外国人労働者が受け入れられ、異なる文化的背景を持つ他民族が次々に西ドイツに入ってきた。血統主義的な国籍法を持ち、アメリカのような伝統的移民国ではない西ドイツでは、ドイツ民族籍保有者には基本的にドイツ国籍が与えられたが、外国人の帰化は困難で、彼らは一時的滞在者と考えられていた。不況になると、外国人には帰国圧力が高まるが、長年、生活の本拠を西ドイツにおいてきた外国人には、帰国できない人も多かった。その頃には子どもの教育問題や福祉問題も大きくなった。こうして、「外国人労働者」導入のマイナス面を主張する声が出る。とくにもっとも人数が多く、文化的に遠いためにドイツ社会への統合が難しい外国人とされた「トルコ人問題」が、七〇年代から西ドイツで議論の対象となった。しかし、ドイツに流入し定住化していった外国人労働者は、ドイツ文化に多様な色彩をもたらし、公の議論は彼らの存在をドイツ人に考えさせ、ドイツ社会が、少しずつ多文化的社会へと変貌していく契機となった。

一九八〇年代後半からは、別種の移住者が急増した。庇護申請者（政治難民）とアウスジードラー Aussiedler（一九八九年の東欧・ソ連の体制変革時の混乱を避けて、ドイツ系であることを根拠にドイツに帰還した人々）である。

多種類の移住者をドイツ社会が受け入れるかどうかは、①ドイツの経済に余裕があるか、②移住者がドイツ社会に貢献できるとドイツ社会が見なすかどうか、③ドイツが歴史的教訓から何を引き出すか、に依っていた。この節では、一九九〇年のドイツ統一までのドイツ系移住者と外国人労働者の受け入れ態度について考察してみたい。なお、研究の進んでいる西ドイツ（連邦共和国）の事例を主として扱い、東ドイツ（民主共和国）については補足的に扱う。

戦後初期のドイツ系移住者

戦前のドイツ東部領土や国境外の東欧に住んでいたドイツ住民の多くは、大戦中ないし戦後に、逃亡や追放措置によって、ドイツに帰還した。彼らは西ドイツでは「被追放民」、東ドイツでは「移住者」と呼ばれた。東ドイツは人口比では西ドイツよりも多く受け入れた。しかし、その存在が目立ったのは西ドイツの方である。

西ドイツ（占領時代は西側占領地区）へ流入した被追放民と東ドイツからの逃亡者の数は、一九五〇年に八三〇万人（全人口の一七％）、六〇年に一三二〇万人（全人口の二四％）に及んだ。その十年間に、西ドイツのＧＤＰは二倍以上に躍進し、失業率は一一％から一％へ激減した。彼らなしでは「経済の奇跡」は始まらなかっただろう。

短期間に大量の被追放民に住居や職を与え、社会にスムーズに統合するのは簡単ではない。被追放民の多くは、数十年、数百年前から東部地域に定住していた人たちであり、過酷な逃亡・追放過程でほとんどの財産を失い、心理的トラウマも抱えていた。

西ドイツは、四〇年代末から五〇年代初めに、緊急援助法、負担調整法、連邦被追放民法を定め、広範な物的保障を行った。さらに、「彼ら固有のアイデンティティを認めて社会に統合をする」方針をとる。独自の政党が作られ、短命とはいえ、五三年には連邦議会の議席も獲得した。また、独自の福祉団体や同郷会が作られ、彼ら固有の文化を保護する措置が取られた。こういった文化政策は、西ドイツにとって政治的意味も持っていた。西ドイツ政府は七〇年代まで、ドイツ＝ポーランド国境をオーデル＝ナイセ線と認めておらず、東欧諸国のドイツ人追放措置を是認していなかったからである。

一方、東ドイツの統合政策は異なっていた。東欧諸国との協調を重視し、彼らを「被追放民」ではなく「移住者」と捉えた。彼らに物質的支援をすると同時に、グループ化させず東ドイツ社会に同化させる政策をとった。そもそも東ドイツ国民全員が、社会主義国家建設の過程で、土地改革や企業の国有化などの大変革を経験していたので、東ドイツ人全体が均質化し、東ドイツへの「移住者」は目立つ存在にならなかった。

さて、西ドイツでは、被追放民の流入が一段落した後も、一九六一年のベルリンの壁建設まで、東ドイツからの逃亡者が存在した。一九五〇年には三四万人だが、五三年には一〇〇万人を、五六年には二〇〇万人を、五九年には三〇〇万人を超えた。両国の国境はあったが、「東ドイツ→東ベルリン→西ベルリン→西ドイツ」と容易に移動できたからである。西ドイツに流入した被追放民や東ドイツからの逃亡者は、経済成長の過程で生活レベルが向上し、子ども世代には完全に社会に統合された。被追放民や東ドイツからの逃亡者が持ちがちな反共姿勢は、冷戦時代の西ドイツでは存在価値があった。

被追放民と東ドイツからの逃亡者が西ドイツへ社会統合される過程を見ると、次に述べる外国人労働者をめぐる環境と異なっている。第一に、ドイツ国籍がありドイツ語が母語の彼らに対しては、受け入れ側に抵抗感がなかった。第二に、外国人と違って彼らには「元の国に戻る」選択肢がなかった。第三に、彼らは、底辺労働を担うことが通例であった外国人労働者とは異なる中間層だった。第四に、選挙権のある彼らの意見は政策に反映されやすかった。第五に、彼らがドイツに流入したのは、戦争末期から戦後初期という「民族大移動」期であり、あまり「よそ者」扱いされなかった。

「客人労働者（ガストアルバイター）」の導入

西ドイツでは、ドイツ人労働力の補給が途絶えるベルリンの壁建設（一九六一年）以前から、南欧諸国との間で協定に基づく外国人労働者の導入が始まっていた。最初はイタリア（一九五五年）、つづいてスペイン・ギリシア（六〇年）、トルコ（六一年）、モロッコ（六三年）、ポルトガル（六四年）、チュニジア（六五年）、ユーゴスラヴィア（六八年）と、西ドイツは労働力募集協定を結んだ。これは、ドイツ行政・企業と相手国の行政との連携で、労働者を募集するものである。それ以外にも、個別にドイツ企業と接触し、就業許可と滞在許可を得て、ドイツに入国する方法もあった（表６−１参照）

一九九〇年のドイツ統一までの西ドイツの外国人政策は三期に分けられるだろう。第一期は一九五五年〜七三年で、労働市場政策が前面に出ており、外国人労働者を一時的労働力として導入した時期である。外国人労働者はドイツ経済の景気調整弁だった。とはいえ、協定は、労働力送り出し国からの要請で始められた。ここには、ナチ時代に大量の外国人労働者の強制連行・強制労働を行い、戦犯裁判で「人道に反する罪」として裁かれた国としての配慮があった。呼び名もナチ時代の「外人労働者 Fremdarbeiter」ではなく、「客人労働者 Gastarbeiter」と変わった。一時的客人として外国人労働者は歓迎され、労働省管轄の就業許可証が与えられれば、内務省管轄の滞在許可証は簡単に与えられた。

しかし、六〇年代後半から変化し始める。六六・六七年の不況、六八年のＥＣ内の移動自由化によって、外国人労働者の構成が変わった。ＥＣ内で移動が自由になり、かえってＥＣ構成国民の帰国者が増えた。今までの最大勢力だったイタリア人に代わって、七〇年代には、ユーゴスラヴィア人、ついでトルコ人が最大勢力になり、七〇年代初頭は両者で外国人労働者の三分の二に達した。外国人労働者は、帰国する者が多い反面、長期滞在化する傾向も大きかった。また、七〇年代になると、労働力以外の問題が浮上する。増大する外国人児童が、学校教育の現場

表 6-1　ドイツ連邦共和国における外国人と外国人労働者

（国籍別数値は抜粋／単位 1000 人）

外国人			労働者				
年	住民	労働者	イタリア人	スペイン人	ギリシャ人	トルコ人	旧ユーゴスラヴィア人
1954	481.9	729	6.5	0.4	0.5	–	1.8
1955	484.8	79.6	7.5	0.5	0.6	–	2.1
1956	–	98.8	18.6	0.7	1.0	–	2.3
1957	–	108.2	19.1	1.0	1.8	–	2.8
1958	–	127.1	25.6	1.5	2.8	–	4.8
1959	–	166.8	48.8	2.2	4.1	–	7.3
1960	–	329.4	144.2	16.5	20.8	2.5	8.8
1961	686.1	548.9	244.6	61.8	52.3	–	–
1962	–	711.5	276.8	94.0	80.7	18.6	23.6
1963	–	828.7	287.0	119.6	116.9	33.0	44.4
1964	–	985.6	296.1	151.1	154.8	85.2	53.1
1965	–	1,216.8	372.2	182.8	187.2	132.8	64.1
1966	–	1,313.5	391.3	178.2	194.6	161.0	96.7
1967	1,806.7	991.3	266.8	118.0	140.3	131.3	95.7
1968	1,924.2	1,089.9	304.0	115.9	144.7	152.9	119.1
1969	2,381.1	1,501.4	349.0	143.1	191.2	244.3	265.0
1970	2,976.5	1,949.0	381.8	171.7	242.2	353.9	423.2
1971	3,438.7	2,240.8	408.0	186.6	268.7	453.1	478.3
1972	3,526.6	2,352.4	426.4	184.2	270.1	511.1	474.9
1973	3,966.2	2,595.0	450.0	190.0	250.0	605.0	535.0
1974	4,127.4	2,286.6	331.5	149.7	229.2	606.8	466.7
1975	4,089.6	2,038.8	292.4	124.5	196.2	543.3	415.9
1976	3,948.3	1,920.9	279.1	107.6	173.1	521.0	387.2
1977	3,948.3	1,888.6	281.2	100.3	162.5	517.5	377.2
1978	3,981.1	1,869.3	288.6	92.6	146.8	514.7	369.5
1979	4,143.8	1,933.6	300.4	89.9	140.1	540.4	367.3
1980	4,450.0	2,070.0	309.2	86.5	132.9	591.8	357.4
1981	4,629.7	1,929.7	291.1	81.8	123.8	580.9	340.6
1982	4,666.9	1,809.0	261.0	76.9	116.4	564.6	320.3
1983	4,534.9	1,713.6	238.9	72.3	108.8	540.5	305.9
1984	4,363.6	1,592.6	214.1	67.4	98.0	499.9	288.8
1985	4,378.9	1,583.9	202.4	67.4	102.9	499.3	293.5
1986	4,512.7	1,591.5	193.4	65.9	101.6	513.1	294.8
1987	4,240.5	1,588.9	181.7	64.0	100.9	518.4	292.1
1988	4,489.1	1,624.1	178.0	63.1	98.8	533.8	295.5
1989	4,845.9	1,689.3	178.9	61.6	101.7	561.8	300.9
1990	5,241.8	1,782.6	175.2	61.3	105.5	594.6	313.0
1991	5,882.3	1,898.5	171.8	60.7	105.2	632.3	325.3
1992	6,495.8	2,036.2	165.0	54.9	102.8	652.1	375.1
1993	6,878.1	2,183.6	194.4	55.3	120.3	631.8	417.5
1994	6,990.5	2,140.5	202.5	52.6	118.6	605.1	420.9

出典：矢野『労働移民の社会史』25 頁。

で大きな負担になったのである。外国人の社会統合は難しく、高くつく、という声が大きくなった。

第二期は一九七三年～八〇年で、外国人労働の募集が停止され、外国人労働者の就業が固定化した時期である。七三年のオイル・ショック直前から、外国人労働者の、①新規流入阻止、②帰国促進、③社会的統合、という三つの原則がとられた。しかし、外国人就業者は減少したものの（七三年に二六〇万人→八〇年に二一〇万人で二〇％減）、外国人人口はむしろ増加した（同時期に四〇〇万人→四五〇万人で一二％増）。帰国すれば二度とドイツに戻れない外国人が、家族を呼び寄せたからである。オイル・ショック以降の長期不況で労働市場の需給バランスが変化し、外国人の失業者が増加した。一方で、ドイツ人がやりたがらない3Ｋ（きつい・きたない・危険）の仕事には外国人労働力への需要があり、労働市場は二重構造となっていた。外国人の長期滞在者が増え、西ドイツは事実上「移民国」になりつつあった。七〇年末に外国人労働者を「移民」と認識した本格的な統合政策も構想されたが、第二次オイル・ショックでそれも立ち消えた。帰国せず、失業率が高く、西ドイツ社会に同化しない大量の非ヨーロッパ系「よそ者」として、「トルコ人問題」が議論の的となった。

第三期は一九八一年から九〇年のドイツ統一までである。第二期と原則は同じであったが、より制限的になる。帰国には奨励金が出されるようになり、家族呼び寄せの範囲も狭められた。ジャーナリストのギュンター・ヴァルラフがトルコ人になりすましてドイツの数種の職場に入りこみ、ドイツ企業がいかに外国人労働者を収奪しているかを暴露したルポルタージュ『最底辺』を出版し、衝撃を与えたのもこのころである。折しも八〇年代には庇護申請者が急増していた。ドイツはナチ時代の非人道的犯罪を反省して庇護申請者に寛容だったからだ。庇護申請者の受け入れ問題と関連して、外国人労働者問題は、単純な労働力問題ではなく、子どもの教育問題や福祉の問題、さらに誰を受け入れ、誰を受け入れないかの内政秩序の問題にもなっていた。

労働力問題から教育・福祉・内政秩序問題へ

外国人労働者を長期的視野なく導入したために生じた問題は、第一に住宅問題、第二に労働問題、第三に子どもの問題、第四にドイツ人との関係である。すべての外国人労働者に妥当しうるが、やはりトルコ人をめぐって先鋭的に現れた。

第一の問題は、外国人地区の発生である。外国人が家族を呼び寄せると独立した住居を必要とする。外国人労働者に家を貸すドイツ人が少ないことから、外国人が賃貸しやすいところに外国人地区ができる。たいていの場合、外国人が借りられる住宅は、劣悪であり、その割に価格が高いが、他に行くところがなかった。外国人地区では外国人の固有の文化が保たれ、それはプラス面もマイナス面ももつ。エキゾチックな一区画は観光名所にもなる一方、そこにいつまでも留まると、ドイツ語習得やドイツ社会参入の程度が低くなる。地区の学校はドイツ語のできない子どもを教えるのに苦労し、授業についていけない外国人の子どもは、低学力層を形成しがちだった。さらに、母国からドイツ語の知識なしに呼び寄せられた母親は、職場や学校に行く父親や子どもよりもドイツ人との接点が少ないため、専業主婦の多いトルコ人には母親の社会統合の問題も生じた。

外国人地区が閉鎖的になるか開放的になるかは、受け入れ国側の態度に左右される。移民から成り立った国ではなく、国籍が血統主義のドイツは、文化的背景が異なる人間を同国人として受け入れる経験が乏しかった。ヨーロッパ人と違う宗教や家族観念をもち、外国人地区に集住するトルコ人に、ドイツ人は違和感を抱いた。伝統的移民国アメリカでも、移民一世、二世は同郷人の集住地区に住み、次第にアメリカ社会に参入してゆく。自分のアイデンティティを保ちながら移住国になじむのに、集住地区は便利だからだ。異なる文化的背景の人間の社会統合には時間がかかる。ドイツがそれを認識するのに数十年かかった。

第二は、外国人の職が下層に固定化したことである。外国人労働者で昇進するのは、一割程度しかいなかった。

一九八〇年には、不熟練工が二九％、半熟練工が四〇％、熟練工が二四％で、第一期の末期と大差なかった。外国人労働者の賃金は平均と比べて、男性で四分の三以上、女性で六割、熟練工でも八割にすぎなかった。出来高制で働く比率も、労働災害に見舞われる比率も、外国人の方が高かった。失業率は、第一期には外国人の方が低かったが、七三年以降、外国人の方が高くなった。そのことは、社会保障の給付問題となった。人に雇われるのをきらう外国人は起業する。現在、ドイツの味覚を潤わせている南欧やトルコの料理店や野菜市は、そういった彼らの営みの一つである。

第三はより深刻である。外国人労働者の子どもは学校教育も職業教育も不十分だった。ドイツでは職に就くには該当する資格が必要で、職業教育は学校教育と結びついている。教育不足は就職の可能性を狭め、外国人青年の失業率はドイツ人青年より高くなった。外国人労働者の子どもの教育不足の原因は多々あるが、影響が大きかったのは、帰国奨励と社会統合という第二期・第三期の二股政策であろう。ドイツ社会参入と帰国という両方の可能性を満たそうとすると、外国人労働者の子どもは、ドイツと母国のどちらで暮らすにも中途半端な教育を受けることとなった。十代になってドイツに呼び寄せられた子どもは、「バイリンガルの文盲」と言われ、思春期独特の心理的不安定から犯罪率も高くなった。外国人を親にもつ第二世代がドイツ国籍をとれるよう法改正が行われたのは、ドイツ統一以後である（終章参照）。

第四の問題は、外国人の問題というよりむしろドイツ人の問題である。ヘルベルトの研究によれば、七〇年代から八〇年代にかけてのアンケートから以下のことが見て取れる。外国人労働者は帰国すべきだと答えるドイツ人は、七八年に四割弱だったが、八二年には七割弱に増えた。居住地区に外国人が多すぎると感じる人は全体で四割強いるが、年配で教育程度が低く経済的に不安定な人に高い。家族呼び寄せには六割強のドイツ人が反対している。一方で、ドイツ人と外国人の子どもの共通授業に賛成し、社会給付の平等扱いに賛成する人も、六割以上である。この微妙な態度は、移民国という現状が認識できない曖昧な態度とみてよいだろう。比較すると、庇護申請者やアウスジードラー（東欧・ロシアからのドイツ系帰還者）に対してドイツ人の目は厳しかった。庇護申請者の状況を理解するには知識が必要だったし、アウスジードラーはドイツ系とはいえ、戦後初期の被追放民と違ってドイツ語もできず、ドイツ人には見えなかった。「ぽっとやってきてドイツのうまい汁を吸っている」という印象を与えた。それに対して、ドイツ人はトルコ人に対しては、「今まで一生懸命働いてドイツ経済を支えてくれた」と認識していた。トルコ人子弟の学習支援に人員が送り込まれ、トルコ人とドイツ人との交流のボランティア活動も多くなる。移民受け入れに転換する前のドイツ人の微妙な心理が見てとれる。

東ドイツの外国人労働者

最後に、東ドイツでの外国人について補足しておこう。東ドイツはベルリンの壁建設まで西ドイツへの多くの逃亡者を出している。三百万人以上が東ドイツから西ドイツに移住した。しかし、東ドイツ自体も外国人労働者を受け入れていた。もちろん、移動の自由が制限された社会主義国なので、西ドイツとは異なった形だった。人口比率も低い。一九八九年に外国人が総人口の約八％弱だった西ドイツと異なり、東ドイツでは、総人口の一％強（ただし駐留ソ連軍兵士、軍属とその家族は含まず）程度だった（東ドイツの統計は不明点が多く確定的ではない）。

東ドイツの外国人受け入れは、①政治難民（ただし東ドイツは庇護権を認めていなかった）、②社会主義の兄弟国からの学生・研修生（教育や資格を与える一時滞在、数万人程度）と、七〇年代末からの、③「契約労働者」である。契約労働者とは、労働力不足が深刻だった時期に、ベトナム、キューバ、アルジェリア、アンゴラ、モザンビークなどから二国間協定によって導入された労働者である。②の研修生も二国間協定が結ばれた。七〇年代は外国人労働者の多くは中・東欧出身者であり、八〇年代になるとアジア・アフリカ出身者にシフトした。理由は、八〇年代の東欧の民主化運動の流入阻止という政治的理由と、停滞する国内経済を活性化するための労働力強化という経済的理由が推測されている。八〇年代半ばから、契約労働者の受入数が増大し、上記各国からそれぞれ毎年、数百人〜数千人を受け入れた（ベトナム人は、八七年、八八年に二万人、三万人も受け入れた）（表６－２参照）。

表 6-2　東ドイツにおける外国人労働者の受入数

（単位：人）

年度	アルジェリア	キューバ	モザンビーク	ベトナム	アンゴラ
1978	1,320	1,206			
1979	700	3,060	447		
1980	1,170	2,058	2,839	1,540	
1981	890	390	2,618	2,700	
1982		2,151		4,420	
1983		1,598	382	150	
1984		2,395		330	
1985		4,171	1,347		312
1986		4,232	2,896		33
1987		3,174	3,203	20,446	206
1988			6,464	30,662	687
1989		925	1,992	8,688	418

出典：近藤潤三『東ドイツ（DDR）の実像』木鐸社、2010 年、250 頁。

労働現場での外国人労働者は、七〇年代までは母国での経済発展に役立つような部署に配置されたが、八〇年代になると東ドイツ経済の都合で配置され、ドイツ人がつきたがらない単純労働に回された。労働現場での外国人労働者の勤務ぶりは好評だった。手当や休暇で東ドイツ人より多少優遇された面もあり、母国よりは生活レベルの高い東ドイツの生活に満足していた様子も見られる。しかし、協定によって収入の一部が母国に天引きされ、生活レベルは東ドイツ人より低かった。契約労働者は期限付きの単身赴任であり、職場でも監視され、住居は厳しく管理された外国人用共同住宅だった。そこはドイツ人と交流できないゲットーと化し、外国人労働者は社会から「隔離された存在」だった。

東ドイツでは、外国人労働者について西ドイツのように公に論じられず、彼らがドイツにいる理由も、彼らの生活実態も、母国の文化についても国民には知らされなかった。情報の欠如が外国人労働者への偏見を助長する。母国への外貨送金は制限があるので、現物送付を余儀なくされた外国人労働者は、衣服・化粧品・家電製品・耐久消費財などを精力的に買った。しかしその姿は、消費財の乏しい社会主義国において「消費の競合相手」、「物を買い占める外国人」のイメージを定着させた。とくに消費物資が不足し、契約労働者が急増する八〇年代には、外国人労働者に対する偏見や嫌悪感が定着した。政府は経済政策への批判を恐れ、外国人労働者への偏見を払拭することに熱心ではなかった。

こうした外国人嫌悪の感情を暴力にまでエスカレートさせたのが、東ドイツの右翼急進主義の若者である。八〇年代から現れる彼らの行動は、東ドイツの硬直的社会に反抗する若者のプロテストの一つだった。社会主義インターナショナリズムを国是とする東ドイツ体制に対抗して、拝外主義的な若者の極右グループが生まれ、「よそ者」の外国人を襲撃した。ドイツ統一後に東ドイツ地域で外国人嫌悪の行動が表面化する。それは東ドイツ地域での経済社会の激変に対する不安が第一原因だが、憎悪が外国人に向けられるメカニズムの素地は、統一前から「外国人労働者」への無知・無理解・議論の欠如によって形成されていた（終章参照）。

（井上茂子）

参考文献

成瀬治・山田欣吾・木村靖二編『ドイツ史』（世界歴史大系）山川出版社、一九九六年。

星乃治彦『社会主義と民衆―初期社会主義の歴史的経験』大月書店、一九九八年。

塩川伸明『現存した社会主義―リヴァイアサンの素顔』勁草書房、一九九九年。

木村靖二編『ドイツの歴史―西ヨーロッパ中心国の軌跡』有斐閣、二〇〇〇年。

川喜田敦子「東西ドイツにおける被追放民の統合」『現代史研究』四七号、二〇〇一年。

井関正久「六〇年代の旧東西ドイツ―異なる体制下における抗議運動の展開」日本国際政治学会編『国際政治』第一二六号、二〇〇一年、一六九―一八四頁。

井関正久『ドイツを変えた六八年運動』白水社、二〇〇五年。
井関正久「冷戦の変容と東西ドイツ市民」若尾祐司／井上茂子編著『近代ドイツの歴史―一八世紀から現代まで』ミネルヴァ書房、二〇〇五年、二八八―三〇九頁。
斎藤哲『二〇世紀ドイツの光と影―歴史から見た経済と社会』芦書房、二〇〇五年。
斎藤哲『消費生活と女性―ドイツ社会史（一九二〇―七〇年）の一側面』日本経済評論社、二〇〇七年。
白川耕一「一九七〇年代後半における若者と西ドイツ社会国家―連邦議会の討論を中心に」『社会国家を生きる』法政大学出版会、二〇〇八年、二七九―三〇七頁。
増谷英樹『移民・難民・外国人労働者と多文化共生―日本とドイツ・歴史と現状』有志舎、二〇〇九年。
西田慎『ドイツ・エコロジー政党の誕生―「六八年運動」から緑の党へ』昭和堂、二〇〇九年。
石井聡『もう一つの経済システム―東ドイツ計画経済下の企業と労働者』北海道大学出版会、二〇一〇年。
矢野久『労働移民の社会史―戦後ドイツの経験』現代書館、二〇一〇年。
近藤潤三『東ドイツ（ＤＤＲ）の実像―独裁と抵抗』木鐸社、二〇一〇年。
Ulrich Herbert, *Geschichte der Ausländerbeschäftigung in Deutschland 1880 bis 1980. Saisonarbeiter, Zwangsarbeiter, Gastarbeiter,* Berlin/Bonn 1986.
Kaspar Maase, *Bravo Amerika. Erkundungen zur Jugendkultur der Bundesrepublik in den fünfziger Jahren,* Hamburg 1992.
Kocka/Zwahr/Kaelble (Hrsg), *Sozialgeschichte der* DDR, Stuttgart 1994.
Thomas Lindenbuger/Jörg Roesler, *Inszenierung oder Selbstgestaltungswille? Zur Geschichte der Brigadebewegung in der DDR während der 50er Jahre,* Berlin 1994.
Rob Burns (ed.), *German Cultural Studies, An Introduction,* Oxford 1995.
Robert G. Moeller (ed.), *West Germany under Construction, Politics, Society, and Culture in the Adenauer Era,* Michigan 1997.
Thomas. Lindenberger (Hrsg.), *Herrschaft und Eigen-Sinn in der Diktatur,* Köln 1999.
Kristina Schulz, *Der lange Atem der Provokation. Die Frauenbewegungen in der Bundesrepublik und in Frankreich 1968-1976,* Frankfurt am Main 2002.
Hermann Glaser, *Kleine deutsche Kulturgeschichte. Eine west-östliche Erzählung vom Kriegsende bis heute,* Frankfurt am Main 2004.
Christoph. Kleßmann, *Arbeiter im >>Arbeiterstaat<< DDR, Bonn* 2007.

Ilse Lenz (Hrsg.), *Die Neue Frauenbewegung in Deutschland. Abschied vom kleinen Unterschied. Eine Quellensammlung*, Wiesbaden 2008.

Axel Schildt/Detlef Siegfried, *Deutsche Kulturgeschichte. Die Bundesrepublik von 1945 bis zur Gegenwart*, München 2009.

事例研究1　戦後西ドイツの性文化——妊娠中絶合法化運動

アメリカの歴史家ダグマー・ヘルツォークは、「ドイツほど性（Sexuality）の問題が政治的な議論の焦点となった国はない」と主張する。国家・教会・専門家たちは「性」をどのように問題化し、そして管理してきたのか。これら管理する側の見解と現状とのギャップはどうであったのか。ここでは七〇年代初頭におこった妊娠中絶法をめぐる論争を中心に、「性」と政治との関連性について検討したい。

戦後西ドイツにみる「性」の解放

終戦から一九四九年の建国初期までは、大量の強姦、ＧＩ（アメリカ陸軍兵士）とドイツ人女性に象徴される売買春か恋愛か区別のつかない男女関係、離婚の急増、男性不足による結婚率の低下、性病の広がりなどにみられるように、従来の性規範がゆらいだ時期であった。その一方で教会を中心に、反キリスト教的であったナチのドイツ人の若者に対する「性」の自由化がナチズム犯罪を引き起こした、という見解がしだいに広がりはじめた時期でもあった。

そして建国の時期から一九五〇年代初頭にかけて、家庭を基礎とした異性愛関係を再建するために、婚姻内を含め性的な行ないに対する両親や周囲の監視が強まっていく。たとえば避妊や妊娠中絶は非難され、一九五二年には青少年を守ることを理由に、猥褻なものの展示や販売が法的に禁じられた。一九六一年になると法律上離婚することが困難になり、また一九五〇年代半ばから一九六〇年代初めにかけては、ナチが行った

「性の解放」こそがホロコーストを引き起こしたという認識から、ナチズムという過去を克服するためには「性」の保守主義への転換が必要であると論じられるようになる。その際に、「性」と家族に関して保守的なドイツ人、という本来のあるべき姿を取り戻そうと強調されたことは、ドイツ人をナチズムの被害者とみなす口実となった。

しかし一九六〇年代にはいると、教会が展開する議論とナチズムに関する議論とがきわめて似かよっていること、またそれらの議論の内容と現実とが乖離していることから、「性」の保守主義は次第に力を失っていく。たとえば、婚前の性的な関係は当然とみなされ、避妊や妊娠中絶も非常に広範になされていた。一九五〇年から一九五七年に出産適齢期にある一〇〇〇万から一一〇〇万人の女性のうち、五%から一〇%が中絶を経験している。また一九六一年六月にシェリング社製のピル（経口避妊薬）が市販されると、それまで禁止されてきた子宮内避妊器具ペッサリーやリングといった避妊方法が、健康への危害が大幅に削減されたこと、男性にとって都合のよい産児制限方法であることなどを理由に急激に社会に普及した。これは望まない妊娠からの解放や女性の性的充足という点で、女性に多大な影響を与えた。またピルによる避妊の割合は、一九六六年から一九八一年にかけて九%から四四%へと増加しており、ピルを服用している女性の数は一九六四年に二〇〇〇人、一九六八年は一四〇万人、一九七七年には三八〇万人に達したといわれる。このように、男性側からジェンダー秩序を見直す動きをともなってはいなかったものの、ピルは女性たちの間で急速に広がっていったのである。

こうした状況のなか、一九六八年にローマ・カトリック教会のパウロ六世は、「性」と生殖と婚姻の三位一体を説き、避妊行為は人間として道徳的に許されない行為であるとの回勅を出したが、その際ドイツの司教たちは、避妊を必要と考える教徒たちを保護した。もうひとつ同性愛関係についても、ナチ時代からの同性愛に対する非寛容と嫌悪は撤去され、一九六九年五月に連邦議会は、姦通のみならず二一歳以上の男性の同性愛者に対する刑罰の廃止を議決している。

一九六〇年代後半になると「六八年世代」の新左翼たちは、性的抑圧が人間の残虐性を生み出すというヴィルヘルム・ライヒの理論を用いながら、「性革命」による社会改革の必要性を主張するようになった。ヘルツォークによると、新左翼は清潔・純潔・貞節・母親愛・家族の価値といった点における教会とナチズムの主張の類似性を指摘するとともに、ナチズムのひとつの特徴を「性」の抑圧と捉えてそこにホロコーストの原因を見出していた。つまり「性革命」には、「ナチス＝性的抑圧」からの解放、ナチスを支持した親世代との断絶という意味が込められていた。しかしナチスは「性」に対して決して抑圧的ではなかったという現実と照らし合わせて考えると、彼らの反発は、一九五〇年代から一九六〇年代の保守的な性文化に対するもの、すなわち反ファシズムではなく「反ポストファシズム」であった。

実際、一九六〇年代後半以降の「性革命」は、「セックス・ウェッブ」といった「性」の商業化、婚前・婚外交渉などの「性」の自由化、女性運動やゲイ・レズビアン運動と同様、新左翼運動を通じた「性」の政治化の発展の可能性を含んでいた。また一九六八年のハンス・ギーゼ教授の調査によれば、多くの学生の見解も親世代の性道徳とかけ離れていた。婚姻外の性的行為はいかなる場合もわいせつ行為とみなされ、刑罰の対象であったにもかかわらず、学生の約九〇％が特定のパートナーと婚前に性体験をもつことに賛成していた。しかし「六八年世代」に潜む男性中心主義は、女性運動が台頭していくなかで「性の解放＝政治的解放」という論理を維持できない状況を生み出していった。

男性中心主義については、この時代の「性革命」をもっともイメージさせる「コミューンＩ」も例外ではない。一九六六年に四人の男性と二人の女性によって結成されたこのグループは（一九六九年一一月に解散）、伝統的な男女の性別役割分業をなくすこと、また権威主義的な要素を払拭するためには「性の解放」が必要であることを強調するようになる。しかしこのコミューンにおいても男女の主従関係が存在し、その活動はマスコミを通しての社会に対する挑発にとどまり、新左翼が掲げた理念「性の解放＝政治的解放」からは程遠いもの

図6- 事例1-2「コミューンⅠ」のメンバーで、恋人関係にあったスーパーモデルのウーシ・オーバーマイヤーとライナー・ラングハーン。

当時『シュテルン』誌は、彼らの写真を掲載するために45,000マルク支払っており、この特集だけでコミューンは15,000マルク稼いでいる。ちなみに1970年の労働者の平均月収は1,140マルクであった。

出典：*Stern,* 9. November 1969; Ranghans/Christa Ritter, *Das Bilderbuch der Kommune,* München 2008, S.173, 184, 192; Ralf Rytlewski/Manfred Opp de Hipt, *Die Bundesrepublik Deutschland in Zahlen 1945/49-1980,* S.117.

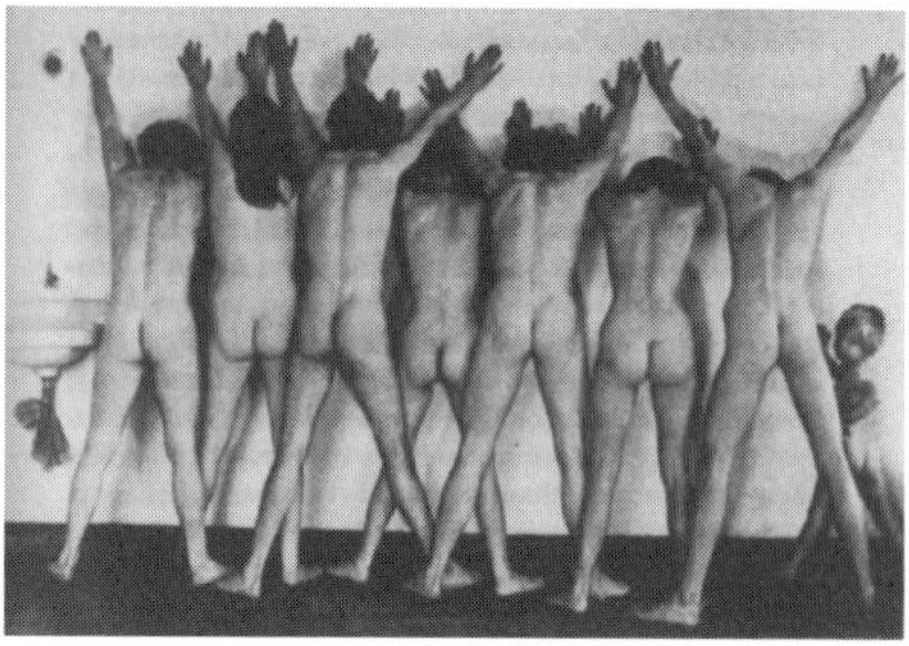

図6- 事例1-1 剥き出しの壁の前に立つ裸の毛沢東主義者たち（Nackte Maoisten vor nackter wand）

当時、『シュピーゲル』誌のカメラマンが突然やって来て撮影した写真。メンバー同士が互いに裸を見たのはこのときが初めてであった。しかし、マスコミを通じて「性革命」を実践している集団としてのイメージがつくり出された。この写真は1997年1月24日『シュピーゲル』誌に再度掲載されたもので、67年当時の写真に写っていた男性器はすべて消されている。

出典：*Der Spiegel,* 26.6.1967.

であった。こうした内情にもかかわらず、「コミューンⅠ」の写真がひとつの引き金となり、欧米諸国と同様ドイツにおいても「性の解放」が身体の権利と関連してより強く求められていく（図6－事例1－1）（図6－事例1－2）。こうした流れのなかで、とりわけ女性にとってもっとも切実な問題としてとりあげられたのが、「妊娠中絶の合法化」であった。

西ドイツにおける妊娠中絶法をめぐる論争

「六八年運動」直後に展開された女性運動は、社会的な決定への女性の参加、職場での男女平等、性別役割分業にもとづく生活形態や家族を社会化しようとする体制への抵抗、女性に対する虐待と暴力などをテーマに活動を展開していくが、とりわけ大きな成功をおさめたのが妊娠中絶合法化運動である。パリ在住時にシモーヌ・ド・ボーヴォアールのもとで活動していたアリス・シュヴァルツァーを中心とする「アクツィオーン70」の運動家たちは、中絶合法化の支持者とともに階層・宗教・政党・性差を超えて団結し、デモ行進、パンフレットの配布、署名運動、妊娠中絶を目的とする国外へのバスツアーなどを通じて運動を拡大していった。彼女たちの活動のなかでもとりわけ社会的な関心を集めたのが、一九七一年六月に『シュテルン』誌で掲載された「私たちは妊娠中絶した（Wir haben abgetrieben）」であった。同年四月にフランスで行なわれた「三四三人の女性たちの宣言」にならい有名女優や小説家たちを含む女性三七四人分の署名と写真を公開するにいたったのである。その後「アクツィオーン」は二ヵ月のあいだに八万六〇〇〇人もの署名を集め、連邦法務相ゲルハルト・ヤーンに提出することに成功した。アレンスバッハ世論調査研究所によると、妊娠中絶法の改正に賛成する人は一九七一年の四六％から一九七三年六月には七九％へと上昇している（図6－事例1－3）（図6－事例1－4）。

図6- 事例1-3「私たちは中絶した」
出典：*Stern*, 6.6.1971. 表紙

この妊娠中絶数の上昇の背景にはつぎのような事情があった。すなわち、①低所得者層の経済的負担、②母親・主婦・就業者として働く女性たちが抱える過酷な労働、③これまで受けてきた専門教育の

図6- 事例1-4「刑法218条に反対する女性たち」

出典：*Hart und Zart. Frauenleben 1920-1070,* Berlin, 1990, S. 486.

継続、④再就職の難しさ、⑤狭い住宅環境、⑥自立性とゆとりの欠如である。「私のおなかは私のもの」というスローガンには、こうした状況から女性たちを救おう、二十世紀初頭から繰り返し要求してきた自分の身体への自己決定権を獲得しよう、という女性たちの熱い願いが込められていた。そして妊娠中絶合法化の支持者たちは、①刑法第二一八条（人工妊娠中絶を行った者に対する刑罰）の削除、②健康保険による妊娠中絶とピル代金の全額支払い、③専門医による手術、④避妊具の無料提供を要求したのである。

ではどのような人たちが妊娠中絶の合法化に賛成したのか。一九七一年三月にアレンスバッハ世論調査研究所が、西ベルリン在住で十六歳以上の約二〇〇〇人を対象に行ったアンケート調査によると、妊娠中絶法の廃止に賛成した人の割合は四六%、同法の維持を支持する人は三九%、わからないと回答した人は一五%であり、その維持よりも廃止に賛同する人の方が多かった。賛同者の年齢層を見た場合には、ナチ世代よりも若者世代の方が圧倒的に多い。親世代の性道徳に対する若者の抵抗として考えられよう。このこと以上に注目すべき点は、廃止に賛成した人の五〇%が男性で、女性は四一%にとどまったことである。この調査結果については、男性たちが賛成した理由について詳細に調べる必要があるものの、男性の支持者たちも妊娠中絶を自分の問題と捉えて合法化運動を支えたこと、それゆえ妊娠中絶の問題を単純に男女間の闘いとしてみなしてはならないことを示唆している。

次に教会と医師の妊娠中絶についての見解をみてみよう。カトリック司教委員会は、これまで一貫して、胎児は着床の瞬間から保護される権利をもつという理由から、母親が生命・健康状態に危険が及ぶほど重い身体的・精神的な障害を抱えている場合（医学的事由）以外の妊娠中絶を徹底的に批判してきた。しかしカトリック教会内であろうとも意見が統一していたわけではなかった。たとえばアレンスバッハの調査報告によると、一九七一年の時点で、すでにプロテスタント信者の五〇％、カトリック信者の三八％が、刑法第二一八条の廃止に賛同していた。また、支持政党でみた場合でも、キリスト教民主同盟・キリスト教社会同盟支持者のうち三四％が中絶の合法化に賛成していた（反対は五二％）。現状としては、キリスト教会、およびキリスト教系政党の方針に従わない信者や支持者たちは少なくなく、指導者と支持者のあいだにギャップが生じていた。女性たちはキリスト教会から脱会するという手段に出てまでも妊娠中絶法に対して抵抗を続け、合法・非合法を問わず国内外で妊娠中絶を行ったのである。このことは、多くの人たちが妊娠中絶を、宗教や支持政党に関係なく、個人の問題として理解していたことを意味している。ちなみに、一九六〇年代と一九七〇年代前半の年間違法中絶数は二〇万人にのぼるとみられており、刑法二一八条がほとんど機能しない現状において、妊娠中絶法の改正は必要不可欠であった。

このような状況のなか、連邦議会においても妊娠中絶法の改正についての議論が本格化し、結局一九七六年五月の法律改正により、妊婦が相談所にて医学的・社会的助言を受けた後に医師が妊娠中絶手術を行うという条件のもと、医学的事由、胎児に重い障害がおよぶ可能性がある場合（優生学的事由）、性的虐待あるいは強姦により妊娠した場合（倫理的・犯罪的事由）、そして多くの女性に妊娠中絶への道を開く経済的な理由（社会的事由）による中絶が認められた。しかし妊娠中絶合法化運動が掲げた妊娠中絶の自由化にはいたらなかった。その際、健康保険によって適用条件が認定され、相談費用と中絶手術費用が支払われることが決定されている。また当時懸念されていた少子化との関連でいえば、女性が出産を選択するような環境が整えば（家族政策の充実化）、少子化を阻止することが可能だと考えられた。

その後、この中絶法の内容が改正されたのは一九九五年のことである。東ドイツでは一九七二年三月に、女性が労働と出産・育児の両立を実現できるために妊娠一二週以内の中絶が合法とされていた。そのため一九九〇年に東西ドイツが再統一されると、どちらの妊娠中絶法を採用するかをめぐって大論争がくり広げられた。そして最終的には一九九五年に、優生学的事由が規定から削除されたものの、基本的に西ドイツの妊娠中絶法をモデルにした法律が制定されたのである。この法律は現在にいたっても改正されていない。一九七〇年代、多くの女性たちの願いであった「私のおなかは私のもの」は、いまだ実現していないのである。


（水戸部由枝）

参考文献

寺崎あき子「中絶を罰する刑法二一八条をめぐって——母性の裏面とドイツの女性たち」原ひろ子・舘かおる編『母性から次世代育成力へ——産み育てる社会のために』新曜社、一九九一年、一四四－一六八頁。

水戸部由枝「私のおなかは社会のもの？——一九七〇年代の妊娠中絶法改正にみるポリティックス」川越修・辻英史編『社会国家を生きる——二〇世紀ドイツにおける国家・共同性・個人』法政大学出版局、二〇〇八年、二四三－二七八頁。

川越修「ピル（経口避妊薬）とドイツ」姫岡とし子・川越修編『ドイツ近現代ジェンダー史研究入門』青木書店、二〇〇九年、一九〇－一九七頁。

Dagmar Herzog, *Sex after Fascism. Memory and Morality in Twentieth-Century Germany*, Princeton/Oxford 2005.

Dagmar Herzog, Between Coitus and Commodification: Young West German Women and the Inpact of the Pill, in: Axel Schildt/Detlef Siegried, *Between Marx and Coca-Cola: Youth Cultures in Changing European Societies, 1960-1980*, New York/Oxford 2006.［ダグマー・ヘルツォーク（川越修・田野大輔・荻野美穂訳）『セックスとナチズムの記憶——二〇世紀ドイツにおける性の政治化』岩波書店、二〇一二年］.

事例研究2　秘密警察(シュタージ)――その本当の影響力

シュタージとは?

一九五〇年、東ドイツに国家保安省(Ministerium für Staatssicherheitsdienst)が設立された。いわゆる秘密警察であり、その名前(下線を引いた部分のドイツ語発音)から「シュタージ」と呼ばれた。こうした機関は、ソ連など他の社会主義国にも設けられており、外国からのスパイや、国民のなかにいる不満分子を監視し、取り締まることを目的としていた。政権党の言い分は、マルクスやレーニンのイデオロギーに従った理想の国家を作っていくためには、そのイデオロギーを理解しようとしなかったり、国民が理解するのを妨げるような者は、「国家の敵」として処罰し改心させねばならないというものであった。

シュタージは、ベルリンに本部が置かれ、その下に一五の県管理局、さらにその下に地区ごとの管轄部局が設置された。ベルリンの壁が崩れた一九八九年には、九万人ほどの専属職員が働いていた。任務は、外国でのスパイ活動、外国からのスパイの監視、「反国家活動」の防止・破壊、「反国家的な」国民の監視などであり、対象とした人物については会話や電話の盗聴、郵便物のチェックまで実行した。その監視の手段や様子は、二〇〇七年アカデミー外国語映画賞を受賞したドイツ映画『善き人のためのソナタ』にも描かれている。

ドイツ統一後、シュタージが監視していた多数の人物の記録とその徹底ぶり(ドイツ的徹底性!)が明らかとなり、旧東独国民に衝撃を与えた。体制に対し批判的な視点から執筆を続けた作家エーリヒ・レースト(Loest, Erich 1926–2013)は、シュタージが自らを監視した記録を入手し、それを原文のまま出版した。その内容は、桑原草子『シュタージの犯罪』に詳しいが、彼の交友関係を洗うため、自宅には電話・室内盗聴器が設置され、レースト自身がとうに忘れてしまったような日常生活の様子が記録されていた。アナ・ファンダー『監視国家』に登場するミリアムという女性は、十六歳のとき、デモ隊を逮捕していく政府に反対するビラを掲示しただけで、シュタージに逮捕されてしまう。彼女は、十日間、夜一〇時から朝四時まで尋問された。寝不足のなか昼間は寝ることを許されず、最後にはありもしない背後組織について話をさせられ、結局一年半の懲役刑に服すことになる。こういった事例については日本でも報道され、国家を守るために人権を踏みにじることのおぞましさ、東ドイツといえば「秘密警察に支配された社会」という印象をわれわれに植え付けることとなった。

事実の正確な理解に基づく評価の必要性

だが注意せねばならないのは、そうした衝撃的ないくつかの事例の印象から、シュタージが国民生活に与えた影響について過度に強調してしまう傾向があることである。

たとえばシュタージには、専属職員以外にＩＭ（Inoffizieller Mitarbeiter：非公式協力者）と呼ばれる人員が雇われていた。他の仕事を持つ一般市民で、「反国家活動」への妨害工作や市民の監視などに協力し、シュタージの活動を陰で支える存在だった。そのＩＭの数について、邦語文献は次のように指摘する。関根伸一郎『ドイツの秘密情報機関』は、国民の三〇〇万～五〇〇万人がＩＭだったとする（一八九頁）。ファンダー『監視国家』は、専属職員、ＩＭ、さらに「パートタイムの情報提供者」を含めれば国民六・五人に一人（人口一六六〇万からすれば二五〇万人）が密告者だったとする（七八頁）。これは一家族に一人は密告者がいたというに近い数字であり、そこからは、きわめて緻密な監視網が敷かれていたとの印象を受ける。

だが、これらの数字は確かな根拠に基づくものではない。関根著作は引用先が明示されていないが、ファンダー著作が典拠としているのは J.O. Koehler, *Stasi. The Untold Story of the East German Secret Police* である。同書は、指摘する事柄の多くが文献資料によって追跡確認できず、また先入観からの叙述も多いため、シュタージ研究において信頼の置かれている文献ではない。ファンダーが引用した部分を読むと、元シュタージ大佐と称する人物が、二〇〇万人ほどの「パートタイムの情報提供者」がいたようだと一九九〇年に発言したことをもとにした数字にすぎない。まず、そもそもＩＭこそが「パートタイムの情報提供者」であるが、ＩＭ以外に人員がいたかのような記述が疑問である。また、九〇年頃は、ＩＭに関する無責任な噂が流されていた時期であり（ＩＭは数十万〜二〇〇万人ほどいたと噂された）、その後研究が進むにつれて、ＩＭの数は、一九五〇年代に二〜三万人、一九六八年に一〇万人、一九八八年に一七万人であったことが確認されている。八八年の数字は、専属職員と合わせて国民六三人に一人という計算になる。ただしＩＭのなかには、筆跡や毒物の鑑定に動員された者や、シュタージのために住居や仮の電話番号を提供するという形でのみ協力した者があり（両者を合わせると八八年のＩＭ全体の二二％）、全員が「密告者」だったわけではない。最近の研究では、地域によって密度に差があったものの、住民八〇〜一六〇人あたりに一人（人口の一％前後）がＩＭだったとされ

図 6- 事例 2-1 シュタージの拘置所
出典：アフロ。

ており、国民六・五人に一人が密告者という計算は、事実とかけ離れているといえる。中国新聞など六紙で『監視国家』を書評した法学者の水島朝穂氏は、「IMも含めれば、国民の七人に一人が監視情報を提供していた」として同書の指摘を疑うことなく伝えているが、秘密警察のような話題は、センセーショナルに伝えられてしまいがちであり、事実を正確に把握したうえで評価することが大切である。

企業におけるシュタージ

では、シュタージは、実際のところ国民の生活に対してどれほどの影響力を持つ存在だったのだろうか。第6章3と同様に企業に焦点をあてて、企業におけるシュタージの実態と影響力について、最近のドイツでの研究を利用しながら見ていくこととしよう。

工業企業はシュタージから重視された対象の一つであった。企業におけるシュタージの任務は、職場の雰囲気の監視、抗議・政治活動の防止、生産過程での事故の調査などであった。重要企業にはシュタージの支部が設けられていた。ただし支部には専属職員はごく少数で、IMが活動の主力となった。たとえば一九八三年、化学産業のブーナ工場には二〇四人のIMがおり、同じくロイナ工場には二四七人いた。同じ年、化学コンビナート・ビターフェルトには一五八人、工作機械コンビナート「フリッツ・ヘッケルト」には三九〇人のIMが存在した。ただ、IMが全従業員に占める比率を見ると、それぞれ〇・七%、一・〇%、〇・九%、一・四%にすぎず、重視された工業企業といえども、IMの密度は全体平均と同程度であった。

さらに、これらIMの多くは企業の管理者層に存在した。一九八三年のシュタージ郡支局の企業担当部局では、従業員に関する調査資料のうち四分の三までが、企業の管理部門や研究部門で働く者についての記録だった。エアフルトのマイクロエレクトロニック・コンビナートでは、七五人のIMのうち、生産過程で働く労働者はわずか二人だったとされる。こうした状態であった理由は、企業や開発上の秘密の保持のため、また管理者層ではＩＭを集めやすかったためである。管理者層には、党や国家への忠誠を誓うことで出世を目指す者が多く、ライバルを蹴落とすためにＩＭとなって相手の不利な情報を収集するといった動機が働いた。これに対して一般労働者たちは、第6章3で見たような生産現場の状況下では、出世を目指すよりも仲間とのんびり過ごす方を好み、特別の事情がない限りＩＭとして雇われなかった。先に単純な人口比のＩＭの数字を出したが、このように階層別あるいは職業別で（八〇年代に東ドイツ軍内部では全体の五％が、保安警察内部では一〇〜二〇％までがＩＭだったとされる）、ＩＭの密度には差があったことに注意が必要である。一般労働者（国民の多数）への監視は、緻密なものではなかったのである。

とはいえ、一般労働者がシュタージの監視対象となるケースもあった。一つは、西ドイツへ出国申請をしたり、仕事上西側の人間と接触する機会がある者に対してであった。出張を管轄する部では職員の半分がＩＭだったという企業もある。次に、生産過程で事故が起こった場合、「国家の敵の影響」によるものかどうかが調査された。だが事故は、消耗度の著しい旧い機械設備を使い続けたことにほとんどの原因があったので、労働者のなかに「敵」が発見されるケースは基本的になく、事故関連の監視数は年々減少した。三つめが、労働者が集団での抗議行動や公衆の前での政治的アピールをした場合である。これについても、とくに一九七〇〜八〇年代になると、シュタージが過敏に反応することを人々は認識しており、そうした行動をとることを避けるようになっていた。政治的意見については、「親密圏」においてのみ述べるという生活の知恵が人々の身に付いていたのであった。

ドイツ統一後の旧東独労働者による回顧では、「企業にどれくらいのシュタージがいたか、われわれは知らなかった。もし誰かがわれわれのなかに混じってのぞき見をしていたのだとしても、まったく気がつかなかった」と述べられるなど、一般労働者にとってのシュタージは、今日われわれが想像するほど身近に恐怖や危険を感じる存在ではなかったようである。とくに七〇〜八〇年代になると、人々は、してはいけないことと、ここまではしてもよいということを識別しており、労働者の間には全般に「落ち着き」が生じていたということも最近の研究で指摘されている。とはいえ、作業班内で政府批判を繰り返し、シュタージの威嚇があったものの止めなかった者が予期せず（つまり大丈夫と思っていたのに）逮捕されたというような事例もごくまれにあり、シュタージは突然何をするか分からないという漠然とした恐れはつねに人々にあった。そうした恐れから、反体制的な行動をとることは避け、日々平穏に暮らすことを人々が望んだという意味で、また万一公な抗議行動があっても、シュタージが介入して大規模な運動への発展を防いだという意味で、シュタージの存在は体制を安定させる要因となっていたということができる。だがそれは、一般国民の日常生活をすみずみまで監視することで体制を安定させるというような存在ではなかった。

東ドイツ社会について、「壁がん社会」という特徴づけのなされることがある。つまり、国民は圧力の及ばない私的領域という「くぼみ」に閉じこもり、その狭い範囲では自分なりの生活を送っていたという見解である。ただこれまで見てきたことからは、西側への旅行や政治的行動といった「禁断の木の実」があり、それを食べない限りは、人々は私生活だけでなく職場においても普通の社会生活ができていたという像も浮かんでくる。もちろん、シュタージによる抑圧を招く「禁断の木の実」などが存在し、その存在に対する国民の諦め（背景にベルリンの壁の存在）という前提を有した東ドイツは、決して健全な社会ではなかったことを忘れてはならない。しかし、国民の生活におけるシュタージの影響力を過大評価することもまた避けねばならない。シュタージは、確かに東ドイツ生活文化の一部を形成していたが、一般の国民の生活を支配するほどの影響力は持たなかったのである。

参考文献

桑原草子『シュタージの犯罪』中央公論社、一九九三年。
アナ・ファンダー（伊達淳訳）『監視国家』白水社、二〇〇五年。
近藤潤三『東ドイツ（ＤＤＲ）の実像―独裁と抵抗』木鐸社、二〇一〇年。
J. Gieseke, *Der Mielke-Konzern. Die Geschichte der Stasi 1945-1990*, München 2006.
J. Gieseke (Hrsg.), *Staatssicherheit und Gesellschaft*, Göttingen 2007.

（石井　聡）

終章　ヨーロッパ連合の中のドイツ

再統一という大事業

ベルリンの壁崩壊一年後の一九九〇年、東西ドイツが合併して統一ドイツが誕生した。終章では再統一後の諸問題をピックアップし、その問題に対する態度から見て取れるドイツ的特徴を考察してみたい。

ドイツ再統一は、対等合併ではなく「西が東を吸収する」統一だった。東ベルリン（東ドイツの首都）と、西ベルリン（西ドイツの一州）は合併し、統一ドイツの首都となった。連邦議会と政府のボンからベルリンへの移転は、一九九一年に決定、九九年に実施された。

東側地域（旧ドイツ民主共和国地域の意味、そこの住民は「東側市民」と略記）の法律・政治制度・社会経済システムは、西側のものに変更された。それは急激で痛みを伴った社会変革であった。今まで住んでいた土地・家屋が、西側世界に移住した元の持ち主の所有に戻り、立ち退きを迫られた東側市民もいる。生産性の低い東側地域の国有企業は、整理解雇請負会社「ドイツ信託公社」によって解体・民営化・整理解雇された。その結果、東側地域では大量の失業者が発生し、失業率は西側地域の数倍に及んだ。とくに、社会主義時代に完備していた保育施設が廃止された結果、乳幼児を持つ女性の失業率が高くなり、出生率は大幅に低下した。また、イデオロギー教化の機能を持っていた東側地域の大学では、大学改革が行われ、指導的ポストは西側の出身者で占められた。学校教育の内容も西側地域の標準に変更され、西側の経営手法を導入した企業では、西側出身者が要職に就いた。さらに、東ドイツの国家保安省（シュタージ、第6章事例研究2参照）の資料が公開され、東側市民に自分たちの過去に対する強い負の感情が引き起こされた。

こういった一連の社会変革の中で東側市民は、自分たちは西側の文化に支配され、「二級市民」扱いされていると感じた。現状や将来に不安や不満を抱いた東側市民の中に、排外主義が広まり、九〇年代には、右翼急進主義の若者による外国人（とくに庇護申請者やホームレス外国人）への暴力行為が目立つようになった。周辺住民がそれを容認する態度を示した事件さえ起こり、国民にショックを与えた。統一後十年間で右翼急進主義者の暴力による死者は一〇〇名にも上っている。東側地域は西側地域より外国人比率がかなり低いにもかかわらず、犯行件数は西側の十倍にも達した。

排外主義の暴力事件に対して、ドイツでは抗議行動も大きい。各界指導者や有名人の声明が出され、市民デモも行われた。東側地域での排外主義の犯罪は、東側市民の外国人への無知や偏見が培養土となっているため（第六章4参照）、政治教育や啓蒙の必要性が説かれ、教育現場やメディアがそれに応じた。一方で、排外主義的犯罪が増加するきっかけには、庇護申請者の急増の問題があったので、それに対して抜本的対策がとられた。一九五三年〜七八年は年平均七千人強に過ぎなかった庇護申請者は、八〇年代末から急増し、年間十万人を超え、一九九〇年〜二〇〇〇年には一九六万人にも達していた。当初想定された政治難民ではない人々が大量に入ってくるようになったのである。九三年五月に基本法が改正された。それまでは国境で庇護申請者と名乗れば、いったん国内に受け入れて審査が終わるまで収容施設で衣食住を提供されたが、基本法の改正以後、法律によって「政治的迫害がない」あるいは「政治的に安全な第三国を経由してきた」庇護申請者には門戸が閉ざされた。その結果、庇護申請者の数

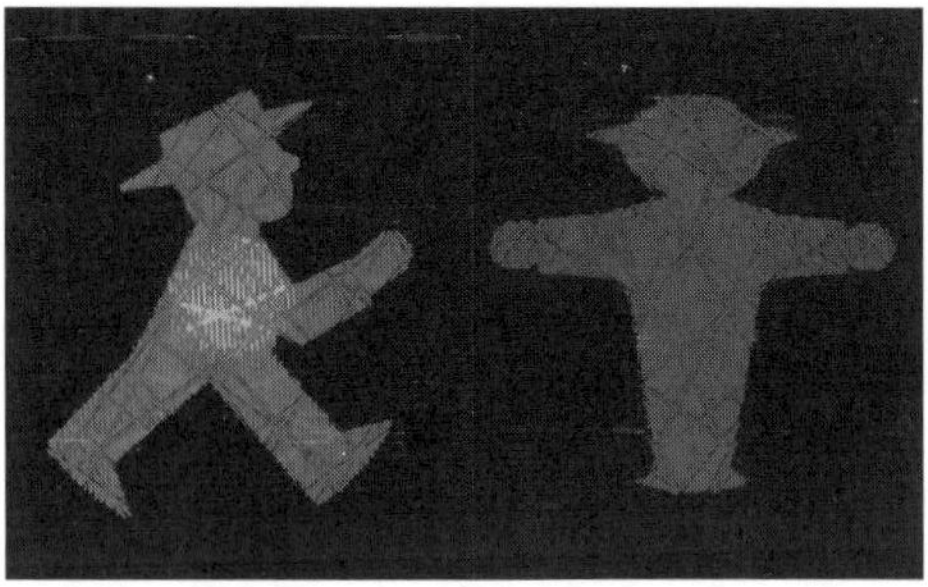

図終-1　信号機マーク「アンペルメンヒェン」
出典：絵葉書（© www.ampelman.de）

は急減した。

再統一は社会不安のみを巻き起こしたわけではない。町の景観も変化した。東側地域のどの商店にも多彩な西側の商品が並び、消費物資は瞬く間に西側の基準に到達した。また、東側地域の諸都市では、インフラ整備がされ、町並みもきれいになった。とくに新首都ベルリンでは、全長一五五キロのベルリンの壁が、史跡として残された数箇所以外、瞬く間に取り壊された。壁が分断していたベルリン中心地は、壁崩壊後、建設ラッシュに沸き、ポツダム広場は現代的なビル街に、以前は通過できなかったブランデンブルク門周辺も人の行き交う大通りに変貌した。スタイリッシュなショッピング街や観光スポットの重点は、西ではなく東に移った。

東西格差

九〇年代には「昔はよかった」という東ドイツ時代へのノスタルジー（東《オスト》とからめて「オスタルギー」と言われる）現象も出現した。大ヒットした映画『グッバイ・レーニン』（二〇〇三年公開）にも、似たような宣伝コピーがある。しかし、旧体制に戻りたいと思っている東側市民はほとんどいないことは、各種アンケートで実証済みである。オスタルギーは、過ぎ去った過去への心情的・情緒的反応と見た方がよい。また、東ドイツ時代のものを十把一絡げに排除・廃棄する早急な清算過程への反省もここには含まれている。愛らしい信号機マーク「アンペルメンヒェン」（図終－1参照）は、東側市民が廃棄に対する抗議運動を行って存続できた数少ない例である。東ドイツ時代のものは歴史的価値もあり、すべて一律に廃棄するべきではない、という意見は、西側市民の中にもある。

さて、再統一のころから、東西格差の是正は長期にわたるだろうと予想されていた。最初の十年あまりは問題続出で、経済復興の遅れ・格差拡大・心の壁が注目され、悲観的論調が多かった。しかし、統一して二〇周年の二〇一〇年には、ドイツの経済好況化もあり、「東西の統一は全体として三分の二は完了した」とまで言われるようになった。経済統計を見ても、東側地域の世帯あたりの可処分所得は、一九九〇年には西側地域の半分だったが、二〇一〇年には約四分の三に達し、一世帯あたりの資産では、二〇％弱だったのが四五・七％に増加した。二〇一〇年の内相の予測では、東西の所得格差は、東側地域援助の連帯税が終わる二〇一九年までにほぼ解消され、資産の格差解消はまだ一世代以上かかる、という。

この発言の五年前（二〇〇五年）にベルリンに一年弱滞在した私の経験からしても、当時、二十代以下の若い人たちの間には東西差はほとんど感じられず、個人差の方が大きかった。東西差が感じられたのは、東ドイツ時代に学校と職場で社会化を経験した、当時四十代後半以降の中高年世代である。外国人慣れしていて理性的で個人主義的な西側市民と、内気だが素朴で人の繋がりを重視する東側市民の間には、人間関係の作り方に違いが見受けられた（第6章3参照）。また、当時から西側地域出身の学生や若手の助手の間では、家賃が安く変革途中の東ベルリン地区に住み、東の生活を楽しむことが一種のブームになっていたし、東側の野心的若者は積極的に西側世界に入り込んでいた。「分断時代を知らない世代が大人になる頃に、東西の壁がなくなる」と多くのドイツ人は言っていた。若い人たちはその壁をすでに超えているように見えた。

統一後二十年たった現在では、東西差よりも地域差の方が大きいと言われる。二〇〇八年～〇九年の金融危機からの回復では、南北差（経済力の北低南高）の方が注目された。東側地帯内部でも差がある。分断国家時代には西ドイツと国境を接した辺境のテューリンゲン州は、隣州の西ドイツ企業の進出を得て、早めに経済復興の軌道に乗った。一方で、大規模化学コンビナートがあった工業の中心地ザクセン・アンハルト州は、環境汚染や老朽施設の解体の問題が大きく、経済復興にのり遅れた。造船業以外に工業がなく一番貧しい東北部のメクレンブルク・フォアポメルン州では、自然を生かした農業や、新燃料源となる農産物の開拓など、模索が続いている。

国境なき時代の若者

再統一は、旧社会主義圏の東欧諸国の「ヨーロッパ化」と重なった。東ドイツは西ドイツに統合されたことでヨーロッパ連合（以下EUと略記）に入った。東欧諸国はほぼ一九九〇年代にEUへ加盟申請を行って、加盟条件である三つの柱（政治的基準・経済的基準・加盟国義務履行能力の基準）をクリアして、二〇〇四年にはハンガリー、ポーランド、チェコ、スロヴァキア、エストニア、ラトビア、リトアニア、スロヴェニアが、二〇〇七年にはルーマニア、ブルガリアが加盟した。ドイツはEUの東欧への拡大を支援した。

二〇一一年初頭現在、加盟二七カ国、人口約五億人のEUの中で、人口でも経済力でもドイツが突出している。EUの中で、再統一前にはフランスと人口は大差なかったドイツは、統一後に八二〇〇万人になり、二位フランス（六三〇〇万）、三位イギリス（六一〇〇万）と他を大きく引き離す存在となった。また、欧州共通通貨のユーロ圏（二〇一一年初頭現在、EU参加国二七カ国中一七カ国が加盟、ほかにEU圏外の導入国・地域あり）の中でも、ドイツは大きな財政負担をしており、二〇〇八年のギリシアの財政危機以来の「ユーロ危機」で、ユーロ圏の守護神の役割を演じている。ドイツ国内では、多大な負担を強いられることに不満の声は大きいが、ユーロを支え、EUを結束させるという国の方針は変わらない。ユーロ導入（九九年から決済通貨として、二〇〇二年から流通貨幣として導入）に際しても、ドイツに大きな反対はなかった。

ヨーロッパ統合をさらに推進する物としてヨーロッパ憲法条約が二〇〇四年以降改正を含みながら調印されてきた、他国では、これはEUという巨大国家をつくるものではないかと危惧され、国民投票で反対票が賛成票を超えたり、大統領が署名を拒むなど、反対が出た。しかしドイツは一貫してEU統合を推進してきた。ドイツは、一九五七年設立のヨーロッパ経済共同体（EEC）時代から「ヨーロッパのなかのドイツ」の方針をとり、ヨーロッパ統合に積極的だった。ナチ時代の経験を通じて、ヨーロッパでひとり覇権を握るのではなく、ヨーロッパ全体の向上の中でドイツの位置を確保することをめざしている。他の国も、EU内にドイツを組み込んでおく方が、安全で有効だと考えている。

さて、EEC時代から、西ドイツと西欧・南欧との人的交流は大きかったが、ドイツ再統一とEUの東欧への拡大は、東欧からドイツへの人の流入も増大させることになった。ベルリンの壁崩壊後は、東欧の人が観光客・学生・労働者として、ドイツに目立って増えた。芸術部門では外国人の進出が著しい。一昔前は、各地の音楽学校の外国人といえば日本人が目立っていたが、今は韓国人・中国人という東アジア勢以上に、東欧からの学生が多くなっている。各地の国立歌劇団やバレエ団のメンバーを見ても、東欧・旧ソ連の音楽家やダンサーが目白押しである。

留学では、EU加盟国間での大学の人的交流プログラム「エラスムス計画」が、一九八七年（EC時代）から実施されている。この計画は、EUレベルで人材を育成して世界市場での競争力をつけ、EU市民の意識を育成し、加盟国の大学間ネットワークを作り上げる目的の奨学制度である。第一期（一九八七～九五年）には参加一一カ国で年間に学生三〇〇〇人、大学教員一〇〇〇が参加した。この計画は規模を拡大し、第二期（一九九六～二〇〇〇年）、第三期（二〇〇一～〇六年）には、広い教育分野を扱うソクラテス計画の中に組み入れられた。二〇〇六年には、年間学生一五万人（学生人口の一％）、大学教員二万人強（大学教員人口の二％弱）が参加した。計画発足から二〇年間で、二百万人以上の学生が参加したことになる。現在、エラスムス計画は生涯学習計画（二〇〇七～一三年）の中に組み入れられている。エラスムス計画では英語・仏語圏への留学が多いが、ドイツにも留学生が来ている。エラスムス計画以外にも、ドイツ学術交流会などの留学制度が存在し、非ヨーロッパ圏からの留学生をドイツは多数受け入れており、ドイツ人の留学も一般化している。

人的流動の時代には、ドイツに人が流入するだけではない。ドイツからの頭脳流出や労働者の流失も、最近ではかなり問題になってきている。二〇〇六年の新聞や雑誌記事によると、過去一年間に十五万人程度の海外移住があり、この傾向はここ数年続き、この百年間で最大規模になるという。高学歴のドイツ人は、よりよい労働条件を求めて移動し、医者はイギリスへ、科学者はスイスかアメリカへ、IT専門家はオーストラリアへ渡る傾向がある。また、長期の失業や社会保障制度の削減で（二〇〇五年シュレーダー内閣が導入したハルツⅣ法は、社会扶助の削減と労働強制の側面があるために不評だった）、ドイツでの展望が見いだせない労働者は、オーストリア、スイス、オランダ、イギリス、ノルウェー、アイルランド、カナダに、外国人労働者として出向き、観光業・飲食産業・スキー指導・建設業・医療現場で職についている。独語・英語圏への流出が多く、ドイツ人の労働者は職業訓練がきちんとなされており、仕事が確実だと評判がよい。若く野心的であるほど、またはドイツで展望が持てないと感ずる人ほど、海外に流出する。これはドイツだけではなく、ヨーロッパ全域で見られる現象である。

環境先進国ドイツ

環境問題の先進国ぶりを示す二例を挙げたい。ゴミ減量と反原発運動である。

ドイツのゴミの減量は徹底している。日本でも分別ゴミは大分浸透したが、ゴミの総量削減においてまだまだである。日本の場合は、「物を直接見せない」ことを美徳とする包装文化があるせいか、過剰包装がなかなか根絶できない。ドイツでも一九八〇年代まで、家庭ゴミの六〇％は包装・容器のゴミだった。これを改善するため、一九九一年に「包装廃棄物の発生回避に関する政令」が制定され、包装・容器の製造・流通業者に、ゴミの回収とリサイクルが義務づけられた。当該業者は非営利有限会社ＤＳＤ社を設立して、包装・容器ゴミを回収するようになった（生ゴミ・古紙・粗大ゴミは自治体が回収している）。ＤＳＤ社は素材別に回収するコンテナを街角に設置し、包装・容器製造会社は素材別に商品にマークをつけ、マーク使用料を商品価格に加える。マークは自然素材ほど安いので市場原理が働き、プラスチックの容器・包装のゴミが七年間で毎年前年比一〇%ずつ減少した。

平行して、包装は必要最小限にする意識が、国中に浸透した。デパートやスーパーの野菜・果物・肉類も量り売りが主であり、ほとんどが容器に入っている日本とは違う。ビールやミネラルウォーターは、購入時にびん代も払い、返却すればびん代が払い戻されるデポジット制で、ペットボトルの一部もこの制度である。日本より「使い捨て」を非とする感覚は浸透しており、マイカップ持参で料金が安くなる自動販売機も開発された。このゴミ分別・削減化は、環境大国ドイツの功績である。

第二点は、反原発運動の強さである。七〇年代からの反原発の市民運動の蓄積があり（第6章2参照）、一九八六年のチェルノブイリ原発事故の放射線物質の影響を受けたドイツでは、反原発世論は、ヨーロッパで最も強い。核エネルギーはコントロールが難しく、事故やテロの標的になる恐れがあり、核廃棄物の処理の問題が解決できていないのだから、危険なエネルギー源であると、長期一貫して民意の六〇%以上が原発に反対である。二〇〇〇年六月にシュレーダー政権（社会民主党と緑の党の連立内閣）で、「脱原発」の方針が決まった。許容発電年を三二年間と制限し、二〇二二年頃までに原発を廃絶することを決定した。東側地域にあった原発は、ソ連型で危険という住民運動が功を奏して、すべて統一前に発電が停止されて廃炉となり、建設中のものは中止された。東側市民運動の成果である。西側地域の原発は、すでに三基が廃炉にされ、残り一七基も順次廃炉にされる予定だった。この方針は、二〇〇五年の総選挙でキリスト教民主同盟・社会同盟が勝ち、社会民主党と大連立を組んで成立した第一次メルケル政権でも維持された。

しかし、二〇〇九年の総選挙で社会民主党との大連立を解消して成立した第二次メルケル政権（キリスト教民主同盟・社会同盟と自由民主党の連立内閣）は、方針を変更する。世界的な「原子力ルネサンス」の流れに乗って、「再生エネルギーが核エネルギーに代わりうるまでのつなぎ」として「原発の稼働期間を延長する用意がある」、「ただし新規原発は建設せず」、「原発稼働延長による利益の一定額を再生エネルギーへ投資する」ことを連立協定にいれた。反原発運動は活性化し、五万人のデモも起こった。

一年後の二〇一〇年九月に、原発延長法案が連邦議会で可決された。試算では、原発は二〇三七年あたりまで稼働が延長されることになる。この法案は、連邦議会（下院）の審議を急いだことや、連邦参議院（上院）の審議を省いていること、票差は一九票だったが、与党議員の二〇名が欠席でその結果だったことから、民意の同意を得にくいものだった。法案採決の時には、反原発運動で最大級の一〇万人デモが行われた。そして、二カ月後の十一月、フランスで再処理された使用済み核燃料がニーダーザクセン州のゴアレーベン（なしくずし的に最終処分施設が押しつけられようとしている地区）に搬入される時には、警察と反対派の衝突が起こり、数万人が道路や線路に座り込んだ。反原発運動の高揚の中で、緑の党の支持率が倍増した。

そこに、二〇一一年三月十一日以降の福島原発事故である。ドイツでは各地ですぐに大きな反原発運動が起こり、三月末にはベルリンだけでも二五万人のデモが行われた。メルケル首相はすぐに「原発稼働延長の三ヶ月凍結」を宣言したが、キリスト教民主同盟の固い地盤だったバーデン・ヴュルテンベルク州選挙で敗北した。キリスト教民主同盟は第一党を保ったが、連立相手の自由民主党がふるわず、緑の党と社会民主党の連立勢力に負けたのである。メルケル首相はエネルギー政策を抜本的に改めなくてはならなくなった。福島原発事故でもっとも政治的影響を受けたのがドイツだった。その推進力となったのが、環境問題に敏感な市民運動であるところが、いかにもドイツらしい。

移民国としてのドイツ

ドイツ再統一のころから、庇護申請者や、東欧からのドイツ系帰還者（アウスジードラー）が急増した。前者については前述のように基本法の改正を行い、後者についても制限を実施したため、パニック気味だったドイツ社会は少し平静になった。一方で、第6章4で述べたように、たとえ外国人労働者の新規募集をせず、帰国を奨励したとしても、外国人の数は減らず、家族が増えていき、ドイツは実質的に移民国家になりつつあることは、次第に認識されるようになった。またEUの中でドイツは国籍制限がきわめて厳しいことや、EU市民と非EU市民の待遇の差が顕著なことから、一九九〇年代から外国人（とくにドイツで生まれ育った外国人労働者の子弟に対して）の国籍取得の緩和が唱えられるようになる。従来の血統主義か、出生地主義に変えるか、大きな議論があり、二〇〇〇年の国籍法改正で決着がついた。血統主義の基盤の上に出生地主義が付加されて、両親とも外国人だがドイツで生まれた第二世代はドイツ国籍が取得できるようになった。また、八年以上ドイツに適法に定住する外国人も条件を満たせば、ドイツ国籍の取得が認められるようになった。

二〇〇八年の連邦統計庁の国政調査によると、ドイツの人口八二五〇万人のうち、居住する外国人は六七三万人（人口の約八％）を占め、トルコ人が一六九万人で最も多く、イタリア人（五二万人）、ポーランド人（三九万人）と続く。さらにドイツ系帰還者なども含めた「移民の背景を持つ人」は一五四一万人で、全人口の一九％弱、つまり五～六人に一人のドイツ居住者が、何らかの異文化的背景を持っている。「移民の背景」というのは、二一世紀になってからドイツの統計に入れられた概念で、ドイツに流入してきた多様な人たちをカバーする概念であり、①一九四九年以降に現在の連邦共和国に移住してきた人、②ドイツで生まれたすべての外国人、③親の一人が移民ないしドイツ生まれの外国人の人、である。他のEU諸国と比べても、ドイツには「移民の背景」をもった居住者が多い。そして、彼らが「ドイツの文化的共通性」をもっていない状況が問題視された。

さて、二〇〇〇年度OECD生徒学習到達度調査（PISA）の結果で、ドイツ生徒の学力が数学・科学リテラシーで二〇位、読解力で二一位の低位であることが判明し、ドイツ人にショックを与えた。また、三年ごとのPISAに対する詳細な分析で、移民の子弟の修学状況や学業成績は、世代が進んでも改善されず、かえって悪くなっていることも明らかになった。社会統合がうまくいってないのである。問題解決のために、メルケル政権になってから、連邦・州政府、地方、移民団体の代表者が参加して話し合う統合サミットが実施された。誰が移民を代表するかの問題はあるが、彼らの意見を出す場が生まれた。

国籍法改正に続いて、移民の社会統合の規定を設けた新移民法が、二〇〇五年に成立した。この法では、滞在許可が以前の五段階から、期限付きと無期限の二つに簡略化され、移民の社会統合を支援するために「統合研修」（ドイツ語能力養成と、日常生活や法律・文化・歴史の知識習得のためのもの）が導入され、ドイツ語で簡単な意思疎通ができない外国人は、履修が義務づけられた。ドイツ語コース六〇〇時間（初級と中級）とオリエンテーションコース三〇時間（基礎と中級）に分かれ、各コース最後に修了試験が行われる。実施されて二、三年へた結果は、参加率が低く、途中脱落率も高く、「統合の失敗」と評された。しかし、なぜ不参加や途中脱落者が多いのかの分析は不十分である。受講側の状況やニーズに適応していない可能性が高い。

この「統合研修」導入の過程で、帰化申請者に対して州がテストを実施することが増えた。とくにイスラム的慣習や行動がドイツの価値観に抵触する問題点を問う質問がめだち、移民を受け入れるよりも移民を排除する傾向がある、との批判も出た。結局、連邦統一帰化テストの導入が決定され、ドイツの「民主主義の暮らし」「歴史と責任」「人と社会」についての共通理解を問う質問が出されている。この中で、ドイツ人になるのには、どんな価値観を最低限持っていなくてはならないかが、改めてクローズアップされている。

というのは、移民的背景をもつ人々が流入し、彼らが必ずしも社会統合されておらず、没交渉的な「平行社会」

がドイツに出現している、と認識されるようになったからである。特に、九・一一の同時多発テロ以降、ドイツ人のイスラム教徒に対する目は厳しくなっている。ドイツ人であるからにはドイツの「主導文化」を尊重する姿勢がなければ、社会は空洞化する、という議論も世紀転換期から出てきている。「主導文化」論がドイツ・ナショナリズムの押しつけにならないかどうかは微妙な問題である。

現在、ドイツでは、自分たちのアイデンティティを保ちながら大活躍する「移民の背景を持った」小説家、映画監督、サッカー選手等々が、続々と出現している。一般的に、文化接触は摩擦や葛藤を引き起こす。しかし、それは次の新たな文化の芽である。ドイツに「主導文化」が必要だというのならば、それは従来の主流派の価値観の押しつけではなく、多様な意見をぶつけ合いながら議論し、理想を忘れることなく、具体的な方策を出していく、そういう「討論の文化」、「問題解決の文化」をドイツの「主導文化」とすべきではないだろうか。こういった態度は、ドイツ人が歴史の中で多くの失敗をしながらも習得してきた態度であり、ドイツ社会に十分に根付いていると思えるからだ。

参考文献

近藤潤三『統一ドイツの変容―心の壁・政治倦怠・治安』木鐸社、一九九八年。

同『統一ドイツの外国人問題―外来民問題の文脈で』木鐸社、二〇〇二年。

永井潤子『新首都ベルリンから―過去から学ぶドイツ』未来社、二〇〇四年。

近藤潤三『移民国としてのドイツ―社会統合と平行社会のゆくえ』木鐸社、二〇〇七年。

上智大学ヨーロッパ研究所・（編）『ヨーロッパ統合の現状と課題―EUと構成国の現状を多角的に分析する』（上智大学ヨーロッパ研究所研究叢書1）二〇〇八年。

同『ヨーロッパ映画における移民たち』（同研究叢書2）二〇〇八年。

増谷英樹編『移民・難民・外国人労働者と多文化共生―日本とドイツ・歴史と現状』有志社、二〇〇九年。

小林薫「ドイツの移民政策における『統合の失敗』」『ヨーロッパ研究』第八号。二〇〇九年。

浜本隆志・平井昌也『ドイツのマイノリティ―人種・民族、社会的差別の実態』明石書店、二〇一〇年。

梶村太一郎「政権を揺さぶるドイツ反原発運動」『世界』二〇一一年一月号。


（井上茂子）

あとがき

「文化」を示すドイツ語はクルトゥア（Kultur）である。このドイツ語には、「耕作」や「開墾」といった語義がある。英語のカルチャーにも、同様の意味が含まれている。もともと、これらの英語やドイツ語は、ラテン語のクルトゥラ（cultura）に発している。このラテン語の原義は「耕す」である。本テキスト『ドイツ文化史入門』が目指すところも、この語源と結びついている。すなわち、ドイツ語圏の人々は、日々の暮らしを、どのように立ててきたのか。生活文化の歴史を、遠く深く、過去にさかのぼって示すことにある。

本文は十六世紀から現在まで、①農民文化、②教会文化、③市民文化、④労働者文化、⑤国民文化、⑥大衆消費文化、と六章で構成されている。内容的には、第一に、長い時間をかけて緩やかにしか変化しない、農民と教会の基層文化である。第二に、十六世紀から十九世紀にかけ、近代的な生活スタイルをダイナミックに仕立てあげていった、市民と労働者の都市文化である。そして第三に、農村と都市という古い境界線を越えて、国民的規模からグローバル規模へと広がっていく、現代的な表象と生活の文化状況である。

ところで、二十世紀の後半を日本で生きた世代には、「生活文化」という言葉に独自の感慨がある。この半世紀の間に、農村文化から都市文化へ、貧しい田舎暮らしから眩しいビルの谷間へと、生活世界の劇的な変化を体験してきたからだ。

たしかに、テレビと自動車、パソコン、ケータイから、いまや欧米人の垂涎の的となっているウオッシュレットに至るまで、物質文化の外的世界は巨大な進歩を成し遂げ、清潔で便利、快適になった。日本は、その先端を走っている。しかし、それで本当に豊かな生活文化を築いたのか、と問われれば疑問符が付く。なんともせわしく時間に追われ、先行きの見えないまま、精神文化は枯渇状況にある。いき苦しい時代になった、という実感が強い。とりわけ、この間に生じた二つの世界史的事件、リーマン・ショックに続く世界大不況と、東日本大震災・津波に続く福島第一原発事故に、いったい、これまでの繰り返しで世界と日本の生活・文化は持続できるのか、という危惧の念を一層かき立てられる。いまは、仕切り直しの時ではないのか。

こうした先行き不透明感のなか、ドイツ文化史の理解を深めることは、とりわけ現在の日本人にとり、確実な方向感覚を得ていく参考材料になると思われる。言うまでもなく、近代化の過程において、日本とドイツ語圏は、政治と経済の似通った展開を遂げてきたからである。同時に、たとえば「社会国家（福祉国家）」と脱原発の政策など、この二、三十年の間に、未来への方向性をめぐる顕著なコントラストも、両者の間で生じているからである。

たしかに、ドイツ史の歴史叙述は、ナチ体制の問題に規定され暗くなりがちである。「アウシュヴィッツ」の影が、そこには常にまとい付いている。しかし、文化のレベルでは、音楽や文学の古典をあげるまでもなく、光り輝く作品群がのこされている。生活文化の点でも、多彩な豊かさを示しうるのではないか。そうした思いから、本書のモットーは、「人びとは何を楽しみ、どんな喜びを見出してきたのか」に置かれた。

このモットーがどこまで実現されたかはともかく、さまざまな時代、さまざまな人びとの生活と文化の証を垣間見る手引書となり、ドイツ文化の歴史的理解に資することができれば幸いである。半世紀前とは異なり、現在では多くの人々が日本からヨーロッパに出かけ、直接、ヨーロッパの人びとと文化に触れる機会を持っている。こうして身近になった、ヨーロッパとドイツ語圏への関心が、本書によって一層深められることを願っている。

本テキストは、当初、第6章「グローバル文化の波」（斎藤哲）を予定していた。だが、残念ながら、この章は幻となってしまった。斎藤氏は二〇〇七年の末、大著『消費生活と女性――ドイツ社会史（一九二〇－七〇年）の一側面』日本経済評論社を遺して、逝かれてしまった。この第6章にかけられた斎藤氏の思いを偲び、いまはただ、ご冥福を祈るばかりである。

急きょ、水戸部由枝氏と石井聡氏にご無理をお願いし、早い時期に原稿を準備していただいた。しかし、その後、もっぱら編集側の不手際で、刊行が二年間遅れてしまった。執筆者の各位には大変申し訳なく、この場を借りてお詫びいたします。なお、図表の出典について、参考文献に掲載のあるものは略記していることを、付記しておく。

本書の刊行を実現できたのは、ひとえに昭和堂の村井美恵子さんのおかげである。心より、感謝しています。

二〇一一年四月初旬

若尾祐司
井上茂子

人名索引

ア　行

アーレント（Arendt, Hannah　1906-1975）258
アイヒマン（Eichmann, Karl Adolf　1906-62）276
アデナウアー（Adenauer, Konrad　1876-1967）251, 268, 271, 272, 276, 280
アルバース（Albers, Hans　1891-1960）244
アルミニウス（ヘルマン）（Arminius: Hermann 紀元前 17- 後 21）1
アンリ 4 世（Henri IV.　1553-1610　在位 1589-1610）95
ヴァイス（Weiß, Ernst　1882-1940）258
ヴァイル（Weill, Kurt　1900-1950）257
ヴァインスベルク（Weinsberg, Hermann　1518-1597）142-145, 147
ヴィグマン（Wigman, Mary　本名 Marie Wiegmann　1886-1973）235
ヴィムシュナイダー（Wimschneider, Anna　1919-93）12, 39
ヴィルヘルム 1 世（Wilhelm I.　1797-1888　在位 1861-88）224
ヴィルヘルム 3 世（Wilhelm III.　）221
ヴィルヘルム 2 世（Wilhelm II.　1859-1941　在位 1888-1918）2, 227
ウェーバー（Weber, Max　1864-1920）170, 194
エーアハルト（Erhard, Ludwig　1897-1977）251, 276
エーベルト（Ebert, Friedrich　1871-1925）249, 251
オーネゾルク（Ohnesorg, Bennno　1940-67）277
オットー 1 世（Otto I.　912-73　在位 962-73）6

カ　行

カール（シャルルマーニュ）大帝（Karl der Grosse: Charlemagne　747-814　在位 800-814）3, 4, 6, 9
カール 6 世（Karl VI.　1685-1740　在位 1711-40）132
カイム（Keim, August　1845-1926）228, 229
カイル（Keil, Hans）104, 105
カニシウス（Canisius, Petrus　1521-1597）83
カルヴァン（Calvin, Jean　1509-64）66, 68, 77, 82, 100
ガルヴェ（Garve, Christian　1742-1798）162
カロリーネ（方伯夫人）（Landgräfin Karoline von Hessen-Darmstadt　1721-1774）162
カンディンスキー（Kandinski, Vasilii Vasil'evich　1866-1944）257
カント（Kant, Immanuel　1724-1804）136, 173, 220
キージンガー（Kiesinger, Kurt Georg　1904-88）276
グーテンベルク（Gutenberg, Johannes Gensfleisch zum　1394/99-1468）150
クッツォーラ　214, 215
クラーナハ（Cranach　1472-1553）103
クローヴィス（Clovis　466?-511　在位 481-511）4
グロス（Grosz, George　1893-1959）257
ゲーテ（Goethe, Johann Wolfgang von　1749-1832）92, 136, 140, 161, 162, 164, 220
ゲッベルス（Goebbels, Joseph　1897-1945）243

サ　行

ジオドマーク（Siodmak, Robert　1900-73）237
シュヴァルツァー（Schwarzer, Aice　1943- ）307
シュトラッサー（Strasser, Otto　1897-1974）255
シュレーダー（Schröder, Gerhard Fritz Kurt　1944- ）324, 325
シラー（Schiller, Friedrich von　1759-1805）191, 203, 220
スターリン（Stalin, Iosif Vissarionovich　1879-1953）256

タ　行

ダイムラー（Daimler, Gottlieb Wilhelm　1834-1900）168
タキトゥス（Tacitus, Cornelius　55?-120?）2, 3, 10, 50
ダンカン（Duncan, Isadora　1878-1927）235

チャイコフスキー（Chaikovskii, Pyotr Il'ich 1840-93）269
ツィレ（Zille, Heinrich 1858-1929）237
ツヴァイク（Zweig, Stefan 1881-1942）258
ツェーバーライン（Zöberlein, Hans 1895-1964）243
ディアギレフ（Diaghilev, Sergei Pavlovich 1872-1929）235
テーア（Thaer, Albrecht Daniel 1752-1828）29, 32
デーブリーン（Döblin, Alfrred 1878-1957）257
デューラー（Dürer, Albrecht 1471-1528）7, 9, 10, 202
テレマン（Telemann, Georg Philipp 1681-1767）161
ドゥチュケ（Dutschke, Rudi 1940-79）278
トゥホルスキー（Tucholsky, Kurt 1890-1935）258
トラー（Toller, Ernst 1893-1939）258

ナ　行

ナポレオン（Napoleon Bonaparte 1769-1821）1, 29, 89, 220, 222, 223, 247
ニコライ（Nicolai, Christoph Friedrich 1733-1811）158, 159

ハ　行

ハートフィールド（Heartfield, John 1891-1968）257
ハイドン（Haydn, Franz Joseph 1732-1809）203, 250
バッハ（Bach, Johann Sebastian 1685-1750）66, 82, 85, 89, 92, 161, 200, 248, 307-309
ピスカートル（Piscator, Erwin1893-1966）257
ビスマルク（Bismarck, Otto Edward Leopold Fürst von 1815-98）24, 175, 224, 225, 248
ヒトラー（Hitler, Adolf 1889-1945）109, 238, 241, 242, 249, 251, 260, 261, 263, 265, 266
ヒンデミート（Hindemith, Paul 1895-1963）257
ヒンデンブルク（Hindenburg, Paul von 1847-1934）248
ファラースレーベン（Fallersleben, Hoffmann von：本名 August Heinrich Hoffmann 1798-1874）250
フィリップ（ヘッセン方伯）（Landgraf Philipp von Hessen 1504-67）20, 161
フラーデ（Flade, Dietrich 1534-1589）96-98
ブラント（Brandt, Willy 1913-92）276, 279
フリードリヒ１世（バルバロッサ、神聖ローマ皇帝）（Friedrich I., Barbarossa 1122-90 在位 1155-90）225
フリードリヒ２世（大王）（Friedrich II., der Große 1712-86 在位 1740-86）237
ブレヒト（Brecht, Bertold 1898-1956）7, 253, 257
ブロッケス（Brockes, Barthold Heinrich 1680-1747）121
ブロッホ（Bloch, Ernst 1885-1977）257, 269
ベートーヴェン（Beethoven, Ludwig van 1770-1827）203, 220, 249, 269
ベーベル（Bebel, August 1840-1913）190, 191
ヘルダー（Herder, Johann Gottfried von 1744-1803）76
ヘルツォーク（Herzog, Roman 1934- ）303, 305
ヘンデル（Händel, Georg Friedrich 1685-1759）161
ベンヤミン（Benjamin, Walter 1892-1940）253, 258
ホイス（Heuss, Theodor 1884-1963）251
ホーベルク（Hohberg, Wolf Helmhard Freiherr von 1612-1688）124
ホルバイン（Holbein, Hans 1497-1543）103

マ　行

マリア・テレジア（Maria Theresia 1717-80 在位 1740-80）135, 137
メルケル（Merkel, Angela Dorothea 1954- ）325, 326, 328
メンデルスゾーン（Mendelssohn-Bartholdy, Felix 1809-47）269

ヤ　行

ヤスパース（Jaspers, Karl 1883-1969）276
ヤング（Young, Authur 1741-1820）29
ヤーン（Jahn, Friedrich Ludwig 1778-1852）213, 307
ユンガー（Jünger, Ernst 1895-1998）231
ヨース（Joos, Kurt 1901-1979）235, 236
ヨーゼフ２世（Josef II. 1741-90 在位 1765-90）133

ラ　行

ライデン（Leiden, Jan van 1509-1536）101, 102

ライヒ（Reich, Wilhelm 18967-1957）305
ラサール（Lassalle, Ferdinand 1825-64）174
ラング（Lang, Fritz 1890-1976）237, 257, 306
ランケ（Ranke, Leopold von 1795-1886）20, 77
リーバーマン（Liebermann, Max 1847-1935）59
リーフェンシュタール（Riefenstahl, Leni 1902-2003）243
リープクネヒト（Liebknecht, Wilhelm 1826-1900）175
リール（Riehl, Wilhelm Heinrich 1823-97）32, 33
ルートヴィヒ1世（Ludwig I. 1786-1868 在位 1825-48）222
ルソー（Rousseau, Jan Jacques 1712-78）130, 136, 157, 165, 191
ルター（Luther, Martin 1483-1546）7, 9, 20, 66-71, 77-80, 82, 83, 88, 89, 100, 102-104, 122, 126, 150, 151, 156, 295
レオポルト3世(アンハルト＝デッサウ侯)(Leopold III., Friedrich Franz, Fürst und Herzog von Anhalt-Dessau）159
ローゼンベルク（Rosenberg, Alfred 1893-1946）109

ワ　行

ワーグナー（Wagner, Ricard 1813-83）191, 269

事項索引

ア 行

カ 行

サ　行

聖餐式　4, 80

タ　行

ナ　行

ハ　行

マ　行

ヤ　行

ラ　行

ワ　行

武井彩佳（たけい・あやか）　第５章事例研究３

1971年生まれ。現在、学習院女子大学国際文化交流学部准教授。早稲田大学大学院文学研究科博士課程修了。著作に、『戦後ドイツのユダヤ人』白水社、2005年、『ユダヤ人財産はだれのものか―ホロコーストからパレスチナ問題へ』白水社、2008年。

水戸部由枝（みとべ・よしえ）　第６章第１、２節、同事例研究１

1968年生まれ。現在、明治大学政治経済学部准教授。明治大学大学院政治経済学研究科修了。著作に、『歴史のなかの社会国家―20世紀ドイツの経験』（共著）、山川出版社、2016年、「歴史学とセクシュアリティ―ダグマー・ヘルツォーク『セックスとナチズムの記憶』をめぐって」（共著）『三田学会雑誌』108巻1号、2015年、レギーナ・ミュールホイザー『戦場の性―独ソ戦下のドイツ兵と女性たち』（共訳）、岩波書店、2016年。

石井　聡（いしい・さとし）　第６章第３節、同事例研究２

1968年生まれ。現在、近畿大学経済学部教授。名古屋大学大学院経済学研究科博士後期課程単位取得退学。著作に、『もう一つの経済システム－東ドイツ計画経済下の企業と労働者』北海道大学出版会、2010年、『現代ヨーロッパの社会経済政策―その形成と展開―』（共著）日本経済評論社、2006年。

山之内克子（やまのうち・よしこ）第３章、同事例研究３

1963 年生まれ。現在、神戸市外国語大学教授。早稲田大学大学院文学研究科西洋史専修博士後期課程単位取得満期退学、ウィーン大学精神科学部社会経済史学科博士課程修了。著作に、Bürgerliche Lesekultur im 19. Jh.: Eine sozialgeschichtliche Untersuchung am Beispiel Wiens, WUV-Universitätsverlag Wien 1998、『啓蒙都市ウィーン』山川出版社、2003 年、『ハプスブルクの文化革命』講談社、2005 年、『識字と読書―リテラシーの比較社会史―』（共著）昭和堂　2010 年。

高津秀之（たかつ・ひでゆき）　第３章事例研究１

1974 年生まれ。現在、東京経済大学専任講師。早稲田大学大学院文学研究科博士課程単位取得満期退学。著作に、Die Neuorganisation des Militärwesens in der Stadt Köln 1583: Überlegungen zum Einfluss auf das politische Verhältnis zwischen Rat und Gemeinde, in: *Jahrbuch des Kölnischen Geschichtsvereins* 76（2005）, S. 27－50.「近世都市ケルンの参事会と『にせ巡礼』―カトリック都市の慈善と浮浪規制―」森田安一（編）『宗教改革の連携と断絶』教文館、2009 年、253－270 頁。

田中洋子（たなか・ようこ）　　第４章、同事例研究１

1958 年生まれ。現在、筑波大学大学院人文社会科学研究科教授。東京大学大学院経済学研究科博士課程修了。著作に、『ドイツ企業社会の形成と変容―クルップ社における労働・生活・統治』ミネルヴァ書房、2001 年（社会政策学会賞、冲永賞）、「労働と時間を再編成する」『思想』No.983、2006 年、「働き方の変化と社会的格差」『ドイツ研究』第 44 号、2010 年。

八林秀一（やつばやし・しゅういち）第４章事例研究３

1946 年生まれ、元専修大学経済学部教授。2012 年没。東京大学大学院経済学研究科博士課程単位取得退学。著作に、『20 世紀ドイツの光と影　歴史から見た経済と社会』（共編）芦書房、2005 年、J. ヴァインエック『サッカーの最適トレーニング』（翻訳）大修館書店、2002 年、「サッカーの比較民衆史的考察（1）」『専修経済学論集』第 42 巻第 3 号、2008 年。

＊井上茂子　　第５章、第６章第４節、終章

略歴は奥付参照。

原田一美（はらだ・かずみ）　　第５章事例研究１、２

1951 年生まれ。現在、ドイツ史研究者、大阪産業大学元教授。大阪大学大学院文学研究科博士課程単位取得満期退学。著作に、『ナチ独裁下の子どもたち―ヒトラー・ユーゲント体制』講談社、1999 年、『ナチズムのなかの 20 世紀』（共著）柏書房、2002 年、『白人とは何か？―ホワイトネス・スタディーズ入門』（共著）刀水書房、2005 年。

◇執筆者紹介（＊：編者、執筆順）

＊若尾祐司　　　　　　　序章、第１章、同事例研究１、２、あとがき

略歴は奥付参照。

南　直人（みなみ・なおと）　　第１章事例研究３、第４章事例研究２

現在、京都橘大学文学部教授。大阪大学大学院文学研究科博士後期課程中途退学。著作に、『ヨーロッパの舌はどう変わったか―19 世紀食卓革命―』講談社、1998 年。『世界の食文化⑱ドイツ』農山漁村文化協会、2003 年。『新・食文化入門』（共編著）弘文堂、2004 年。

下田　淳（しもだ・じゅん）　　第２章

1960 年生まれ。現在、宇都宮大学教育学部教授。青山学院大学大学院博士後期課程（歴史学）退学、ドイツ・トリーア大学歴史学科退学。著作に、『ドイツ近世の聖性と権力―民衆・巡礼・宗教運動―』青木書店、2001 年。Volksreligiosität und Obrigkeit im neuzeitlichen Deutschland-Wallfahrten oder Deutschkatholizismus-Tokyo,2004.『歴史学「外」論―いかに考え、どう書くか―』青木書店、2005 年。『近代ヨーロッパを読み解く―帝国・国民国家・地域―』（共著）ミネルヴァ書房、2008 年。『ドイツの民衆文化』昭和堂、2009 年。

日置雅子（ひおき・まさこ）　　第２章事例研究１

1944 年生まれ。現在、愛知県立大学名誉教授。名古屋大学大学院文学研究科史学地理学専攻博士課程単位満期修得退学。著作に、「カール二世（禿頭王）の皇帝権」長谷川博隆編『ヨーロッパ―国家・中間権力・民衆―』名古屋大学出版会、1985 年、久野・日置共訳『ヴァイキング』白水社（文庫クセジュ）、1980 年。

蝶野立彦（ちょうの・たつひこ）　第２章事例研究２・第３章事例研究２

1966 年生まれ。現在、早稲田大学等で非常勤講師。早稲田大学大学院文学研究科博士後期課程単位取得退学、著作に『規則的、変則的、偶然的』（共著）朝日出版社、2011 年。『ヨーロッパ宗教改革の連携と断絶』（共著）教文館、2009 年。『識字と読書―リテラシーの比較社会史―』（共著）昭和堂、2010 年。『16 世紀ドイツにおける宗教紛争と言論統制―神学者たちの言論活動と皇帝・諸侯・都市―』彩流社、2014 年。

尾崎修治（おざき・しゅうじ）　　第２章事例研究３

1962 年生まれ。現在、上智大学等で講師。上智大学大学院文学研究科史学専攻博士後期課程修了。著作に、「19 世紀末ドイツのカトリック社会運動」『西洋史学』第 246 号、2012 年、「第一次世界大戦後のドイツ・カトリシズム」『上智史学』第 50 号、2005 年。

◇編者紹介

若尾祐司（わかお・ゆうじ）

1945年　生まれ。
1972年　名古屋大学大学院法学研究科博士課程中退。
現　在　名古屋大学名誉教授。
著　書　『記録と記憶の比較文化史』（共編著）名古屋大学出版会、2005年。
『近代ドイツの歴史』（共編著）ミネルヴァ書房、2005年。
『革命と性文化』（共編著）山川出版社、2005年。
『歴史の場——史跡・記念碑・記憶』（共編著）ミネルヴァ書房、2010年。
翻　訳　エーマー著『近代ドイツ人口史』（共訳）昭和堂、2008年。

井上茂子（いのうえ・しげこ）

1954年　生まれ。
1986年　東京大学大学院社会学研究科博士課程満期退学。
現　在　上智大学文学部教授。
著　書　『1939』（共著）同文舘、1989年。
『ドイツ近代史』（共著）ミネルヴァ書房、1992年。
『ドイツ社会史』（共著）有斐閣、2001年。
『ナチズムのなかの20世紀』（共著）柏書房、2002年。
『歴史家の工房』（共著）上智大学出版会、2003年。
『近代ドイツの歴史』（共編著）ミネルヴァ書房、2005年。
『歴史家の散歩道』（共著）上智大学出版会、2008年。

ドイツ文化史入門

2011年6月20日　初版第1刷発行
2016年3月31日　初版第2刷発行

編　者　若　尾　祐　司
井　上　茂　子
発行者　杉　田　啓　三

〒606-8224　京都市左京区北白川京大農学部前
発行所　株式会社　昭　和　堂
振替口座　01060-5-9347
TEL（075）706-8818 / FAX（075）706-8878

印刷　亜細亜印刷

ISBN 978-4-8122-1139-7